Elogios a
Creatividad empres

MW01488526

"Identifica seis elementos esenciales que proporcionan un entorno para liberar
la creatividad en todos los niveles de la organización."
—John F. Smith, Jr., Presidente del Consejo,
Director ejecutivo (CEO) y Presidente de General Motors

"*Creatividad empresarial* describe con rico detalle cómo se da realmente la creatividad
en las compañías y lo que puede hacerse para obtener más de ella. Leerlo es un verdadero gozo."
—George Rathmann, cofundador de Amgen, y cofundador,
Presidente del Consejo y Director ejecutivo (CEO) de ICOS

**"Éste es uno de los muy pocos libros sobre creatividad que resulta obligatorio para
los ejecutivos.** Está lleno hasta el tope de ejemplos fascinantes que revelan el proceso creativo."
—teniente general Walter F. Ulmer, ex comandante de cadetes en West Point,
y ex presidente, The Center for Creative Leadership

" Pensé que entendía lo que era la creatividad y sus procesos, pero *Creatividad
empresarial* me dio una visión totalmente nueva. Lo recomiendo para una lectura por placer
y también como una lectura formal."
—Philip Crosby, autor de *Quality is Free* y *The Absolutes of Leadership*

"*Creatividad empresarial* tiene argumentos persuasivos de que las grandes ideas,
más que ninguna otra cosa, son el combustible para el crecimiento corporativo.... El libro
rebosa de anécdotas sobre cargadores de equipaje y contadoras de medio tiempo cuyas ideas
ahorran millones, aun cientos de millones de dólares, a sus compañías.... Vale la pena leer
Creatividad empresarial por su fascinante viaje a lo largo de la historia de la caza de ideas."
—*BusinessWeek*

"Robinson y Stern, mediante el análisis histórico, echan por tierra la creencia
de muchos expertos en trabajo, sostenida desde hace tiempo, de que la creatividad puede
planearse, o de que puede estar movida por las cuotas o según las instrucciones."
—*The Hartford Courant*

"*Creatividad empresarial* está lleno de historias que señalan que los actos creativos
llegan en momentos improbables de las fuentes menos pensadas."
—*Seattle Post-Intelligencer*

"**Le advertimos que ésta no es una lectura ligera para leerse rápidamente en un vuelo de Detroit a Cleveland.** Debe probarse a sorbos, como un buen brandy, capítulo por capítulo, con pluma roja y papel a la mano, para tomar notas. Sentí que estaba leyendo *Pilgrim's Progress* de Bunyan(una guía paso a paso para alcanzar el cielo, escrita en el siglo dieciséis), en versión actualizada para esta década de los noventa en términos de logro de la creatividad en el mundo corporativo. Bien hecho, Robinson y Stern."

—Production and Inventory Management Journal

"**Repleto de estudios de caso diversos e informativos**, este libro ofrece un marco conceptual pragmático y persuasivo para fomentar la innovación y el mejoramiento. Merece convertirse en uno de los textos definitivos sobre este tema."

—Soundview Executive Book Summaries

"*Creatividad empresarial* **propone lo que posiblemente impide a las organizaciones sacar ventaja del potencial creativo** que ya existe dentro de sus cuatro paredes. Deberían leerlo los gerentes que verdaderamente quieran alentar la creatividad, y que estén dispuestos a hacer los cambios necesarios para hacer que suceda."

—Academy of Management Executive

"*Creatividad empresarial* **es una exploración única** de cómo las organizaciones pueden alentar la creatividad como fuente de nuevas ideas desde dentro."

—Choice Magazine

"**En el sector de servicios estamos luchando constantemente** por encontrar ese aliciente extra que nos ayudará a retener y atraer clientes. En este oportuno libro, Alan Robinson y Sam Stern muestran a las compañías cómo destacar en un mercado ferozmente competitivo."

—Dwight E. Davis, Presidente y Director ejecutivo (CEO)
de Wausau Insurance Companies

"*Creatividad empresarial* **sacude muchos de los mitos** que se han relacionado con la creatividad, por lo que sólo puedo decir 'qué alivio'. Este libro está lleno de ideas maravillosas."

—James A. Sierk, Vicepresidente,
Calidad y Productividad de Allied-Signal Inc.

CREATIVIDAD EMPRESARIAL

*Un nuevo concepto
de mejoramiento
e innovación corporativos*

ALAN G. ROBINSON y SAM STERN

Traducción:
Jorge Abenamar Suárez Arana

MÉXICO • ARGENTINA • BRASIL • COLOMBIA • COSTA RICA • CHILE
ESPAÑA • GUATEMALA • PERÚ • PUERTO RICO • VENEZUELA

Datos de catalogación bibliográfica

ROBINSON, ALAN G. y STERN, SAM
Creatividad empresarial: un nuevo concepto de
mejoramiento e innovación corporativos

PRENTICE-HALL, México, 2000

ISBN: 970-17-0356-1
Materia: Negocios

Formato: 17 x 23   Páginas: 288

EDITOR DE DIVISIÓN NEGOCIOS: Francisco de Hoyos Parra
SUPERVISOR DE TRADUCCIÓN: Catalina Pelayo Rojas
SUPERVISOR DE PRODUCCIÓN: Rodrigo Romero Villalobos

**CREATIVIDAD EMPRESARIAL: UN NUEVO CONCEPTO DE MEJORAMIENTO
E INNOVACIÓN CORPORATIVOS**

Versión en español de la obra titulada *Corporate Creativity: How Innovation and improvement actually
happen,* de Alan G. Robinson y Sam Stern, publicada originalmente en inglés por Berrett-Koehler
Publishers Inc., 450 Sansome Street, Suite 1200, San Francisco, CA 94111, EUA.

Esta edición en español es la única autorizada.

Authorized translation from the English language edition published by Berret Koehler Publishers, Inc.
Copyright © 1998

All rights reserved. No part of this book may be reproduced or transmitted in any form or by any
means, electronic or mechanical, including photocopying, recording or by any information storage
retrieval system, without permission from the Publisher.

Primera Edición 2000

D.R. © 2000 por Prentice-Hall Hispanoamericana, S.A.
          Calle 4 No. 25-2do. piso
          Fracc. Industrial Alce Blanco
          53370 Naucalpan de Juárez, Edo. de México

Cámara Nacional de la Industria Editorial Mexicana Registro No. 1524

Reservados todos los derechos. Ni la totalidad ni parte de esta publicación pueden reproducirse, regis-
trarse o transmitirse, por un sistema de recuperación de información, en ninguna forma ni por ningún
medio, sea electrónico, mecánico, fotoquímico, magnético o electroóptico, por fotocopia, grabación o
cualquier otro, sin permiso previo por escrito del editor.

El préstamo, alquiler o cualquier otra forma de cesión de uso de este ejemplar requerirá también la
autorización del editor o de sus representantes.

ISBN 970-17-0356-1 de la versión en español
ISBN 1-57675-049-3 de la versión en inglés

Impreso en México. *Printed in Mexico*

1 2 3 4 5 6 7 8 9 0   03 02 01 00 99

NOV

LITOGRAFICA INGRAMEX, S.A. DE C.V.
CENTENO NO. 162-1
MEXICO, D.F.
C.P. 09810

1999

A Margaret, Phoebe y Margot
—AGR

A Kitzie, David y Jesse
—SS

Contenido

Reconocimientos   ix

Introducción: El poder de lo inesperado   1

1. **La verdadera naturaleza de la creatividad corporativa**   5
Una mirada a la creatividad corporativa • Cómo lograr
la creatividad corporativa • Los seis elementos esenciales
de la creatividad corporativa

2. **Cómo los prejuicios limitan la creatividad corporativa**   18
El Principio de no prejuicios • ¿Quién estará implicado en un
acto creativo? • El error fundamental de atribución •Un mal
sistema siempre vencerá a una persona buena • Lo rutinario
y lo no rutinario • ¿Qué serán los actos creativos?

3. **¿Qué sabemos en realidad sobre creatividad?**   40
Las características personales de alguien "creativo"• ¿Hay una
receta para la creatividad? • Cómo motivar para la creatividad

4. **La decadencia del sistema simple de sugerencias
y el surgimiento de una nueva generación**   60
Una diferencia en cuestión de magnitud • Participación
es la clave • Sistemas para la creatividad corporativa:
la primera generación • El nacimiento de la segunda
generación • Hacia un enfoque más holístico

5. **Cómo la mala alineación detiene la creatividad**   89
Lenin, Stalin y la creatividad en masa • El problema con las cuotas
• En ausencia de precios de mercado • Cómo puede amenazar
a un gerente la creatividad

6. **Alineación: el primer elemento esencial**   105
Poner los objetivos en claro • Creatividad en la línea
• N659AA: un aeroplano muy especial • La creatividad
a través del espejo retrovisor • Cómo promover la alineación

7. **Actividad autoiniciada**   126

El código de barras: nació en una playa de Florida
• El punto de entrada •Los sistemas que dan continuidad
a las ideas llegan lejos • El sistema sin premios de Idemitsu
Kosan • Cómo promover la actividad autoiniciada

8. **Actividad extraoficial**   149

¿Seiscientos cincuenta dólares por un cajón? • Creatividad
detrás de las líneas enemigas • Cuando la tinta explota
• Cosechando los beneficios de la actividad extraoficial
• Cómo promover la actividad extraoficial

9. **Serendipity**   175

Finalmente, algo en qué poner un disolvente universal
¿Qué significa realmente serendipity? • Todo comenzó
con un pollo muerto • Serendipity puede ayudarle
a encontrar lo que busca • Redundancia y azar: la materia
prima de la creación • Cómo promover serendipity

10. **Diversidad de estímulos**   193

Si los cerdos pudieran hablar • ¿Treinta y cuatro días
para pintar un Cadillac? • Cuando las compañías identifican
los estímulos • Los estímulos surgen del trabajo mismo
• Ayudar a los empleados a encontrar diversidad de estímulos
• Cómo promover la diversidad de estímulos

11. **Comunicación dentro de la compañía**   214

Mis zapatos están arruinados • Miguelito y Mimí en 3-D
• Hacer realidad el potencial creativo de las grandes compañías
• Cómo promover la comunicación dentro de la compañía

12. **Liberar la creatividad corporativa: dónde comenzar**   237

De nuestro recorrido al suyo • Criterios para la creatividad corporativa

Notas   249

Índice   259

Los autores   277

Reconocimientos

Muchas personas jugaron un papel importante para dar vida a este libro. Primero y antes que nada, nuestro agradecimiento a todas las personas de tantas compañías diferentes en todo el mundo que nos contaron sus historias. Sin ellos, este libro nunca se hubiera logrado. Recordamos con afecto el tiempo que pasamos con cada uno de ellos, y les agradecemos su generosidad y ayuda.

También tuvimos la fortuna de contar con el apoyo de numerosas instituciones y organizaciones. Nuestras instituciones base, Universidad de Massachusetts y Oregon State University, nos brindaron magníficos entornos en donde trabajar, nunca dejaron de apoyarnos cuando lo necesitamos, y nos dieron el espacio para que continuáramos en lo que resultó ser de algún modo un viaje más largo y diferente de lo que habíamos esperado. En Japón, el Instituto de Tecnología, la Asociación de Administración y la Asociación de Capacitación Industrial, ayudaron grandemente en nuestra investigación. También un agradecimiento especial para el Laboratorio de Administración de Empresas de Atenas, en Grecia, cuya facultad de maestros y estudiantes nos brindaron una excelente zona de pruebas para nuestras ideas durante sus etapas iniciales.

Siempre creímos que publicar este libro con Berret Koehler lo haría mejor de lo que habría sido de otro modo. Trabajar con Steven Piersanti y Richard y Barbara Swanson, cuyas revelaciones maravillosas y observaciones críticas afinaron en forma importante nuestro pensamiento, nos dejó claro que eso era cierto. Estamos también agradecidos con los revisores, cuyos comentarios y sugerencias incrementaron la calidad del manuscrito a un nivel mucho más alto. Y con Gwen y Alan Robinson, quienes estuvieron con nosotros a lo largo del camino y nos enseñaron tanto, que les estaremos siempre agradecidos.

Introducción
EL PODER
—de lo ————————————
INESPERADO

Muchas organizaciones nos ayudaron al escribir este libro y animaron a sus empleados de todos los niveles a dedicarnos una parte de su tiempo. Su interés y entusiasmo reflejan la conciencia general de que la creatividad en las compañías está lejos de ser lo que puede ser. La mayoría de las compañías están conscientes de que su *potencial* creativo excede enormemente a su *desempeño* creativo. El problema es que no saben qué hacer. Creemos que este potencial podrá realizarse hasta que las personas reconozcan en dónde se encuentra realmente. Considere esto. La mayoría de los actos creativos, tal como ocurren ahora en las compañías, no son planeados y provienen de donde menos cabría esperarse. Es imposible predecir *qué* serán, *quién* estará implicado en ellos, y *cuándo* y *cómo* sucederán. Ésta es la verdadera naturaleza de la creatividad corporativa, y es aquí donde realmente se encuentra el potencial creativo de una compañía. Para la creatividad corporativa, el verdadero poder está en lo inesperado.

Un buen ejemplo del poder de lo inesperado ocurrió en la división este de Japan Railways (JR) de Japón, el transporte por ferrocarril más grande del mundo. Esta compañía nunca previó que construir una nueva línea del tren bala a través de las montañas del norte de Tokio le llevaría a un negocio nuevo y muy rentable: el de las bebidas. La nueva línea del tren requería muchos túneles. En el túnel que atravesaba el Monte Tanigawa, el agua comenzó a causar problemas y los ingenieros de JR Este trazaron planos para desalojarla. Pero dentro del túnel, las cuadrillas de construcción habían encontrado un uso para el agua: de hecho, la estaban bebiendo. Un trabajador de mantenimiento, cuya tarea era verificar la seguridad del equipo de excavación de túneles, pensó que tenía tan buen sabor que propuso que en vez de bombearla para extraerla por desagües, JR Este debería embotellarla y

1

comercializarla como un agua mineral de primera clase. Su idea se puso en práctica, y pronto, el agua apareció en el mercado con la marca de fábrica Oshimizu. En muy poco tiempo, el agua se hizo tan popular que JR Este instaló máquinas vendedoras en cada una de sus cerca de mil plataformas en Tokio y Japón oriental. Los anuncios del agua enfatizan la pureza de la nieve del Monte Tanigawa, fuente del agua, y el proceso lento de percolación por los inusuales estratos geológicos, que incorpora cantidades saludables de minerales tales como calcio, magnesio y potasio. Una subsidiaria de JR Este ofrece ahora entrega a domicilio en cajas o envases de veinte litros, y la línea del producto ha crecido hasta incluir jugos, lo mismo que café y té helado y caliente. En 1994, las ventas de las bebidas Oshimizu fueron de 47 millones de dólares.

Actos creativos así de espectaculares suceden de vez en cuando en las compañías, pero la vasta mayoría de los mismos son mucho menos extraordinarios. Considere, por ejemplo, a la azafata de American Airlines que envió una sugerencia a las oficinas centrales de Dallas, Texas: una de las cuarenta y cinco mil ideas que la aerolínea recibió ese año por parte de sus empleados. Incluyó una tapa de plástico junto con el formulario de sugerencias y explicó que la tapa era una cubierta para ponerla en las jarras de metal que usan las azafatas para servir café. Servía para mantener caliente el café y prevenir que se derramara sobre los pasajeros en caso de turbulencia. El procedimiento estándar determinó que la división de provisiones surtiera a cada aeronave con diez de estas tapas. Sin embargo, la azafata había notado que al final de cada vuelo, cuando menos la mitad de las tapas se estaban desechando sin haberse usado. Propuso que sólo debían ponerse cinco en cada vuelo. La línea aérea inició un estudio de su propuesta. Al principio, los ahorros potenciales parecían sin importancia: cada tapa costaba sólo centavo y medio de dólar; apenas valía la pena preocuparse. Sin embargo, pronto se dieron cuenta de que ahorrar cinco tapas significaría siete y medio centavos por vuelo, y con más de 2,300 vuelos por día, cada uno de los 365 días de cada año: su idea sobre las tapas de café de centavo y medio valía más de 62,000 dólares en ahorros anuales.

JR Este no había previsto su entrada al negocio de las bebidas, ni American Airlines planeaba obtener ahorros en costos de su servicio de café a bordo. Algunas personas tuvieron la iniciativa de ambas ideas que habían sido completamente imprevistas por su administración. Por medio de nuestra investigación sobre creatividad en las compañías de todo el mundo (aun en Japón, donde los japoneses y los extranjeros por igual parecen pensar que se supone que no sucede), llegamos a darnos cuenta de que la mayoría de los actos creativos, ya sean innovaciones extraordinarias o pequeñas mejoras, ocurren de este modo. No sólo no son planeados sino que son completamente inesperados.

Antes de conocernos, cada uno de nosotros se había ya dado cuenta de esto. Para Sam Stern, fue durante su estudio de dos años sobre la creatividad en compañías japonesas, patrocinado por la Asociación de Administración de Japón (JMA, *Japan Management Association*). El estudio consideraba en detalle los proyectos que habían recibido reconocimientos nacionales de la Oficina de Ciencia y Tecnología del gobierno y del Instituto Japonés de Invención e Innovación, de 1986 a 1990. Surgió un hecho interesante. Más de la mitad de estos proyectos ganadores de reconocimientos habían sido por iniciativa de individuos y no habían sido previstos por nadie más en sus compañías. Más aún, la novedad y el impacto de estos proyectos autoiniciados excedían con mucho a la de los proyectos con iniciativa de la administración. Una segunda fase del estudio de la JMA comparaba todos los proyectos ganadores de reconocimiento (cerca de doscientos) con una muestra comparativa de proyectos que tuvieron éxito comercialmente, pero que no eran especialmente creativos. Surgió un patrón similar: era más probable que los proyectos ganadores de reconocimiento hubieran sido por iniciativa de individuos, mientras que los que no eran especialmente novedosos era más probable que hubieran sido planeados por la administración.

Más o menos al mismo tiempo, Alan Robinson notaba un fenómeno similar en el mundo del mejoramiento continuo. Sus estudios sobre las mejores y las peores prácticas en el mundo lo llevaron a diversas organizaciones en muchos países. Casi todas las compañías que observó usaban algún tipo de enfoque planeado sobre el mejoramiento continuo, un enfoque en el que se decidía por adelantado *qué* mejorar, *en cuánto* y *por quién*. A veces incluso se prescribía y seguía un método particular de resolución de problemas. Sin embargo, los que mejor se desempeñaban invariablemente ponían un mayor énfasis en los sistemas diseñados para estimular mejoras que no se habían planeado. Aquí, también, las mejoras más novedosas y de mayor alcance solían ser las no previstas.

Este libro nació de nuestra visión común de que las compañías podrían incrementar su desempeño creativo de manera extraordinaria si reconocieran la verdadera naturaleza de su creatividad y aprendieran cómo promover actos creativos no previstos. De modo que pueda apreciar esto por usted mismo, hemos incluido muchos informes detallados de cómo ocurrieron realmente los actos creativos en las compañías. En todos los casos, nos centramos en la parte de la historia que generalmente se ignora: los orígenes inesperados de cada caso. A menudo nos preguntamos por qué resultaban tan difíciles de descubrir. Quizá una tendencia natural de la administración es creer que controla los sucesos más de lo que realmente lo hace, particularmente cuando dichos sucesos conducen a mejoras o innovaciones exitosas. Con el tiempo, las historias corporativas transmitidas de boca en boca y hasta las transmitidas oficialmente por las compañías oscurecen los orígenes inesperados de los actos creativos, sustituyendo los recuentos simplistas y equívocos de lo que realmente sucedió. Desde el principio, supimos del peligro de confiar en información de segunda mano.

No son pocos los consejos disponibles sobre formas de promover la creatividad en las compañías, pero muchos de ellos parecen asumir que las personas suspenderán el uso de sus facultades críticas. Es difícil imaginar cómo imitar los gritos de los pollos, reacomodar el mobiliario, o ampliar el menú de la cafetería para que incluya comida Thai y tofu (como sugiere un libro reciente) podría haber ayudado al trabajador de mantenimiento de JR Este o a la asistenta de vuelo de American Airlines a surgir con sus ideas. La verdad es que esas recomendaciones tienen poca, si es que alguna, conexión con actos creativos reales. En el curso de nuestras investigaciones, hemos tenido cuidado de relacionar los actos creativos con las acciones que realmente contribuyeron a ellos.

Con el reconocimiento del poder de lo inesperado, se logra una perspectiva enteramente diferente sobre el manejo de la creatividad. Creemos que cualquier compañía que siga las recomendaciones de este libro llevará su desempeño creativo a niveles mucho más altos.

Capítulo uno

LA VERDADERA NATURALEZA

—*de*——————————

LA CREATIVIDAD CORPORATIVA

"El único activo de fábrica de Microsoft es la imaginación humana", observó Fred Moody, escritor del New York Times Magazine... *Cuando estoy frente al público, después de que expongo la cita sobre Microsoft, planteo una pregunta reveladora: "¿Alguien, aquí, sabe qué significa 'administrar' la imaginación humana?" Hasta ahora, en ninguna conferencia se ha levantado una sola mano, incluyendo la mía. Yo tampoco sé qué significa administrar la imaginación humana, pero sí sé que la imaginación es la fuente principal de valor en la nueva economía. Y sé que más vale que obtengamos la respuesta a mi pregunta, y rápido.*

TOM PETERS[1]

En los inicios de la guerra de Corea, la Fuerza Aérea de los Estados Unidos contrató a Paul Torrance, quien recientemente había obtenido un doctorado en Psicología, para que desarrollara un programa de entrenamiento que prepararía a sus pilotos y tripulación para sobrevivir en condiciones extremas de escasez y peligro, incluyendo frío o calor intensos, falta de comida, agua o abrigo, e incluso descender en el mar, en la selva, o aun detrás de las líneas enemigas. La razón urgente e inmediata de su nombramiento era preparar a las tripulaciones aéreas para la experiencia particularmente brutal que algunos enfrentarían como prisioneros de guerra (POW, *prisoner of war*) en Corea del Norte. Torrance revisó las investigaciones publicadas y estudió los programas de entrenamiento existentes. También entrevistó a cientos de miembros del personal de la Fuerza Aérea que habían sobrevivido a dichas experiencias en la Segunda Guerra Mundial. Al final, se sorprendió con sus hallazgos: lo que había resultado ser más determinante para la supervivencia era algo que ningún programa de entrenamiento enseñaba, *creatividad*. Los cursos existentes ofrecían mucha información sobre cómo enfrentarse a una variedad de condiciones hostiles, analizaban casos reales de personas que habían sobrevivido y hasta escapado de los campos de

POW, y a menudo incluían ejercicios de simulacros realistas. Pero Torrance encontró que, sin importar cuánto entrenamiento habían recibido las personas, cuando se enfrentaban a lo real, casi invariablemente tenían que manejar situaciones *inesperadas*. Los que sobrevivieron habían combinado elementos de su entrenamiento y de sus experiencias de vida, para crear una técnica de supervivencia completamente nueva que no les habían enseñado.

Para describir la importancia de la creatividad para la supervivencia, Torrance escribió:

> *La creatividad y la invención son fuerzas de adaptación a las que quizá se ha prestado muy poca atención en relación con los problemas de supervivencia y entrenamiento para supervivencia. Los sobrevivientes exitosos describen muchas conductas creativas e imaginativas que no sólo les resolvieron problemas inmediatos, sino que al parecer les aportaron energía renovada para la adaptación continua.*[2]

Este descubrimiento fascinó a Torrance y lo llevó a una destacada carrera en investigación sobre creatividad, que duró más de cuarenta años. De hecho, más tarde creó las pruebas de creatividad de Torrance que ahora se usan ampliamente.

Una mirada a la creatividad corporativa

Pocas organizaciones necesitarían un estudio formal para convencerse de que la creatividad es importante para su supervivencia a largo plazo. Sin embargo, el estudio de Torrance también identificó la conexión entre la creatividad y lo inesperado, una conexión que salió a la luz hasta que observó en detalle cómo sobrevivieron *realmente* las tripulaciones aéreas. Del mismo modo, la creatividad corporativa está vinculada con lo inesperado. Pero también llegamos a darnos cuenta de esto hasta después de nuestro propio estudio detallado sobre cómo se inician realmente los actos creativos en las compañías. Veamos tres ejemplos que ocurrieron por separado en distintos ramos de la industria.

Del queso a la medicina clínica

La creatividad puede y debería suceder en cualquier tipo de organización, no sólo en compañías de alta tecnología. Considere este ejemplo de Snow Brand Milk Products, una compañía japonesa de lácteos con 8,600 empleados.

En abril de 1980, Tomoshige Hori, joven investigador en Snow Brand, fue a un simposio en Tokio sobre las propiedades termofísicas de los materiales, donde casualmente asistió a la conferencia de un profesor de la Universidad de Keio. El tema de la conferencia no tenía relación alguna con lo que Hori había trabajado, estuviera trabajando, o planeara trabajar. Trataba sobre una nueva manera de medir la conductividad térmica de un líquido usando un "alambre caliente" por el que pasaba una corriente eléctrica. El trabajo de Hori en Snow Brand consistía en investigar maneras de hacer más nutritivos y de mejor sabor los productos lácteos. Trabajó en proyectos tales como mejorar la "espesura" del yogurt o la textura del helado. Aunque las ideas expuestas en la conferencia no tenían ninguna relación obvia con el trabajo de Hori, o con ningún otro trabajo que se hiciera en Snow Brand, estaba intrigado y comenzó a experimentar en su laboratorio. Sin embargo, en vez de usar agua, como se explicó en la conferencia, Hori decidió usar ese líquido que su compañía tenía en abundancia: leche. Con aparatos experimentales que él mismo construyó, comenzó a medir su conductividad térmica.

Una tarde, a medio verano, salió del laboratorio y olvidó apagar el interruptor de la corriente eléctrica del delgado alambre caliente de platino. Cuando regresó, la leche se había cuajado. Normalmente la conductividad térmica se podía medir en sólo veinte segundos, pero Hori había dejado puesto el calor por *varias horas*. Cuando vio la gráfica, notó que en un punto la temperatura del alambre caliente había sufrido un gran cambio. En poco tiempo dedujo que este salto en la temperatura había ocurrido en el instante en que la leche se cuajó. Hori sabía que el punto en que la leche se cuajaba estaba relacionado con la elaboración del queso, aunque sabía muy poco más acerca de este proceso. Con la curiosidad despierta, leyó algo y platicó con los responsables de la producción de quesos en Snow Brand. Pronto averiguó que el monitoreo del grado de cuajadura en la leche es crucial para hacer buen queso. Así como han estado haciendo los fabricantes de queso en todo el mundo durante siglos, Snow Brand confiaba en el criterio subjetivo de trabajadores experimentados que se paraban sobre las tinas abiertas de leche cuajándose y, con base en su experiencia, gritaban cuando era tiempo de "cortar la cuajada". La oportunidad de esta decisión era determinante: cortar la cuajada demasiado pronto daba como resultado un rendimiento pobre, pero cortarla demasiado tarde significaba que el queso tendría mal sabor. Hori se dio cuenta de que su descubrimiento (la cuajadura podía detectarse monitoreando los cambios de temperatura en el alambre caliente de platino) podría resultar en un proceso muy preciso y hasta automatizado para hacer queso. Hori nos cuenta lo demás:

Estaba convencido de que había tropezado con algo nuevo, e informé los resultados a mi equipo de trabajo del laboratorio. Sin embargo, las reacciones de mi jefe y mis colegas no fueron alentadoras, y se sugirió que mejor dejara esta investigación con tan poca posibilidad de aplicación, que no serviría para nada. En ese momento no tenía una posición para desafiar esta decisión y tuve que dejar el trabajo subsecuente, hasta el siguiente año o año y medio...

A pesar de este contratiempo descorazonador, decidí que debía publicar los resultados en una revista científica, o de otro modo la idea se archivaría con muchas otras, sólo para empolvarse. Presenté un trabajo en inglés a la revista más autorizada en el área e hice la solicitud de una patente nacional e internacional.[3]

El trabajo de Hori fue aceptado en *Journal of Food Science* y cuando se publicó, generó un considerable interés profesional.[4] Animado, Hori acudió una vez más a la dirección y presentó los resultados de su investigación extraoficial. Les mostró varias cartas de prominentes investigadores extranjeros que le habían escrito sobre el artículo en *Journal of Food Science*. La evidencia del interés y la aprobación de expertos tan conocidos, demostró al fin la necesidad del proyecto, y más o menos tres años después de que Hori asistió a la conferencia que despertó su interés en la transferencia del calor, la administración de Snow Brand Milk por fin le dio apoyo oficial completo.

Sin embargo, aun con el apoyo total de la alta dirección, se necesitaron dos años más para desarrollar la idea hasta que pudiera usarse en la producción real de queso. Dos años más fueron necesarios para obtener el apoyo del personal técnico de la fábrica de queso de Snow Brand en el norte de Japón, la cual se había seleccionado para probar el nuevo proceso. En esta época, Hori vivía en Tokio, y visitaba la planta casi cada mes, por más de una semana. Sabía que necesitaba el apoyo y la experiencia del personal técnico de la compañía para que su nuevo proyecto se desarrollara con éxito. Estaba también muy consciente de los aspectos humanos de su descubrimiento: en particular, afectaría los puestos prestigiados de los fabricantes de queso altamente calificados.

Para 1988, ocho años después de la conferencia sobre conductividad térmica, Snow Brand Milk había instalado nuevos alambres calientes de sondeo en las tinas de cuajadura de todas sus plantas mecanizadas de queso en Japón. Hoy, en Japón y en todo el mundo, se producen cientos de miles de toneladas de queso cada año usando el proceso desarrollado por Hori. En reconocimiento a su creatividad, Hori recibió en 1990 un reconocimiento nacional del Instituto Japonés de Invención e Innovación.

Pero ahí no termina la historia. En 1992, Stoelting, una compañía de equipo para lecherías de Estados Unidos, comenzó a comercializar el sistema de Snow Brand en ese país bajo el nombre de Optiset. En 1997, el cliente más grande de Optiset era Land O'Lakes, una compañía lechera líder en Estados Unidos. Otros fabricantes de queso de Estados Unidos han tardado más en adoptar el método del alambre caliente a causa de los problemas que se suscitan en torno al empleo de los fabricantes de queso expertos, quienes tienen importantes e influyentes puestos en la industria. La tecnología del alambre caliente desarrollada por Hori también se ha utilizado comercialmente para medir la viscosidad de tintas, pinturas y químicos, y tal vez algún día incluso sea un medio para medir la viscosidad de la sangre sin tener que extraer una muestra.

Eliminación de su propio puesto

Cuando la gente analiza la creatividad en las compañías, generalmente se refiere a innovaciones espectaculares en *otras* organizaciones, que sí sirven para buenos relatos. Rara vez se refieren a ejemplos de la creatividad cotidiana en sus *propias* compañías, y el grueso de estos ejemplos es mucho menos extraordinario. Considere este ejemplo que nos encontramos en DCM-Daewoo, una empresa colectiva indo-coreana que produce camiones de tamaño mediano en Surajpur, India, una población aproximadamente a cuarenta y cinco kilómetros al oeste de Delhi. Aquí, el acto creativo consistió en el mejoramiento de la manera en que se ajustan los chorros de lavado de parabrisas para arrojar el agua sobre la zona indicada. Anteriormente, se requerían dos trabajadores para hacer este trabajo: uno dentro de la cabina para presionar el botón que activa el chorro de agua, y el otro parado en la defensa para ajustar los chorros. El trabajador del interior de la cabina pensó que con un simple aditamento de un cable de extensión agregado al brazo de control del limpiador del parabrisas, el trabajador que estaba afuera de la cabina podría activar los chorros desde ahí. Con la ayuda del departamento de mejoramiento continuo de la planta, diseñó y construyó este aditamento y comprobó que podía usarse con éxito en la línea de ensamble. En otras palabras, el que hizo la sugerencia proponía una manera de *eliminar su propio puesto*. Se hizo la mejora, se eliminó su puesto, y se le asignó a uno nuevo.

¿Qué son esas etiquetas amarillas y negras?

La creatividad también cabe en compañías que deben operar con procedimientos altamente estandarizados, como las líneas aéreas, por ejemplo. Considere este ejemplo de British Airways (BA), la línea aérea más grande del mundo. A principios de 1993, Ian Hart, un cargador de equipaje de BA que trabajaba en la terminal 4 del Aeropuerto Heathrow de Londres (terminal internacional de BA) tuvo la iniciativa de lo que sería un importante acto creativo para su compañía. A menudo trabajaba en el área del carrusel de equipaje donde los pasajeros de llegada entran a recoger su equipaje, y se encontró con que frecuentemente le hacían cierta pregunta. Las bolsas con etiquetas amarillas y negras siempre parecían llegar primero al carrusel, y los pasajeros querían saber cómo podían obtener estas etiquetas para sus bolsas. Hart se dio cuenta de que los clientes que le hacían esta pregunta eran siempre las primeras personas que bajaban del avión, es decir, los pasajeros de primera clase de BA. Decidió averiguar más sobre las misteriosas etiquetas amarillas y negras. Después de trabajar un poco como detective, supo que se usaban para el equipaje de los pasajeros en lista de espera incluyendo miembros de la tripulación de BA que viajaban con pases, o volaban como pasajeros hacia o desde sus lugares de trabajo. Como la política de BA era dar prioridad a los clientes que pagaban su boleto antes que al personal que viajaba con pases, estos empleados se registraban en lista de espera y hasta el último minuto sabían si había un asiento disponible en determinado avión.

Más adelante, Hart descubrió que, sin intención alguna, el sistema utilizado daba prioridad al manejo del equipaje de los pasajeros en lista de espera. Normalmente, el equipaje de pasajeros se colocaba en un contenedor antes de ponerlo en la carga. Hart descubrió que regularmente el contenedor de primera clase se cubría con el equipaje de los pasajeros en lista de espera, y además estaba entre los *últimos* contenedores en ser descargados. A menudo, esto provocaba que los pasajeros de primera clase esperaran su equipaje un largo rato, cuya inminente llegada aprendieron a reconocer por un desfile de bolsas con etiquetas negras y amarillas. Naturalmente, esto daba una mala impresión del servicio de primera clase de BA. Hart propuso un cambio en el procedimiento y sugirió que el equipaje de primera clase ya no se cargara en contenedores sino en forma suelta en el compartimento frontal del avión, justamente antes de salir. A la llegada del avión, podría destinarse un miembro del personal de BA a descargar las bolsas de primera clase y a ponerlas rápidamente en el carrusel. La idea no era complicada, pero ya que requeriría cambiar de procedimientos a escala mundial y afectaría a muchas personas, BA decidió ponerla a prueba en sus diversas rutas en el verano de 1993. Las pruebas tuvieron éxito y la idea de Hart se convirtió en el actual procedimiento "First & Fast" ("Primero y rápido") que se usa en todos los vuelos de aviones de gran fuselaje que llegan a la terminal 4 de Heathrow. El tiempo promedio para que el equipaje de primera clase llegue al carrusel disminuyó inmediatamente de 20 a 12 minutos, y para fines de 1994 había llegado a 9 minutos, 48 segundos, con algunas rutas logrando 7 minutos regularmente. Una vez que su idea se implantó, alguien sugirió a

Hart que la escribiera y la sometiera a Brainwaves, el sistema de sugerencias de BA. En 1994, se le concedió el Reconocimiento anual del presidente por servicio a clientes, y Hart recibió once mil libras esterlinas (más o menos dieciocho mil dólares) así como dos boletos de viaje redondo a los Estados Unidos en el Concorde.

Pocas industrias están tan estandarizadas como la industria de las aerolíneas, que maneja grandes cantidades de personas y de aviones diariamente, y para la cual la seguridad es de mayor importancia. Pero aun así, Hart pudo tener la iniciativa de un acto creativo que fue importante para su compañía. Los clientes de primera clase son extremadamente rentables para cualquier aerolínea y necesitan sentir la atención adicional por la que pagan tanto. Aun en los entornos más rígidos, hay lugares y momentos en los que la creatividad no sólo es apropiada, sino deseable.

Cómo lograr la creatividad corporativa

Cada uno de los ejemplos anteriores es una muestra de creatividad corporativa, que a continuación definimos:

> *Una compañía es creativa cuando sus empleados hacen algo nuevo y potencialmente útil sin que se les haya mostrado o enseñado directamente.*

Los resultados tangibles de la creatividad corporativa, tan vital para la supervivencia y el éxito a largo plazo, son el *mejoramiento* (cambios a lo que ya está hecho) y las *innovaciones* (actividades completamente nuevas para la compañía). Como es de esperar, la mayoría de los actos creativos son mejoras.

Ninguna de las mejoras o innovaciones que hemos descrito hasta ahora fueron resultado de un plan de la administración. Más aún, todas fueron propuestas de personas a quienes nadie, incluyendo la administración y los creadores mismos, había identificado previamente como particularmente creativas. Snow Brand nunca se propuso cambiar la manera en que se hacía el queso, ni tuvo DCM-Daewoo como objetivo ajustar su operación del limpiador del parabrisas para reducción de la mano de obra. Antes de que Ian Hart se manifestara, British Airways no tenía planes para el manejo rápido del equipaje de primera clase en Heathrow, y si los hubiera tenido, ¿le habría pedido a un cargador de equipaje que encabezara la iniciativa?

Estos ejemplos y muchos otros que observamos nos han llevado a darnos cuenta, en una forma crítica, de la verdadera naturaleza de la creatividad corporativa. La mayoría de los actos creativos no son planeados y se originan en donde menos se esperan. Nadie puede predecir *quién* estará implicado en ellos, *qué* serán, *cuándo* ocurrirán, o *cómo* sucederán. Pero esto no significa que no pueda hacerse nada. Creemos que las compañías pueden incrementar extraordinariamente su desempeño creativo una vez que reconozcan la naturaleza de su creatividad y aprendan cómo promover activamente mejoras e innovaciones no previstas. Aquí se encuentra realmente el potencial más rico para promover la creatividad corporativa. Por lo que se refiere a la creatividad corporativa, en verdad, el poder está en lo inesperado.

Los seis elementos esenciales de la creatividad corporativa

En cada acto creativo inesperado que hemos estudiado encontramos seis elementos que desempeñaron cierta función. Hemos llegado a creer que estos elementos son la clave para promover la creatividad corporativa consistente. Aunque nadie puede predecir los actos creativos *específicos* que vendrán, la probabilidad de que sucedan se incrementará en forma importante cuando estos seis elementos se establezcan. "Administrar" la creatividad se refiere a aumentar las probabilidades, y a este respecto es similar a operar un casino. Aun cuando los casinos no saben con qué suerte correrá cada jugador de cada mesa, saben muy bien que si vienen suficientes clientes y juegan el suficiente tiempo contra las probabilidades de la casa, el casino tendrá una utilidad muy predecible y estable. A corto plazo, es una cuestión de probabilidad, pero a largo plazo, las utilidades son cuestión de certeza. De un modo muy parecido, aunque las compañías no pueden saber de dónde surgirán los actos creativos específicos o en qué consistirán, pueden llevar a cabo ciertas acciones para incrementar la frecuencia de que ocurran estos sucesos. En la segunda mitad de este libro se introducirán estos elementos, explicaremos por qué son importantes para la creatividad corporativa y hablaremos sobre cómo implantarlos. Estos seis elementos son:

1. Alineación
2. Actividad autoiniciada
3. Actividad extraoficial
4. *Serendipity* (afortunada casualidad)
5. Diversidad de estímulos
6. Comunicación al interior de la compañía

El primer elemento, *alineación*, se refiere a asegurar que los intereses y acciones de todos los empleados se dirijan hacia los objetivos clave de una compañía, de modo que *cualquier* empleado reconozca y responda en forma positiva a una idea potencialmente útil. Las compañías pueden *funcionar* con una alineación relativamente pobre, pero no pueden ser consistentemente creativas si no se encuentran fuertemente alineadas. A menudo se pasa por alto la alineación; es intangible y escurridiza y, por lo que a creatividad corporativa se refiere, sus efectos se hacen evidentes sólo cuando una compañía está extraordinariamente bien o mal alineada. En el capítulo cinco, comenzamos nuestra explicación de la alineación y se narra la historia del desastroso (y, en retrospectiva, de algún modo cómico) sistema de la antigua Unión Soviética para promover la "creatividad en masa". Más que otra cosa, la *falta de alineación* fue lo que generó el colapso de este sistema, que comenzó con tan grandes esperanzas en los años veinte. El sistema continuó infundiendo temor a los administradores soviéticos de todos los niveles hasta 1991, cuando Mijaíl Gorbachov finalmente puso fin a su miseria.

El relato sobre la Unión Soviética ilustra lo destructiva que es la falta de alineación para la creatividad. En el extremo opuesto, para demostrar cómo puede una compañía alinearse y cómo una fuerte alineación promueve la creatividad, en el capítulo seis recurrimos al ejemplo del programa "IdeAAs en acción" de American Airlines. La alineación para el ahorro en costos en American Airlines es tan fuerte que la azafata con la idea de la tapa para el café nunca tuvo ninguna duda de que su compañía recibiría bien y recompensaría su propuesta, si ahorraba dinero. Sin embargo, desde el punto de vista de la creatividad, la alineación es una espada de doble filo. Puede también limitar la creatividad de una compañía. Esto, también, se hace muy evidente en el caso de American Airlines.

El segundo elemento de la creatividad corporativa es la *actividad autoiniciada*. Si bien Snow Brand Milk hacía queso, no tenía un plan estratégico para desarrollar una nueva tecnología para su elaboración. Hori eligió el problema por sí mismo, inició la actividad de desarrollo y trajo la nueva tecnología a su compañía. El trabajador de mantenimiento de JR Este, el cargador de equipaje de British Airways y la azafata de American Airlines también eran empleados que pensaron que sus ideas podrían ser posibles, las hicieron suyas y las hicieron funcionar. Una razón por la que la actividad autoiniciada figura en forma tan prominente en la creatividad corporativa es que permite que los empleados elijan un problema de su interés y que se sienten capaces de resolver, por *cualquier* razón. Esto significa que su motivación intrínseca es mucho más alta de lo que sería si el proyecto hubiera sido planeado o elegido para ellos por alguien más. Tal como lo describiremos en el capítulo siete, promover el tipo de actividad autoiniciada que genera actos creativos tiene resultados sorprendentemente directos.

El tercer elemento de la creatividad corporativa es la *actividad extraoficial*, actividad que ocurre en ausencia de apoyo oficial directo, y con la intención de hacer algo nuevo y útil. La actividad no oficial de Hori duró tres años, durante los cuales sólo él mantuvo viva la idea. Si la hubiera dejado escapar en algún momento de esos tres años, no se habría realizado. Cuando una idea es nueva para una compañía, a menudo hay resistencia y oposición. La actividad no oficial brinda un remanso seguro donde las ideas tienen la oportunidad de desarrollarse hasta que son suficientemente fuertes para sobrepasar dicha resistencia. Más aún, darle a un proyecto carácter de oficial provoca toda clase de barreras para la creatividad, barreras que todos los proyectos planeados encuentran en su camino. Extraoficialmente, Hori tuvo libertad de experimentar como quiso, incluso se salió de las funciones de su puesto, y fue en este tiempo cuando pudo establecer la conexión decisiva entre la conductividad térmica de la leche y su punto de cuajadura, y descubrir cómo podría servir en la elaboración de queso. En casi todos los ejemplos que examinamos, se llegó a la esencia del acto creativo durante el periodo extraoficial.

El cuarto elemento, también evidente en el ejemplo de la compañía de lácteos, es lo que en inglés se conoce como *serendipity* (o golpe de suerte para hallar algo valioso por casualidad). Aunque esta palabra es ampliamente usada en inglés, pocas personas conocen su insólita historia y saben que su significado original se ha perdido. Cuando este significado se restablezca, quedarán claras las acciones que las compañías puedan emprender para promover este golpe de suerte. Un descubrimiento con esta característica es el que se obtiene mediante un *accidente afortunado* en presencia de la *sagacidad* (agudeza de discernimiento). Si al estar experimentando con la conductividad térmica, Hori no hubiera dejado accidentalmente conectado el calentador durante un periodo excesivo y no hubiera reconocido el significado de lo que entonces observó, nunca habría hecho su descubrimiento *casual y afortunado*. La creatividad a menudo implica recombinar o establecer conexiones entre cosas que parecen no estar relacionadas. Cuanto más recóndita sea la conexión, mayor será la distancia intelectual que debe recorrerse para establecerla y mayor el papel de lo inesperado. El golpe de suerte o *serendipity* ayuda a tender puentes en las distancias, tal como la distancia entre la conductividad térmica de la leche y su punto de cuajadura. Para Hart en British Airways, su *serendipity* surgió cuando un pasajero preguntó el significado de las etiquetas amarillas y negras. No sabemos lo importante que haya sido tal *serendipity* para activar el mejoramiento en DCM-Daewoo. Quizá un día, uno de los dos trabajadores de DCM-Daewoo se presentó tarde, y por un rato el otro tuvo que hacer los dos trabajos y se dio cuenta de que uno de los puestos podría eliminarse. Ya sea que esto haya pasado o no realmente, el golpe de suerte juega un papel clave en la creatividad y, como describiremos en el capítulo nueve, las compañías pueden actuar para promoverlo.

El quinto elemento de la creatividad corporativa es la *diversidad de estímulos*. Un estímulo puede generar un discernimiento fresco en torno a algo que ya se ha emprendido, o bien puede llevar a la persona hacia algo diferente. En el caso de Hori, el estímulo más importante de este tipo fue la conferencia que escuchó sobre la medición de la conductividad térmica del agua. Sin embargo, es imposible predecir cómo reaccionará un individuo a un estímulo particular, y aquello que provoca a una persona es probable que otra más ni siquiera lo tome en cuenta. Si alguna otra persona de Snow Brand hubiera asistido a la misma conferencia, por ejemplo, ¿se habría sentido estimulada para armar el aparato que se necesitaba para el experimento? En el capítulo diez, describimos lo que las compañías pueden hacer para promover la diversidad de estímulos. Si bien las compañías deben hacer todo lo que puedan para aportar diversos estímulos a sus empleados, también deberían reconocer que los esfuerzos de este tipo tendrán un impacto limitado. La verdad es que la mayoría de los estímulos surgen en conexión con la vida diaria o con el trabajo mismo. Es mucho más importante que una organización propicie oportunidades para que sus empleados cuenten a los demás sobre los estímulos que han recibido y las posibilidades que estos estímulos les sugieren. Aquí es donde estriba la verdadera ventaja.

El sexto y último elemento de la creatividad corporativa es la *comunicación al interior de la compañía*. Toda organización lleva a cabo actividades planeadas y debe establecer las vías de comunicación necesarias para apoyarlas. Pero estos canales oficiales son de utilidad limitada para la creatividad corporativa. Para que Hori apreciara el potencial de su descubrimiento, fue crucial que averiguara más sobre la elaboración de queso con quienes se dedicaban a ello. Como nadie había previsto esta posible vía, tuvo que hacerlo por su cuenta. La comunicación no prevista dentro de la compañía es una de las cosas que parece suceder en forma natural en las compañías más pequeñas, pero no tan naturalmente en las más grandes. Cuanto más grande sea la compañía, es *más* probable que los componentes de los actos creativos ya estén presentes de algún modo en ella, pero es *menos* probable que puedan integrarse sin cierta ayuda. Creemos que el potencial creativo de una compañía se incrementa rápidamente con su tamaño, pero que sin sistemas establecidos para promover intercambios no previstos de información, este potencial nunca se realizará. Peor aún, se seguirá suponiendo que la creatividad sólo puede darse realmente en las compañías pequeñas. Como mostrarán nuestros ejemplos, este tipo de comunicación es bastante difícil entre los empleados que trabajan en el mismo sitio. ¿Qué decir de la comunicación entre personas que trabajan en diferentes divisiones y que tal vez, en el curso normal de los hechos, nunca se conocerán? En el capítulo once, hablamos sobre la importancia de esta comunicación y lo que pueden hacer las compañías para promoverla.

En todas las compañías que estudiamos, conocimos personas que sentían que el potencial de creatividad de su organización era mucho mayor de lo que solía indicar su desempeño actual, y tenían razón. Creemos que esta situación no cambiará hasta que se reconozca la verdadera naturaleza de la creatividad en forma general. El grueso de creatividad potencial de una compañía es virtualmente inalcanzable mediante el acostumbrado estilo de administración de planeación y control, porque radica en los actos creativos que no pueden solicitarse específicamente y que ninguna cantidad de planeación puede causar en forma directa. La clave hacia la creatividad corporativa estriba en esos actos creativos no anticipados, y nuestros seis elementos ofrecen un medio para hacer realidad el tremendo potencial que representan.

Puntos principales

La mayoría de los actos creativos son inesperados. Ésta es la verdadera naturaleza de la creatividad corporativa y es donde se encuentra realmente el potencial creativo de una compañía.

> *La nueva forma de hacer queso de Tomoshige Hori no se había planeado, ni siquiera previsto, por parte de Snow Brand Milk Products, una compañía que fabrica grandes cantidades de queso.*

Una definición funcional de creatividad:

> *Una compañía es creativa cuando sus empleados hacen algo nuevo y potencialmente útil sin que se les haya mostrado o enseñado directamente.*

Los resultados de la creatividad en las compañías son *mejoramiento* (cambios a lo que ya está hecho) e *innovaciones* (actividades completamente nuevas para la compañía).

Aun en los entornos con procedimientos implantados con la mayor rigidez, hay un lugar y un momento para la creatividad.

> *Pocos negocios dependen más de los procedimientos estándar de operación que las principales líneas aéreas. Pero British Airways ciertamente tuvo cabida para la idea que un cargador de equipaje aportó para el manejo "Primero y rápido" ("First & Fast") de equipaje, y American Airlines ahorró 62,000 dólares gracias a la idea que una azafata tuvo sobre las tapas para el café.*

Los seis elementos de la creatividad corporativa, que toman parte en todo acto creativo, son la clave para incrementar la creatividad corporativa. Éstos son:

1. *Alineación*
2. *Actividad autoiniciada*
3. *Actividad extraoficial*
4. Serendipity *o golpe de suerte*
5. *Diversidad de estímulos*
6. *Comunicación al interior de la compañía*

Capítulo dos
CÓMO LOS PREJUICIOS LIMITAN LA CREATIVIDAD CORPORATIVA

Las ideas creativas reales se originan aquí y allá a partir de cada individuo del personal y nadie puede anticipar qué serán o dónde aflorarán.

FRANK B. JEWETT
Vicepresidente de Investigación y Desarrollo en AT&T, 1925-1944[1]
Organizador y Director de Bell Labs

Un estereotipo particularmente duradero y ampliamente sostenido de una persona creativa es el del "heroico inventor solitario", que lleva a las compañías hacia lo que llamamos la "trampa de los sueños ambiciosos", en la que se invierten recursos sustanciales en un puñado de personas de supuestamente gran creatividad y a quienes se concede una gran libertad. El estereotipo ha permanecido porque se basa en verdades parciales así como en un malentendido sobre la creatividad muy extendido. La creatividad de las empresas arriesgadas, cuando se da y si es el caso, es ciertamente importante. Sin embargo, constituye sólo una fracción del potencial creativo de una compañía.

Parece que el estereotipo del heroico inventor solitario se formó, y luego se promulgó tanto en la cultura académica como en la popular, por lo que pasó durante una época a la que a veces se refieren como la Edad de Oro del inventor independiente en Estados Unidos. Según Thomas Hughes, quien hizo la crónica de este periodo en su libro, *American Genesis: A Century of Invention and Technological Enthusiasm*:

> *Ninguna otra nación ha mostrado tal poder inventivo ni ha producido inventores tan brillantemente originales como Estados Unidos durante el medio siglo que comenzó alrededor de 1870.*[2]

La Edad de Oro comenzó más o menos en la época en que Alexander Graham Bell inventó el teléfono (1875) y Thomas Edison abrió su laboratorio de investigación de Menlo Park (1876), cuyo propósito era proporcionar muchos ayudantes a un genio reconocido para que pudiera llevar a cabo sus ideas. La Edad de Oro ya había terminado claramente para 1935, el primer año en que el número de patentes emitidas a compañías en Estados Unidos sobrepasó el número otorgado a individuos, y cuando era obvio que el modelo de Menlo Park ya no funcionaba. En las compañías del presente, con el surgimiento de la especialización y la explosión del conocimiento, así como la creciente complejidad de los procesos, la invención y la creación se producen de manera muy diferente. El problema es que los extraordinarios logros de los grandes inventores nos han llevado a pasar por alto tanto el número inconmensurablemente mayor como el impacto de las innovaciones hechas en escenarios corporativos desde la Edad de Oro. Como el de Hori, estos actos creativos casi no han recibido ninguna atención en los registros históricos. Como resultado, la administración tiende a dar lecciones equivocadas a partir de los éxitos de gente extraordinaria que trabajó durante un periodo único en la historia, un periodo que terminó hace más de sesenta años. La época del heroico inventor solitario ya pasó. Sin embargo, muchas personas aún se aferran a la imagen cuando piensan en creatividad. No es difícil ver por qué las compañías que caen en la trampa de los sueños ambiciosos nunca se dan realmente la oportunidad de explotar su potencial creativo real.

El Principio de no prejuicios

Suponga que su compañía hiciera una lista de todos sus empleados y de las cosas que cada uno sabe sobre las operaciones de la compañía y que nadie más sabe. ¿No terminaría usted con una lista con por lo menos algo enseguida de cada nombre? ¿Qué le parece una lista similar de cosas que sólo uno o dos empleados supieran? Habría aún más anotaciones junto a cada nombre. Es sorprendente que a menudo los temas de dichas listas se convierten en los ingredientes clave de los actos creativos. Los implicados simplemente resultan ser el único o los dos únicos empleados que saben algo pertinente y cuyo interés se despierta, o que resultan estar en el lugar indicado en el momento indicado. Bajo esta luz, no es sorprendente que la vasta mayoría de actos creativos no planeados en las compañías de la actualidad sean propuestas de personas que nadie, ni siquiera ellas mismas, consideró particularmente creativas. Desde la perspectiva de la administración, estos hechos pueden ser desconcertantes al principio. Significan que una compañía nunca puede anticipar:

- *Quién* estará implicado en un acto creativo
- *Qué* será
- *Cuándo* ocurrirá
- *Cómo* ocurrirá

Si éste es el caso, entonces cualquier prejuicio que tenga una compañía sobre *quién, qué, cuándo* o *cómo*, necesariamente le impedirá ver las fuentes potenciales de creatividad. Esta observación conduce al "Principio de no prejuicios" de la creatividad corporativa:

> *La creatividad de una compañía está limitada en el mismo grado en el que actúe con base en prejuicios sobre quiénes serán creativos, qué harán, y cuándo y cómo lo harán.*

El hecho es que la ventaja real para la creatividad corporativa no estriba en las estrategias basadas en identificar a las personas creativas, sino en promover la creatividad de todos los empleados. Ése es el fin de los seis elementos de la creatividad corporativa que describimos en la segunda parte de este libro.

Antes de explicar estos seis elementos en detalle, le pedimos que acepte el Principio de no prejuicios y la imposibilidad de predicción relacionada con él, que es parte intrínseca de la creatividad. Para hacer esto, es necesario desechar prejuicios sobre la creatividad corporativa, prejuicios que están sorprendentemente extendidos y fuertemente arraigados en nuestro pensamiento. Si no se logra esto, seguirán interfiriendo sólidamente entre una compañía y su potencial creativo.

¿Quién estará implicado en un acto creativo?

Una antigua sección del programa "ABC World News Tonight" es su reportaje especial "Persona de la semana" de cada viernes. Generalmente el segmento presenta a un prominente líder político, social o empresarial. Pero el 14 de junio de 1991, el comentarista Peter Jennings dijo a sus televidentes que "ABC World News Tonight" había seleccionado a Kathy Betts, una empleada de medio tiempo de la Comunidad de Massachusetts quien, increíblemente, había hecho un descubrimiento que significaba más de quinientos millones de dólares en efectivo para el estado, y aproximadamente doscientos millones por año de ahí en adelante. Para el gobernador William Weld, recientemente electo como el primer gobernador republicano en veinte años, en un estado con una fuerte tradición demócrata, la ganancia inesperada no podía haber llegado en un mejor momento: sólo dos semanas antes de que la ley estatal le requiriera hacer un balance del presupuesto al final del año fiscal, el 30 de junio. Sin ese nuevo flujo de entrada de dinero, quizá se hubiera visto forzado a romper su importante promesa de campaña de equilibrar el presupuesto sin aumentar impuestos o pedir préstamos, mientras que al mismo tiempo evitaba otra ronda de los poco populares recortes a los programas estatales. Gracias a Kathy Betts, pudo cerrar la brecha de 460 millones que había enfrentado la Comunidad en su presupuesto de 13,500 millones, y terminar el año fiscal con un modesto superávit de veintinueve millones. Para los 44,000 empleados estatales de Massachusetts, cuyo ánimo estaba excesivamente bajo después de oleadas de despidos y un descanso de diez días, significó un respiro en medio de las interminables malas noticias.

Sin ayuda, Kathy Betts, una comprometida madre trabajadora, con dos hijos pequeños, había cambiado la percepción pública y la autoimagen de los trabajadores estatales, rescatado al gobernador, y brindado a todo el estado un necesario resurgimiento. Lo que hizo está relacionado con esas anotaciones que hubieran estado junto a su nombre en nuestra lista imaginaria: la lista de cosas que ella sabía, que quizá sólo uno o dos trabajadores estatales más sabían. El hecho de que llegara como una sorpresa, y estuviera en las noticias nacionales, tuvo mucho que ver con que ella no encajaba en el estereotipo de una persona creativa. Nadie lo esperaba de ella: ni los políticos, ni los medios y ni siquiera la gente de su estado. Para entender lo que hizo y por qué implicó algo que sabía y que unos cuantos más en su organización sabían, necesitamos entender un poco su trabajo y el sistema en que trabajaba.

En 1991, Kathy Betts trabajaba tres días a la semana en el Departamento de Medicaid del Departamento de Asistencia Social de Massachusetts (DPW, *Department of Public Welfare*). Le gustaba su horario de medio tiempo, porque le permitía estar con sus hijos pequeños. Su trabajo consistía en manejar los reembolsos de Medicaid para los aproximadamente cien hospitales de cuidados intensivos de la Comunidad, los que proporcionan tratamiento a corto plazo para las condiciones médicas graves. Medicaid, el programa nacional de medicina social decretado por el gobierno federal para los beneficiarios de seguridad social, requiere que cada estado pague la cobertura médica básica. El gobierno federal reembolsa a la Comunidad de Massachusetts cincuenta centavos por cada dólar de Medicaid que gasta.

Casi todos los hospitales de cuidados intensivos tienen un problema con la "atención no compensada", dinero que se les debe por tratamientos que han brindado pero que los pacientes no pueden o no están dispuestos a pagar. Aunque los hospitales pueden rechazar a los pacientes no asegurados, la ley los obliga a que acepten a cualquiera en una emergencia. El problema radica en cómo se interpreta la palabra *emergencia*. En Massachusetts, cuando menos, los hospitales tienden a equivocarse por ser precavidos. A menos que sea absolutamente obvio para el personal del hospital que el caso no es una emergencia, el paciente logrará ver a un doctor, después de lo cual el hospital bien podría terminar el tratamiento. Además de todo este servicio gratuito no planeado, la mayoría de los hospitales también tienen algún tipo de programa oficial en el que los pacientes potenciales pueden llenar una solicitud de servicio gratuito que el hospital determina proporcionar o no. Cada hospital lleva registros del servicio gratuito que proporciona y luego solicita ayuda financiera al estado. Para algunos hospitales de Massachusetts, los costos de servicio no compensado pueden sumar tanto como veinte por ciento de los ingresos. En el Hospital de la Ciudad de Boston, el cual por su ubicación sirve de red de seguridad para una gran cantidad de gente de bajos recursos de la ciudad, la cifra se acerca más al cuarenta por ciento.

Antes de que apareciera Kathy Betts, Massachusetts trataba de ayudar a los hospitales con sus cuentas de servicios no compensados a través del Departamento de Seguridad Médica (DMS, *Department of Medical Security*), una oficina estatal independiente establecida específicamente con este fin. DMS era totalmente independiente y de hecho estaba completamente al otro lado de la ciudad respecto del DPW, donde Kathy Betts trabajaba. Todos los hospitales del estado tenían la obligación de añadir un cargo adicional por servicio no compensado al costo de cada servicio que brindaban (excepto los otorgados mediante Medicaid), incluyendo pruebas de laboratorio y tratamientos externos. El dinero del cargo extra, un total de cerca de seiscientos millones de dólares anuales, se cobraba mediante el DMS que, entonces, lo redistribuía a hospitales con costos desproporcionados de servicio no compensado. En realidad la función de este sistema consistía en hacer que una dependencia pública reasignara dinero del sector privado de los hospitales más ricos con bajos niveles de servicio no compensado, tales como el Hospital General de Massachusetts, hacia los hospitales más pobres con altos niveles de servicio no compensado, tales como el Hospital de la Ciudad de Boston. Durante años, ésta era la forma en que había funcionado el sistema en Massachusetts.

Después de un periodo de varios meses, a finales de 1990, Kathy Betts llegó a la conclusión de que si se cambiaba el sistema de modo que el estado pudiera encauzar estos pagos por servicio no compensado a los hospitales por medio de Medicaid en lugar del sistema de creación doméstica de cargo adicional del DMS, Massachusetts podría obtener que el gobierno federal diera pagos equivalentes a razón de cincuenta centavos por dólar, los que entonces podría conservar el estado. Ésta era su idea. Las directrices de Medicaid Federal permitían el cincuenta por ciento de reembolso por cualquier pago de Medicaid hecho por el estado para ayudar a los hospitales con cargos de servicios no compensados altamente desproporcionados. A la fecha, Massachusetts, como todos los otros estados, usaba esta cláusula principalmente para obtener un poco de dinero adicional para uno o dos de los hospitales del estado con costos de servicio no compensado de niveles desesperados, tales como el Hospital de la Ciudad de Boston. Como este hospital tenía por mucho los costos de servicio no compensado más altos del estado, siempre con más de una desviación estándar más arriba que el promedio, la regla de Medicaid funcionaba bien para ese fin. Al definir los costos desproporcionados por servicio no compensado de modo que significaran aquellos "con más de una desviación estándar por encima de la norma para hospitales del estado", el DPW podía aprovechar el dinero federal de Medicaid para subsidiar sus pagos extras al Hospital de la Ciudad de Boston (ocasionalmente, para la aplicación de esta fórmula se solía elegir a algunos otros hospitales, pero el de la Ciudad de Boston siempre estaba entre los seleccionados). Debido a que este hospital era tan importante para una población necesitada y políticamente poderosa, para el DPW siempre era relativamente fácil obtener aprobación adicional de la legislatura estatal para los fondos estatales extra. Pero este dinero era una cantidad sumamente pequeña comparada con la que manejaba el DMS, y los fondos federales equivalentes llegaban realmente como una ocurrencia tardía.

Lo que Kathy Betts encontró fue que las reglamentaciones federales de Medicaid nunca habían definido realmente la palabra *desproporcionado;* todos habían asumido simplemente que tal vez significaba algo "preocupantemente alto". Pero nada más allá de un trato entre caballeros mantenía esta definición. En otras palabras, determinar si los costos no compensados de servicios de un hospital eran o no desproporcionados era una decisión principalmente de los estados: un punto débil considerable. Siendo éste el caso, la Comunidad de Massachusetts podía interpretar la palabra en una forma más favorable, mucho más favorable de hecho. Por ejemplo, el estado podía considerar que un hospital tenía costos desproporcionados de servicio no compensado si simplemente estuvieran por arriba de la media, o si fueran más elevados de lo que se consideraría el nivel peligroso para un negocio del sector privado, digamos cinco por ciento. Al estar pagando el estado 600 millones de dólares al año por servicio no compensado, cuanto más pudiera eso calificarse como reembolso de Medicaid por costos desproporcionados de servicio no compensado, más fondos federales equivalentes recibiría la Comunidad. Betts hizo algunas encuestas discretas a amigos en el DMS para asegurarse que el dinero que manejaba se pudiera considerar realmente como servicio no compensado según la definición de Medicaid. Una vez que se sintió satisfecha sobre ese punto, escribió un pequeño memorándum a su jefa, Maureen Pompeo, para explicarle su idea.[3] Pompeo, al instante, vio que la idea podría funcionar y "saltó de gusto y la aceptó"[4]. Rápidamente la turnó a su jefe, el Director de Medicaid en la Comunidad. Pero antes de que la idea se pudiera aplicar, muchas más personas habrían de participar, y muchas cosas habrían de acomodarse en su lugar.

Antes que nada, todo el sistema estatal de cargo adicional por servicio no compensado tendría que abolirse. El DPW, encargado de Medicaid, tendría que asumir el control directo. Por razones escondidas en las letras pequeñas de la ley (detalles formales de los documentos), el "cargo adicional" tendría que cambiarse a "impuesto". Todo el tiempo Kathy Betts supo que las autoridades federales de Medicaid no compensarían los pagos retroactivos de Medicaid, sino sólo los nuevos conforme se hicieran. Sin embargo, nuevamente detectó aquí una salida. El estado podía utilizar los fondos federales equivalentes de Medicaid de los últimos tres años de pagos de servicio no compensado si oficialmente había hecho el cambio al nuevo sistema en 1988, a la vez que declaraba que los pagos de "servicio no compensado desproporcionado" bajo el nuevo sistema se harían cada tres años. Esto significaba que el primer pago, puesto para junio de 1991, no se consideraría retroactivo bajo las directrices federales, sino más bien se vería como un pago corriente de ¡una cuenta algo grande de tres años! Pasarían, como resultó ser, varios meses de un proceso burocrático "de alguna manera contencioso" en Washington, implicando incluso al gobernador Weld mismo, antes de que se notificara a las autoridades de Massachusetts (el 2 de junio de 1991) que la idea de Kathy Betts sí funcionaría en verdad.

Justamente cuatro días después, la mañana del 6 de junio, todos los hospitales de cuidados intensivos de la Comunidad mediante traspaso electrónico reembolsaron al DPW todo el dinero que habían recibido bajo el antiguo sistema de reasignación de cargos adicionales desde 1988. El total ascendió a ¡mil cuarenta millones de dólares! Por la tarde, el DPW les transfirió de vuelta los fondos, como primer pago de Medicaid por "servicio no compensado desproporcionado" bajo el sistema de 1988. Al mismo tiempo, se envió por *fax* una cuenta a Washington por el dinero federal de Medicaid al que el estado tenía ahora derecho: algo así como quinientos veinte millones de dólares. Los hospitales no perdieron un solo centavo, pero el estado tenía ahora una ganancia inesperada de quinientos millones de dólares. El cheque llegó antes del final del mes. Y por si fuera poco, dado que la idea de Kathy Betts siguió aportando al estado entre 150 y 200 millones adicionales cada año, para 1997 su valor ya había excedido los 1,400 millones de dólares. Sin embargo no todos estaban felices. Massachusetts había jugado rudo con el gobierno federal. Pero, como concedió Gail Wilensky, a nombre de la Administración Federal de Medicaid, en el reportaje especial de "ABC World News Tonight":

Me resulta difícil señalar con el dedo al estado por haber sacado ventaja de algo que es atroz, pero perfectamente legal.

El hecho de que un acto nuevo además se considere útil, y por lo tanto creativo, en mucho es cuestión de perspectiva. Es verdad que la ganancia inesperada de Massachusetts la pagaron los contribuyentes de otros estados que podrían no estar tan a gusto con la idea de Kathy Betts. Pero, en Massachusetts, era una heroína. El agradecido gobernador Weld, quien, según el *New York Times,* había "recibido una clara lección sobre el valor de los trabajadores del estado",[5] presentó a la legislatura un proyecto de ley especial. Propuso no sólo que se otorgara a Kathy Betts una recompensa de diez mil dólares, sino también que Massachusetts estableciera un programa permanente de premios para tratar de aprovechar las ideas de otros empleados estatales para ahorrar costos. Kathy Betts también comentó para el *Boston Globe:*

Espero que esto sirva como un ejemplo de que los trabajadores de medio tiempo sí contribuyen con mucho en su lugar de trabajo.[6]

La historia de Kathy Betts ilustra bien algunas de las razones de por qué es imposible predecir en las organizaciones de hoy día quién estará implicado en actos creativos. Antes de su notable descubrimiento, nadie, incluyéndola a ella misma, habría identificado a Kathy Betts como una persona especialmente creativa. El gobernador Weld obtuvo la bonanza que necesitaba de donde menos lo esperaba: una joven madre trabajadora, compartiendo un trabajo de medio tiempo, muy abajo en la jerarquía del gobierno del estado. Podría haber estado menos sorprendido si la idea de los 1,400 millones de dólares hubiera salido de un miembro del gabinete o de un administrador de mayor rango. Pero Kathy Betts muy bien puede haber sido la *única* persona en la Comunidad de Massachusetts que supo lo suficiente para hacer lo que hizo. En relación con esto, también nos hizo una observación:

A veces en el estado, las cosas están muy fragmentadas. Yo era una empleada con experiencia, trabajando para el estado desde hace doce años. Conocía todas las dependencias y lo que hacían. Por ello pude unir las partes para obtener el dinero del gobierno federal. Lo que me preocupa es que, cuando el estado hace recortes, a quienes despide es a los gerentes medios como yo, que tenemos ya mucho tiempo trabajando. Y cuando volteas a mirar quién se quedó, personas jóvenes y sin experiencia, simplemente ves que no puede establecer las conexiones entre las partes de la misma forma que pueden hacerlo los empleados con experiencia. Y alguien tiene que hacerlo.[7]

A menudo, la llamada "grasa" que la corporación "adelgazada" se esfuerza tanto en quitar, ya sea mediante reingeniería u otras formas de reestructuración, es precisamente esta capa de empleados. En lo que a creatividad se refiere, a menudo la compañía realmente está cortando hueso y músculo. Desgraciadamente, es mucho más fácil ver los *costos* de empleados con antigüedad y de la gerencia media que los *beneficios* que ofrecen, los cuales pueden ser indirectos, postergados, o difusos. Aunque estos empleados forman el núcleo de la memoria institucional de la organización y de la red humana de trabajo, se tiende a relegarlos en forma indiscriminada junto con el verdadero desperdicio, lo cual sí se suma al costo sin agregar valor. Lograr la creatividad corporativa es incompatible con un excesivo énfasis en el recorte de costos directos o iniciativas de reingeniería mal concebidas que hacen tiras lo que es indirectamente necesario. La administración de costos es necesaria para la supervivencia y el éxito, pero, como señaló Kathy Betts, su exceso daña la creatividad, que es aún más vital.

Aunque parezca mentira, si bien Kathy Betts sí recibió una recompensa de diez mil dólares, la segunda mitad de la propuesta de ley del gobernador Weld, establecer un sistema para alentar y premiar las ideas para ahorrar costos, se archivó en silencio después de que el alboroto se apagó. Se nos dijo que los sindicatos de empleados del estado eran quienes se habían opuesto pues veían ese sistema como un rodeo de palabras para introducir pagos por méritos, y los políticos de Massachusetts habían abusado hacía tiempo de esto para fines de protección y favoritismo. Y aún peor desde el punto de vista de la creatividad, en noviembre de 1995 el gobernador Weld emitió su plan de reingeniería para el gobierno del estado. Si una de sus propuestas clave hubiera estado en vigor en 1991, habría descartado el descubrimiento de Kathy Betts. El gobernador quería ¡limitar a diez años! la antigüedad que un empleado podía tener como trabajador del estado.

El error fundamental de atribución

De modo que finalmente, la Comunidad de Massachusetts sí reconoció la extraordinaria contribución de Kathy Betts, pero dejó de reconocer el potencial de creatividad de otros empleados del estado. ¿Por qué tantas organizaciones cometen el mismo error? Cuando ocurren los actos creativos, las compañías trabajan para explotar las ideas, entonces muy frecuentemente reconocen y recompensan a los implicados. Pero no llegan a cambiar sus sistemas de modo que también puedan beneficiarse con las ideas creativas de otros empleados.

Parte de la razón de esta reticencia a ocuparse de las barreras sistémicas a la creatividad en las compañías estriba en cómo perciben las personas los sucesos en sus compañías y por qué esas percepciones son a menudo inexactas. La "teoría de la atribución", desarrollada por los psicólogos sociales, examina la forma en que atribuimos crédito y culpa cuando algo sucede en una compañía. Según esta teoría, hay tres factores que influyen fuertemente en nuestras percepciones: nuestro papel en la actividad (participante u observador), nuestra distancia de los eventos en cuestión, y si percibimos el resultado como un éxito o como un fracaso.[8] Es decir:

1. Una persona que tan sólo observa cómo se despliegan los sucesos, y no es participante directo en ellos, tiende a *sobrevalorar* el efecto de las características personales de los individuos implicados y a *subestimar* el efecto del sistema en donde trabajan.
2. En general, cuanto más lejano esté el observador de los protagonistas y de los sucesos, más exagerada se vuelve esta tendencia.
3. Si una persona o proyecto se perciben como exitosa o exitoso, es probable que todos *sobreestimen* el efecto de las características personales de los individuos implicados y que *subestimen* el efecto del sistema en que trabajaron. De modo similar, si un subordinado falla, su gerente tenderá a atribuir la falta al individuo, más que al sistema. Subconsciente o conscientemente, el gerente sabe que es más fácil tratar con un empleado como individuo que arreglar el sistema.

En el caso de la creatividad, todas estas tendencias empujan en la misma dirección: cometer el "error fundamental de atribución" al otorgar equivocadamente demasiado crédito a los individuos por los actos exitosos o a culparlos de más por la ausencia de creatividad. Estas percepciones son importantes, porque afectan el modo en que pensamos y actuamos. Un gerente que cree que el éxito o fracaso de un proyecto depende del individuo implicado se concentrará en cambiar una cosa: al *empleado*; pero si el gerente reconoce la influencia del entorno de trabajo, entonces, eso será lo que se cambie. Una y otra vez encontramos los efectos del error fundamental de atribución en las compañías con las que trabajamos. El error de atribución ayuda a explicar la teoría que sustenta lo que parece ser la estrategia corporativa más común para la creatividad: la que pretende cubrir los puestos que se piensa que requieren creatividad con personas que se piensa que son creativas. Las personas que creen en esa estrategia esperarán que un libro sobre creatividad corporativa sea una guía para hallar y contratar a personas creativas, o aun sobre cómo instruir a los empleados actuales para que sean más creativos.

Ciertamente, algunos individuos tienen capacidad de ser mucho más creativos que otros. Sin embargo, no por ende el camino hacia el incremento de la creatividad *corporativa* significa tratar de contratar personas creativas, o reemplazar empleados menos creativos con otros que se piensa que son más creativos. De hecho, este enfoque condena a una compañía a niveles bajos de creatividad, porque a pesar de la vasta cantidad de investigación sobre la creatividad individual, todavía no han aparecido indicadores confiables que permitan a una compañía identificar a aquellos que serán creativos en el futuro, ciertamente ninguno que hubiera hecho que Massachusetts contratara a Kathy Betts y que acudiera a ella en busca de una idea de mil millones de dólares. Sin embargo, las compañías que sí enfatizan la contratación y administración de individuos creativos deben trabajar con *algunos* criterios, pese a lo poco que se conoce en este campo. Desgraciadamente, estos criterios vienen a ser estereotipos de gente creativa poco más que inexactos, a pesar de que sean fuertemente mantenidos. En este capítulo y el siguiente, revelaremos justamente cuán inexactos son estos estereotipos. Tienen que descartarse porque son muy perjudiciales para la capacidad de una compañía de desarrollar sistemas que realmente promuevan la creatividad.

Un mal sistema siempre vencerá a una persona buena

Con tan poca información práctica disponible para identificar a la "gente creativa", tratar de llenar la compañía con individuos creativos es una causa perdida. Sin embargo, aun si fuera posible identificar exacta y anticipadamente a las personas creativas y luego llenar la compañía con ellas, sin un entorno de trabajo propicio para la creatividad, los resultados seguirían siendo decepcionantes. Dado el potencial creativo ya presente en la mayoría de las compañías, el entorno es el factor determinante para promover la creatividad corporativa global.

Considere el caso de la antigua Unión Soviética. Mucho antes de la revolución, su padre ideológico, Karl Marx, había identificado "el progreso científico-tecnológico" como vital para el éxito del socialismo. De acuerdo a Peter Drucker:

Marx tuvo el aprecio más profundo por la tecnología: fue el primero y aún es uno de los mejores historiadores de la tecnología.[9]

Durante toda su historia, la Unión Soviética enfatizó fuertemente el progreso científico-tecnológico en sus esfuerzos por alcanzar al occidente. La proeza en ciencia o ingeniería se volvió casi un prerrequisito para los puestos de alta dirección en el gobierno o en las principales empresas. En 1980, por ejemplo, aproximadamente ochenta por ciento de los miembros del Politburó Soviético poseía grados en ingeniería, y para 1990 más de la mitad de los ingenieros del mundo trabajaba en la Unión Soviética.[10] Los científicos e ingenieros soviéticos eran reconocidos entre los mejores y más creativos del mundo. Sin duda, el país tenía un enorme potencial creativo. Pero el progreso científico-tecnológico real quedó bastante lejos de las expectativas. ¿Por qué pasó esto? Hablaremos más sobre este tema en el capítulo cinco, pero cabe señalar que en 1990 un físico soviético con el que platicamos, articuló muy bien la razón:

Un mal sistema siempre vencerá a una persona buena.

Esto se ha reconocido en el campo de la calidad por algún tiempo.[11] Curiosamente, el estado actual del pensamiento sobre la creatividad corporativa es paralelo en forma muy cercana al del movimiento sobre calidad, antes de que pasara de la inspección de productos como su herramienta primordial hacia el control del proceso. En su libro de 1995, *Labor Shortages: Myth or Reality?*, Malcolm Cohen predijo los cinco mejores y los cinco peores prospectos de trabajo para la siguiente década.[12] De manera interesante, el trabajo de inspector de calidad de la producción estaba clasificado apenas por encima de la mano de obra y el mecanógrafo, en el cuarto peor lugar. Nadie que esté familiarizado con la fabricación se sorprendería de que los inspectores de producción sean una especie en peligro. El énfasis en el mejoramiento del proceso y en "hacerlo bien desde la primera vez" ha dejado un lugar reducido para aquellos cuyo trabajo depende de pescar los errores ocasionados por un mal sistema de calidad. En palabras de Joseph Juran, reconocida autoridad sobre calidad:

No hay un inspector la mitad de eficaz que un proceso bien controlado.[13]

Con esto en mente, veamos la premisa de que con frecuencia un creador necesita la ayuda de un "campeón" para hacer una idea realidad. Muchas compañías tienen sistemas especiales para equiparar a un creador con un campeón, generalmente alguien de la administración más antigua o de mayor jerarquía. Y ¿qué es un campeón? Un campeón es alguien que rompe las barreras y lucha contra el sistema en beneficio del creador. Nuestra perspectiva de la necesidad de un campeón es algo diferente. Creemos que si se necesita un campeón, el sistema ya falló. Seguro, igual que el movimiento de calidad lo descubrió respecto a sus inspectores, tendría más sentido cambiar el sistema (o establecer uno si no existe aún) y eliminar la necesidad de inspectores o campeones. Tenemos un sueño y quizá un día, en el contexto de la creatividad, los campeones tendrán los mismos prospectos de un trabajo en decadencia que sus contrapartes en calidad, los inspectores.

En ausencia de un entorno propicio para la creatividad, aflora también otro prejuicio, a saber, la creatividad a menudo surge de desadaptados sociales con comportamiento, costumbres y vestimenta excéntricos, que se burlan de la administración y rompen todas las reglas. Realmente, como explicaremos en el siguiente capítulo, la excentricidad es un mal indicador de la creatividad futura de una persona. Este prejuicio, como los otros que describimos, es dañino porque alienta a las compañías a buscar creatividad sólo en un cierto tipo de persona. Es también una profecía que se autocumple: en un mal sistema, las personas que expresan su creatividad son más a menudo individuos excéntricos con menos inhibiciones: precisamente quienes llenan el perfil. Y así, el prejuicio se arraiga más profundamente. Las compañías siguen esperando creatividad sólo de aquellos empleados que se adaptan al estereotipo. Acaban ignorando a la mayoría, que constituye la mayor parte de su potencial creativo.

Lo rutinario y lo no rutinario

Ya hemos comentado la lista imaginaria de los empleados de una compañía y las cosas que sólo ellos saben, o que ellos y sólo uno o dos empleados más saben. En dicha lista, cada empleado, como Kathy Betts, tiene algo escrito junto a su nombre. Pero ésta es únicamente una de las razones por las que una compañía no puede predecir quién jugará un papel en un acto creativo o qué será dicho acto. La otra razón se refiere a lo *rutinario* y lo *no rutinario*.

El trabajo es una combinación de lo rutinario y lo no rutinario. Los aspectos rutinarios del trabajo deben planearse y ejecutarse en forma consistente. Asegurar la confiabilidad y predecibilidad para el trabajo rutinario es muy importante para cualquier negocio; de hecho, se requiere para entregar productos y servicios de alta calidad a los clientes a un precio razonable. Ya que hoy en día en la mayor parte del trabajo de las compañías participa mucha gente, la estandarización es clave para lograr eficiencia, seguridad y calidad. Pero la estandarización no *elimina* la necesidad de creatividad: *extiende* esta necesidad por toda la compañía, y aun hasta su red de trabajo de clientes y proveedores. Pues no importa lo estandarizado que se vuelva un proceso, lo inesperado puede ocurrir, y ocurrirá en cualquier parte y sin advertencia alguna. Como una compañía no puede predecir cuándo y dónde ocurrirá lo inesperado, no puede saber quién puede darse cuenta de ello ni qué conocimiento puede aportar la persona que tenga que ver con eso. Considere, por ejemplo, las posibles acciones de un trabajador de producción que encuentra circunstancias inusuales, quizá como las que existían inmediatamente antes de la tragedia que soltó una nube letal de gas venenoso en la planta de Union Carbide en Bhopal, India. Aunque noventa y nueve por ciento de su trabajo pueda ser de rutina y estandarizado, como debe ser en una gran planta que maneja químicos peligrosos, el uno por ciento restante de su trabajo, lo no rutinario, puede tener un impacto mucho mayor en su compañía.

El agua de Oshimizu de Japan Railways Este (JR) fue una innovación completamente no planeada ni anticipada. Es interesante que esta compañía es una de las pocas que sabemos han establecido políticas específicamente diseñadas para promover ideas de todos lo empleados para nuevos negocios aventurados. JR Este sabía que no podía predecir de quién vendrían dichas innovaciones, a dónde podrían llevar a la compañía, o qué interacciones necesitarían darse antes de que las innovaciones pudieran realizarse. Ni tampoco JR Este instrumentaría una idea así jamás sin una cuidadosa evaluación: el punto en que la creatividad debiera propiamente interactuar con la estandarización.

Hoy, *cualquiera*, incluyendo un empleado de línea, que ejecuta procedimientos extremadamente estandarizados, podría convertirse en la persona indicada en el lugar indicado y en el momento indicado. Como Kathy Betts, él o ella podrían ser el único o la única en la organización que tenga una pieza decisiva de información. Pero cuando sucede algo no rutinario, este empleado o empleada también podría ser la única persona en la organización que se da cuenta de ello y que puede reaccionar con ello. A menudo, los clientes son la fuente de estos estímulos. La empleada de un banco en Boston recibió un estímulo así de uno de nosotros. He aquí lo que le sucedió a Sam Stern al terminar de dar un curso de verano en Harvard:

Había terminado de dar mi curso y estaba por partir para asistir a una conferencia en el extranjero antes de regresar a mi casa en Oregon. Como quería depositar mi cheque de pago del verano en la cuenta de mi banco local antes de salir del país, pensé que la forma más fácil era ir a una sucursal cercana del banco que emitió el cheque, Baybank, y pedir que hicieran la transferencia a mi banco local.

Después de escuchar mi petición, la empleada del banco dijo, "Lo siento, no podemos enviar el cable hasta que el cheque esté autorizado." Cuando le hice ver que el cheque era de su banco y que podían determinar fácilmente si había suficientes fondos para cubrirlo, ella dijo, "No creo que podamos hacer eso. Déjeme preguntar al gerente." Después de un rato, regresó, informando que estaba bien, siempre que yo tuviera una cuenta con ellos. No, no tenía una cuenta con ellos, pero estaría dispuesto a pagar una comisión para que se enviara el dinero. "No se puede hacer eso. Sólo mandamos transferencias por cable para clientes con cuenta en Baybank."

Pensé por un momento, y le dije: "De hecho, me gustaría abrir una cuenta."

"Muy bien", dijo ella, y comenzó con el procedimiento establecido para abrir una nueva cuenta: ¿Qué tipo de cheques quiere? ¿Quiere una tarjeta para cajero automático? ¿Quiere una tarjeta bancaria de crédito?, y así por el estilo. Le dije que no necesitaba cheques, que no quería una tarjeta para cajero automático, no quería una tarjeta de crédito, ni nada parecido. Y así, llené los formularios necesarios. Abrí mi cuenta con mi cheque de pago y dije, "Ahora, quisiera enviar una transferencia por cable."

De nuevo, siguiendo el procedimiento establecido, me preguntó a dónde quería mandar la transferencia y cuánto dinero quería mandar. Le di el nom-

bre de mi banco local en Oregon y dije que quería enviar allí todo el saldo de mi cuenta recién abierta. Después de llenar los formularios para la transferencia electrónica, le dije, entonces, que quería cancelar mi cuenta. "Muy bien", dijo, sacando los formularios necesarios para comenzar el procedimiento para cerrar la cuenta. Cuando por fin terminamos, dijo, "¿Sabe? Nadie había hecho esto antes."

Aunque pueda parecer trivial, esta experiencia, de algún modo fuera de lo ordinario para la representante de servicios al cliente del banco, era una oportunidad potencial para la creatividad. Podría haber sido un aviso para el banco de un posible nuevo servicio para sus clientes, o de la necesidad de reconsiderar las políticas existentes. La representante de servicios al cliente, atrapada en la intersección entre el cliente y los procedimientos estandarizados del banco, estaba en una posición única para ver esta oportunidad. Sospechamos que no le dio seguimiento, quizá porque su entorno de trabajo no era propicio para que lo hiciera.

Obviamente, sin la capacidad de cambiar procedimientos fácilmente, la estandarización puede rápidamente volverse burocracia y producir un entorno donde el proceso sea más importante que otra cosa, aún más que el sentido común. Pero, puede y debería esperarse creatividad aun en los entornos más altamente estandarizados, como el de las aerolíneas, que quizá dependen más de la estandarización que cualquier otro ramo de la industria y cuya historia completa sobre el incremento de la seguridad es el establecimiento de procedimientos sistemáticos aun en las tareas mínimas y en las situaciones más raras. Y todo esto es como debiera ser. Los procedimientos personifican el cúmulo de experiencia colectiva de la organización y de ese ramo de la industria. Sin procedimientos detallados que se cumplen estrictamente, el desplazamiento aéreo no podría mantener ni mejorar su impresionante historial de seguridad. Sin embargo, la estandarización no excluye la posibilidad de la creatividad para los empleados de las aerolíneas, como ya lo hemos visto en el ejemplo de Ian Hart de British Airways y como lo veremos de nuevo en los capítulos siguientes.

¿Qué serán los actos creativos?

Así como es imposible saber por adelantado quién estará implicado en un acto creativo no planeado, igualmente una compañía está incapacitada para prever *qué* será el acto creativo, o *cuándo* o *cómo* sucederá. Considere los sucesos que indujeron al descubrimiento de NutraSweet, la marca de fábrica del aspartame, edulcorante bajo en calorías. No sólo nadie pudo haber pronosticado estos sucesos sino, de hecho, nunca debieron haber sucedido.

El NutraSweet mismo, y NutraSweet Company, con valor de mil millones de dólares, que ahora es parte de Monsanto, no existirían si no fuera gracias a una cadena de ocurrencias inesperadas, algunas de las cuales serían lo que explícitamente prohiben las estrictas reglas de seguridad de los laboratorios químicos actuales. Simplemente la química se practicaba en forma diferente hace treinta años. La improbable cadena de circunstancias que llevó a este importante descubrimiento ocurrió justamente antes de la navidad de 1965 en un laboratorio en G.D. Searle and Co., una compañía farmacéutica en Skokie, Illinois.[14]

Este laboratorio, dirigido por un científico investigador llamado Robert Mazur, estaba trabajando en un nuevo medicamento contra la úlcera. En ese tiempo, estaba tratando de lograr análogos sintéticos de algunas de las hormonas gástricas del cuerpo que estimulan la secreción de los jugos gástricos que ocasionan las úlceras. Una de las sustancias en las que Mazur y sus colegas tenían esperanzas se basaba en cierta molécula pentapéptida: una mólecula que comprende cinco aminoácidos llamados péptidos.

Esa mañana, Mazur había pedido a uno de sus asistentes, un químico orgánico de treinta y tres años llamado Jim Schlatter, que trabajara en uno de los bloques de formación de esta molécula pentapéptida, una dipéptida (o mólecula de dos aminoácidos) llamada éster metílico de aspartilo fenilalanina (mucho después el departamento legal de G.D. Searle inventaría el nombre genérico de aspartame para este dipéptido, con las dos últimas letras representando a *"methyl ester"*). En un momento dado, Jim Schlatter necesitó purificar el compuesto mediante un proceso conocido como recristalización. Para este proceso, se escoge un disolvente, en este caso metanol común, de modo que la sustancia por purificar se disuelva en él a la temperatura de ebullición del disolvente. Cuando la solución resultante se enfría hasta la temperatura ambiente, las impurezas permanecen disueltas pero los cristales puros del compuesto deseado se precipitan, porque el disolvente ya no puede mantenerlas en solución. La recristalización es un procedimiento muy simple y de rutina que se lleva a cabo todos los días en los laboratorios químicos de todo el mundo, pero este día tendría, por decir lo menos, resultados muy inesperados.

Jim Schlatter puso en un baño de vapor el matraz que contenía el metanol y el terrón de dipéptido por disolver para calentarlo, mientras lo revolvía suavemente para ayudar al proceso. Al hacer esto, ocurrió el primer accidente, en el que apenas reparó: un fenómeno conocido en el argot de laboratorio como "ebullición intermitente". Schlatter había puesto un terrón de dipéptido en el metanol para disolverlo. Sin darse cuenta, el metanol se sobrecalentó, o se calentó más allá de su punto de ebullición, como sucede ocasionalmente. Cuando Schlatter agitó el matraz, el trozo de dipéptido actuó como disparador de un rápido estallido de ebullición sin control. Típicamente, esto sucede muy rápidamente y salpicaduras de la solución salen volando por la boca del matraz, tal como lo hicieron en este caso. Entonces otro factor importante entró en juego. Schlatter no sentía que este dipéptido fuera ni siquiera levemente peligroso; una suposición razonable, ya que los dos aminoácidos del péptido en cuestión se encuentran naturalmente, pero por separado, en carnes, frutas, verduras y, por lo tanto, en los seres humanos mismos. Así que no llevaba guantes de protección puestos, como muy seguramente hubiera tenido que hacerlo en un laboratorio treinta años después. Algo del líquido salpicó sus manos sin protección. Quizá haya sentido las gotas, pero realmente no las registró en su conciencia (ciertamente no estaban suficientemente calientes como para causarle escaldaduras, ya que el metanol tiene un punto de ebullición mucho más bajo que el agua). Ni siquiera pensó en molestarse lavándose las manos.[15] Éstas son las dos primeras razones por las que todos los que están familiarizados con la historia creen que NutraSweet no se habría descubierto (al menos de esta forma) en un laboratorio moderno. Hasta aquí, Schlatter había hecho dos cosas que probablemente no hubiera hecho treinta años después en un entorno más estrictamente controlado: (1) no traía puestos guantes quirúrgicos de protección y (2) no se había lavado inmediatamente para eliminar una sustancia que había hecho contacto con su piel. Pero era necesaria una violación más del procedimiento moderno, la más notable desde el punto de vista actual, antes de que la buena observación y la instrucción científica de Schlatter entraran en juego. De hecho, tendría que probar el sabor de su brebaje químico.

Después del accidente de la ebullición intermitente, que había parecido tan insignificante que rápidamente lo olvidó, Schlatter siguió haciendo otras cosas. Más tarde, esa mañana, cuando preparaba un experimento para realizar otra reacción, tenía que pesar una muestra química. Para no contaminarla, ya que el plato de una balanza puede estar un poco sucio, se considera buena práctica científica poner algo limpio entre la balanza y la muestra. Schlatter puso lo que entonces se usaba comúnmente para este propósito, un papel especial llamado papel *glassine*. Era sumamente suave (no se le pegaría nada) y, al ser tan delgado, solía venir en paquetes de más o menos mil hojas. Para desprender la hoja de arriba, Jim Schlatter tenía la costumbre de mojar su dedo con saliva para un mejor agarre. Según su antiguo jefe, Robert Mazur:

> *(Éste era) un hábito que ningún químico tendría hoy en día. Las personas tienen más conciencia sobre la seguridad ahora.*[16]

Esta vez, cuando Schlatter lamió su dedo, encontró un sabor extraño en su boca: un sabor sumamente dulce. Su primera reacción fue pensar que se debía al bollo que había comido en el desayuno. Pero entonces recordó que se había lavado las manos después de eso.[17] Comenzó a preguntarse de dónde venía el sabor insólito. No tardó mucho en seguir la pista de sus pasos e identificar el dipéptido como la fuente del sorprendente sabor: un sabor como doscientas veces más dulce que el azúcar.

Schlatter le contó a Robert Mazur sobre su descubrimiento, y Mazur lo probó también, igual que otro químico amigo de Schlatter. Los tres supieron inmediatamente que estaban tratando con algo muy importante. En esa época, ya se usaban ampliamente para los alimentos procesados otros dos edulcorantes, la sacarina y el ciclamato. Pero ambos eran polémicos: los consumidores afirmaban que eran carcinógenos. Además, muchas personas notaban que la sacarina, un derivado del petróleo, tenía un sabor residual amargo y metálico. El ciclamato, al que algunos también le notaban un sabor residual amargo, se retiró del mercado por razones de salud en 1969. Lo que realmente sorprendió a los tres investigadores esa mañana fue que, además de su sabor limpio y sin un sabor residual, la nueva sustancia tenía una química completamente diferente a la de los otros dos edulcorantes. Con emoción, Schlatter y Mazur fueron inmediatamente a ver a Byron Riegel, su jefe de departamento, para contarle sobre el interesante compuesto nuevo. Inmediatamente, Riegel también se dio cuenta de su importancia y exclamó:

> *Éste es el mejor regalo de navidad que jamás he recibido.*[18]

Toda la secuencia de estos hechos había tenido lugar literalmente entre el desayuno y el almuerzo.

Aunque Searle era una compañía farmacéutica, y Schlatter había estado buscando un medicamento contra la úlcera, pronto Searle estaría en el negocio de los edulcorantes. Schlatter acababa de descubrir uno de los productos más rentables en la historia de la compañía. Irónicamente, la secretaria de Byron Riegel, Margaret Witt, llegó a su casa esa noche y mencionó el descubrimiento a su esposo que trabajaba en una sección diferente de Searle. John Witt, ahora vicepresidente de investigación y desarrollo de NutraSweet Company de Monsanto, respondió diciendo:

¿Y qué? Somos una compañía de medicinas, no una compañía de alimentos.[19]

Después del descubrimiento de Schlatter, las cosas pasaron rápidamente por algún tiempo. La dirección estaba emocionada por el descubrimiento y autorizó un estudio de investigación a toda escala. Trabajando tiempo completo durante los siguientes cuatro años, Schlatter, Mazur y un asistente, prepararon entre trescientos y cuatrocientos compuestos de dipéptido que eran químicamente similares al aspartame, comparando varios de sus atributos: potencia endulzante (ellos mismos probaban los productos al hacerlos, otra cosa que en estos días sería muy inusual), toxicología de seguridad preliminar, y costos estimados de fabricación. Irónicamente, después de todas estas pruebas, fue el compuesto original, aspartame, el que ganó. Con el tiempo, Searle le daría el nombre de fábrica de NutraSweet para dar a los consumidores el mensaje de que era natural y dulce a la vez.

Pero a partir de ese momento todavía pasarían dieciséis años para poner al aspartame en el mercado. Los prolongados estudios de seguridad se terminaron en 1969, y tres años después Searle pidió a *la Food and Drug Administration* de Estados Unidos (FDA, Administración de medicamentos y alimentos) que aprobara el nuevo edulcorante. En 1981, la FDA finalmente aprobó el aspartame para su uso seco solamente, o sea, como un edulcorante de mesa (comercializado en Estados Unidos como *Equal*) o como el edulcorante para una bebida en polvo tal como Kool-Aid. En 1983, el aspartame recibió la aprobación completa para su uso en refrescos carbonatados, con mucho, su mayor mercado actualmente. Ahora, NutraSweet se usa en más de cinco mil productos, desde mentas para el aliento hasta postres congelados, y está disponible en más de cien países. En ciertos países que no producen suficiente azúcar para cubrir su demanda doméstica, como India, China y algunos países africanos, NutraSweet se mezcla con otros edulcorantes para uso general. En 1985, Monsanto adquirió NutraSweet Company junto con G.D. Searle, su compañía controladora. Las ventas totales en 1996 para NutraSweet Company fueron de mil millones de dólares. Finalmente, como en la vasta mayoría (99.99 por ciento) de los compuestos en que se trabaja en las divisiones de investigación de las compañías farmacéuticas, el medicamento contra la úlcera en el que Mazur y Schlatter trabajaban, nunca resultó. Según Robert Mazur:

Descubrir algo realmente nuevo, cuyas propiedades son insospechadas ante-
riormente, es algo que no se puede hacer a propósito. Ésa es la naturaleza de
este descubrimiento. La compañía (G.D. Searle) no era una compañía de ali-
mentos y no tenía interés en los productos alimenticios. Sólo accidentalmente
se descubrió que un compuesto químico hecho con fines totalmente diferentes
tuviera este sabor novedoso. Y no había nada que hubiera permitido predecir
que la sustancia química NutraSweet tendría el sabor que tuvo.[20]

Veinticinco años más tarde, después de que caducaron las patentes del
aspartame, NutraSweet Company, que nunca habría existido si Jim Schlatter
no se hubiera lamido el dedo, se enfrentaría a una fuerte presión competitiva. Es interesante que, en la búsqueda de nuevos productos alimenticios,
una de sus iniciativas fue volver a sus raíces y tratar de institucionalizar la
afortunada casualidad (serendipity) que tuvo un papel tan importante en
la historia de la compañía.[21] A finales de 1995, cuando le preguntamos a un
ejecutivo de NutraSweet si había surgido algo de esta iniciativa, la respuesta fue: "En realidad no." ¿Fue esto tan sorprendente? La compañía estaba
tratando de predecir el *qué*. Quizá había olvidado que, antes de la última
dosis de *serendipity*, *ni siquiera había estado en el negocio de alimentos*. Los prejuicios que alguna vez G. D. Searle tuvo sobre sí misma ahora estaban perdi-
dos. En el siguiente capítulo, veremos otro conjunto de prejuicios que todas
las compañías deben dejar atrás, porque también se interponen en el camino de la creatividad.

Puntos principales

La creatividad de una compañía está limitada en el mismo grado en el que actúe con base en prejuicios respecto de *quiénes* serán creativos, *qué* harán, y *cuándo* y *cómo* lo harán.

El gobernador Weld de Massachusetts nunca esperó una idea de mil cuatrocientos millones de dólares de parte de una empleada estatal que compartía un trabajo de medio tiempo; y G.D. Searle era una compañía de medicamentos, no una compañía de alimentos, hasta que Jim Schlatter se lamió el dedo y descubrió NutraSweet.

Cada empleado tiene algo que sólo él o ella saben sobre la compañía, o que sólo uno o dos empleados más lo saben.

Gracias a su experiencia y al conocimiento detallado del sistema de Medicaid, Kathy Betts bien pudo haber sido la única persona en Massachusetts que podría haber surgido con su idea de 1,400 millones de dólares.

Para la creatividad corporativa, el *entorno de trabajo* es el factor dominante.

Un mal sistema siempre vencerá a una persona buena.

El trabajo de todos los empleados tiene aspectos no rutinarios que pueden darle la oportunidad de iniciar un acto creativo.

Capítulo tres
¿QUÉ SABEMOS EN REALIDAD SOBRE CREATIVIDAD?

"Ahora, vamos a hacer el 'grito de los pollos'", *dice el conductor de la sesión. Una docena de gerentes se quitan el saco y se ponen de pie. El vicepresidente de un emporio del medio oeste mira incómodamente hacia todo el salón con las mejillas enrojecidas. El conductor comienza y uno por uno le siguen los demás. Aletean con sus brazos y rascan el piso con los pies. Finalmente, el salón se llena de cacareos que un gallo envidiaría. Por extraño que pueda parecer, estas sesiones se están volviendo una costumbre de negocios en los Estados Unidos. Con la intensidad de evangelistas itinerantes, los "consultores en creatividad" merodean en el paisaje corporativo predicando un atractivo evangelio para los gerentes: usted puede aprender a ser creativo. Y el negocio es escuchar... Los participantes aprenden una variedad de ejercicios cuyo propósito es hacer que sus jugos creativos fluyan. Con recursos que van desde el "grito de los pollos" hasta volar cometas, los consultores en creatividad tratan de derrumbar el pensamiento rígido que bloquea las ideas nuevas.*

EMILY T. SMITH, *Business Week*, Septiembre de 1985[1]
Descripción de un seminario de creatividad

La creatividad es una materia que ha fascinado a la gente durante siglos. Esta fascinación ha llevado a investigación y literatura considerables, la mayor parte de las cuales se ha centrado en las características personales de quienes han sido excepcionalmente creativos. En este capítulo, revisaremos lo que se conoce sobre creatividad, y si es posible o no enseñar a una persona a ser más creativa. La ironía es que lo que se sabe rara vez se aplica en el mundo de los negocios, y lo que se aplica realmente no funciona. Como veremos, lo que se sabe sobre cómo se relacionan las características personales con la creatividad sólo corrobora el aspecto más importante del Principio de no prejuicios: que no se puede anticipar quién estará implicado en un acto creativo.

Las características personales de alguien "creativo"

Primero recurriremos a una explicación breve de las siguientes cuestiones: ¿Cómo influye la inteligencia, la edad o la pericia de una persona en su

40

creatividad? ¿Es realmente más creativa una persona que tiende a correr riesgos? ¿Qué decir de una persona menos inhibida, quizá alguien que temporalmente ha espantado sus inhibiciones con el "grito de los pollos"?

Inteligencia y creatividad

Comúnmente se cree que la creatividad de una persona se incrementa con la inteligencia. De hecho, las investigaciones publicadas muestran algo diferente. Hasta cierto punto, sí parece que cuanto más inteligente sea una persona más creativa será, pero una vez que las personas tienen la suficiente inteligencia para funcionar en su trabajo, esta relación ya no se da; en ese entorno una y otra persona tienen la misma probabilidad de ser creativas. Si esto es cierto (y creemos que lo es), entonces, si las compañías ya contratan personas que son competentes para desempeñar el trabajo que hacen, su inteligencia no da ninguna indicación adicional de su potencial creativo. Y así, nos encontramos nuevamente con el Principio de no prejuicios.

Aunque la inteligencia y la creatividad (como sea que se definan) sean vistas ahora como atributos separados pero relacionados, no hace mucho tiempo la gente no hacía distinción entre las dos. Históricamente, fueron los intentos por medir la inteligencia los que con el tiempo llevaron a los psicólogos al estudio de la creatividad.[2] Los primeros intentos por medir la inteligencia se hicieron por Alfred Binet y su estudiante, Theodor Simon, quien desarrolló una prueba para el sistema escolar francés en 1905. La prueba fue diseñada para identificar estudiantes que estaban teniendo dificultad en las clases regulares y podrían beneficiarse con la educación especial. La prueba de Binet y Simon fue el antecedente de todas las pruebas modernas del cociente intelectual (CI)(IQ, *intelligence quotient*), pruebas que dan como resultado un número único que caracteriza toda la capacidad intelectual de una persona. Especialmente al principio, las pruebas de inteligencia tuvieron sus seguidores entusiastas que creían que las pruebas podían realmente medir la inteligencia general, o lo que el psicómetra británico, Charles Spearman, llamó el factor "g". Pero aun en los días iniciales, las pruebas de inteligencia también recibieron críticas. Uno de los más prominentes críticos fue el psicólogo Louis Thurstone de la Universidad de Chicago, quien sentía que había problemas con el concepto del factor "g". Thurstone, quien también tenía un título en ingeniería y había trabajado como asistente de Thomas Edison, se convirtió en un fuerte adversario de las nuevas pruebas. Fue fundador de la Sociedad de Psicometría y de la ahora prestigiosa revista *Psychometrika*, y quien desarrolló la popular técnica estadística del análisis factorial. Thurstone esperaba que el análisis factorial diera a los investigadores una herramienta para probar que, más que consistir en un factor general, la inteligencia era realmente una mezcla compleja de componentes.

Las ideas de Thurstone sobre la inteligencia estaban adelantadas a su tiempo, e influyeron fuertemente en otro psicólogo, J. P. Guilford, quien dedicaría mucho de su carrera a determinar los factores que conformaban la inteligencia. Con el tiempo, identificaría y describiría más de un ciento de ellos en un modelo muy difícil que llamó la "Estructura del intelecto". Quizá el factor mejor conocido en este modelo fue el *pensamiento divergente*, el cual Guilford definía como la capacidad de una persona de formular muchas respuestas originales y diferentes a una pregunta. Argumentaba que era más probable que fueran creativos los pensadores divergentes que los pensadores convergentes, cuyos procesos de pensamiento reducen el campo a una sola respuesta "correcta".[3]

En 1950, cuando lo eligieron presidente de la American Psychological Association (Asociación Estadounidense de Psicología), Guilford utilizó su discurso como presidente para argumentar que el campo de la psicología debería tener como prioridad la comprensión del fenómeno de la creatividad. Su discurso fue un hito para el estudio de la creatividad, y pronto había llevado a muchos otros psicólogos a ese campo. Durante el periodo de veinticinco años anterior a su discurso, se habían publicado menos de doscientos artículos sobre creatividad. Para 1960, diez años después, aproximadamente el mismo número de trabajos se publicaban *cada año*. En su discurso de 1950, Guilford también expresó su preocupación sobre el prevaleciente punto de vista de que las pruebas de CI también medían el potencial creativo. Como dijo con bastante franqueza:

> *El examen del contenido de las pruebas de inteligencia revela muy poco que sea de una naturaleza creativa evidente.*
>
> *Muchos creen que el talento creativo se debe contabilizar en términos de inteligencia alta o CI. Esta concepción no sólo es inadecuada sino que ha sido principalmente responsable de la falta de avance en la comprensión de la gente creativa.*[4]

Hasta ahora, hay poco acuerdo sobre las mediciones apropiadas ya sea para la inteligencia o la creatividad. A causa de esto, en los estudios sobre la relación que guardan entre sí se han empleado variedad de mediciones para cada una. Sin embargo, los resultados han sido notablemente consistentes. El estudio pionero en esta área se llevó a cabo en los laboratorios de la Universidad de Chicago en 1962 y no mostraron relación entre la inteligencia y la creatividad por encima de un CI de cerca de 120.[5] Estudios similares sobre niños de Minnesota en edad escolar, realizados por Paul Torrance, llegaron a la misma conclusión.[6] Donald MacKinnon realizó uno de los pocos estudios para examinar la relación entre inteligencia y creatividad en un contexto de negocios en el Institute for Personality Assessment and Research (Instituto para Evaluación e Investigación de la Personalidad) de la Universidad de California, de Berkeley. En su estudio, MacKinnon tampoco pudo encontrar conexión alguna entre inteligencia y creatividad por encima de cierto nivel de inteligencia:

> *Es claro... que por encima de cierto nivel mínimo requerido de inteligencia que varía de un campo a otro, y en algunos casos puede ser sorprendentemente bajo, ser más inteligente no garantiza un incremento correspondiente en la creatividad. Simplemente no es cierto que la persona más inteligente sea necesariamente la más creativa.*[7]

Nuestra experiencia concuerda con lo que es ahora el punto de vista generalmente aceptado en la comunidad investigadora de la creatividad: una vez que una persona tiene el nivel de inteligencia necesario para el trabajo, es igualmente probable que sea tan creativa como cualquier otra en un ámbito dado de actividad. Así que, ¿cómo se puede predecir quién estará implicado en actos creativos basándose en la inteligencia?

¿La creatividad de una persona disminuye con la edad?

La noción de que la creatividad de una persona se deteriora con la edad está lejos de ser algo nuevo, y a primera vista, la investigación parece confirmar que sí es así. Hace más de cien años, George Beard, un doctor de Nueva York quien prestó sus servicios en la Guerra Civil, se interesó en el efecto de la edad sobre la capacidad mental. Después de un detallado estudio de más de mil biografías de gente eminente, concluyó que la creatividad tiene un pico justamente antes de la edad de cuarenta y luego comienza una lenta disminución.[8] Equiparó el potencial creativo de cada década de la vida de una persona con diferentes materiales: los veintes eran la década de bronce; los treintas, la de oro; los cuarentas, de plata; los cincuentas, de hierro; los sesentas, de estaño, y los setentas, de madera. Beard especuló que 70 por ciento de la producción creativa del mundo era de personas menores de cuarenta y cinco años y más o menos la mitad de esa producción creativa era de gente en su "década de oro".[9]

Ochenta años después del estudio de Beard, Harvey Lehman publicó los resultados de una investigación larga y engorrosa sobre la relación de la creatividad con la edad en su libro de 1953, *Age and Achievement*.[10]   En general, las conclusiones de Lehman hicieron eco a las de Beard, pero le añadió la observación de que la relación específica variaba de acuerdo al campo de la persona. Por ejemplo, hacía notar que el logro creativo en las ciencias tendía a tener un pico a finales de los veintes o a principio de los treintas, mientras que en las humanidades la edad se acercaba más a cuarenta. En verdad, la percepción general siempre ha sido que en las ciencias, en particular física y matemáticas, a menudo las contribuciones más creativas vienen de gente relativamente joven.

En cuanto a la creatividad en las humanidades, otros han llegado recientemente a conclusiones similares a las de Lehman: que la experiencia que a menudo llega con la edad es más importante en las humanidades que en las ciencias.[11] Pero incluso si los resultados de estos estudios en las artes y en las ciencias fueran claros y definitivos, no son realmente aplicables al mundo de los negocios. Ciertamente son interesantes desde un punto de vista académico; sin embargo, ya que identifican sólo tendencias generales, no ofrecen ninguna información práctica para una predicción caso por caso de la creatividad potencial de una persona *en particular* en una *situación particular*. Más aun, los estudios que se confinan a actos extraordinariamente creativos y a personas suficientemente importantes como para merecer biografías (como hicieron los estudios de Beard y Lehman sobre las artes y las ciencias) ignoran los tipos de actos creativos que más a menudo suceden en las compañías, como los de Tomoshige Hori o Ian Hart, el cargador de equipaje de British Airways (incidentalmente, Hart tenía entonces cincuenta años). El hecho es que la edad es a menudo un activo importante en el mundo de los negocios, porque con ella llega la experiencia. Recuerde el análisis de Kathy Betts de su propio acto creativo: sin una docena de años de experiencia no hubiera podido hacer lo que hizo. Cada persona en una organización sabe algo que nadie más sabe, y este hecho por sí solo debe hacer que una compañía se abstenga de buscar la creatividad sólo en sus empleados más jóvenes.

Pero hay otra razón por la que la mayor parte de la investigación que hay sobre creatividad hasta la fecha no se aplica al mundo de los negocios. Y es que tiende a ocuparse sólo de la creatividad de individuos que trabajan en aislamiento. Casi ninguna de estas investigaciones ha tomado en cuenta el entorno en que trabaja el individuo. Una notable excepción es George Beard mismo, quien sin saberlo tocó el tema del entorno en 1874, cuando propuso que la creatividad de una persona es una función de entusiasmo y experiencia. Beard alegaba que la experiencia crece continuamente durante toda la vida, mientras que el entusiasmo tiene un pico alrededor de los treinta y luego disminuye suavemente. Se imaginaba un periodo en la vida de las personas en el que la combinación de su experiencia y de su entusiasmo se vuelve óptima para la creatividad. En este sentido, Beard relacionaba la creatividad con el entorno de trabajo, que ciertamente influye en el entusiasmo y, en cierto grado, en la experiencia. Hay muchos casos de personas que fueron creativas hasta más avanzada su vida después de cambiar a áreas nuevas de trabajo donde su experiencia era limitada. Considere a las personas implicadas en dos de los actos creativos que describimos más adelante en este libro: Dick King-Smith, el escritor para niños, con éxito internacional de ventas, de setenta y dos años (mejor conocido por su libro *Babe the Gallant Sheep Pig,* que dio lugar a la exitosa película *Babe)* y Roland Schindler y Bud Taylor de Kodak. Antes de dedicarse a escribir, después de los cincuenta años, King-Smith había sido un granjero de tiempo completo en una granja lechera durante veinte años y luego maestro de escuela. En cuanto a los dos hombres que fueron pioneros del muy rentable negocio de imágenes en tercera dimensión (3-D) de Kodak, poco antes de que les tocara retirarse, Taylor era un ingenierio y Schindler había estado en capacitación corporativa durante toda su carrera en la compañía.

El coronel Harland Sanders, fundador de Kentucky Fried Chicken, es otro buen ejemplo de creatividad de edad avanzada. Antes de formar la compañía a los sesenta y cinco años con un cheque de ciento cinco dólares del seguro social, el coronel Sanders fue, entre otras cosas, soldado en Cuba, bombero en ferrocarriles, vendedor de seguros, y operador de un barco de vapor. Quizá el cambio de estas personas hacia nuevos tipos de trabajo reflejaba o estimulaba el entusiasmo, el cual, a su vez, despertaba su creatividad. En resumen, si Beard estuviera vivo hoy, admitiría que es improbable que dos personas de la misma edad tengan la misma experiencia y el mismo entusiasmo. Admitiendo esto, ¿no reconocería lo que estamos aseverando, a saber, que la edad de una persona no es indicador de su creatividad?

¿Puede demasiada pericia limitar la creatividad de una persona?

Aunque se necesita algo de pericia para ser creativo en cualquier área (imagínese a alguien tratando de ser creativo en física cuántica sin saber nada sobre la materia), demasiada pericia también puede interferir con la creatividad. El conocimiento detallado de Kathy Betts sobre la reglamentación de Medicaid y sobre el gobierno estatal de Massachusetts fue lo que le dio la visión exclusiva necesaria para su acto creativo. Por otra parte, la falta de conocimiento de Tomoshige Hori sobre la fabricación de queso no le impidió crear una manera completamente nueva de elaborar queso. Cuando se analiza cómo afecta la pericia a la creatividad, es útil distinguirla de la experiencia desde el principio, ya que las dos son diferentes. La *experiencia*, la suma total de los sucesos que acontecen a una persona, se acumula firmemente durante una carrera: cuanto más tiempo haga una persona un trabajo, más experiencia tiene. La *pericia*, por contraste, es habilidad o conocimiento en un área particular. Dependiendo de la persona, puede desarrollarse lentamente, rápidamente, o no desarrollarse en absoluto. Tal como le gustaba hacer notar a W. Edwards Deming, la experiencia no se traduce automáticamente en más pericia. Una persona podría desarrollar una pericia considerable en sólo unos cuantos años de experiencia de trabajo, mientras que otra podría pasarse toda una carrera simplemente pasando el tiempo. Por cuanto se refiere a pericia, la *calidad* de la experiencia, más que la *cantidad*, es lo que importa.

El estudio de la pericia y, en particular, la conducta experta y lo que la distingue de la conducta de principiante ha sido hace mucho un foco de atención de la psicología cognitiva. Los expertos tienen un fuerte dominio de los hechos, un entendimiento de los principios fundamentales de sus áreas, y una conciencia de las opiniones variables de otros expertos. Pero lo más importante, desde el punto de vista de la creatividad, es que han desarrollado la capacidad de reconocer patrones que los principiantes no ven y tienen "guiones" para abordar problemas particulares de su área. En el mundo del ajedrez, por ejemplo, los grandes jugadores instantáneamente reconocen patrones que no son obvios para el principiante. Esta crucial capacidad permite a los grandes maestros vencer a las computadoras que con mucho los superan en poder de cálculo en bruto, pero que aplican sólo la estrategia de la fuerza bruta de examinar millones de posibles posiciones futuras. Cuando se usan en las circunstancias correctas, los patrones y guiones del experto pueden ser muy eficaces. A veces, sin embargo, pueden también limitar la creatividad. En el mundo corporativo, hace casi noventa años, Henry Ford reconoció los peligros de los patrones de conducta que produce la pericia. Dijo:

> *No siempre es fácil alejarse de la tradición. Por eso es que quienes dirigen todas nuestras nuevas operaciones son siempre hombres que no tienen conocimiento previo de la materia y, por lo tanto, no han tenido oportunidad de ponerse en términos realmente de familiaridad con lo imposible. Convocamos a expertos técnicos para apoyar cada vez que su ayuda parece necesaria, pero un técnico nunca dirige una operación. Nuestra respuesta invariable a "no puede hacerse" es "ve y hazlo".*[12]

Desafortunadamente, como anotaba Thomas Kuhn en *The Structure of Scientific Revolutions,* cuanto más tiempo tenga éxito una persona con un paradigma particular, más difícil es que lo deje ir cuando ya no se pueda aplicar.[13]

A menudo sucede, como en el caso de Hori, que alguien no tiene una pericia particular en el área en que resulta ser creativo pero, en cambio, tiene un considerable conocimiento en otra área (quizá relacionada) que resulta ser importante para el acto creativo. Como anotó Herbert Simon:

> *El punto vital es la posesión de habilidad y conocimiento relevantes, y en ciertos periodos clave de la historia de la ciencia y de otros dominios, el conocimiento relevante llega de un área de conocimiento distinta de aquella en la que se aplica.* [14]

La cuestión es sencilla. Una compañía no puede esperar que los actos creativos en un área particular vengan sólo de los expertos en esa área. Desde el punto de vista de la creatividad corporativa, las fronteras entre áreas son artificiales. En las compañías, el trabajo requiere interacciones entre muchas personas, las cuales no son todas expertas, y nadie puede predecir quién tendrá o llegará a poseer un ingrediente decisivo necesario para un acto creativo. JR Este tenía una división de servicio de alimentos con muchos expertos en comida y bebida, pero fue un trabajador de mantenimiento quién dio la idea del agua Oshimizu. Éste es el Principio de no prejuicios en acción; cualquier compañía que sólo recurra a sus expertos no podrá ver a empleados como Hori o el trabajador de JR que se pasan a la pista de los expertos.

El problema con la pericia estriba precisamente en los patrones y guiones enraizados, que antes que nada convierten a las personas en expertas. Aunque estos guiones sí aumentan su eficacia, al mismo tiempo provocan que sea más difícil hacer algo fundamentalmente diferente, a saber, separar y recombinar elementos de su experiencia en maneras novedosas. Así que las compañías tienen que buscar la creatividad tanto en los empleados que tienen los guiones como en los que no los tienen. La creatividad puede llegar de cualquiera de los dos.

Despojarse de inhibiciones y correr riesgos

Se ha aseverado tanto la relación entre correr riesgos y la conducta creativa que ya casi nunca se cuestiona. Pero, ¿es realmente cierto que si los empleados se liberan de sus inhibiciones, vendrá un torrente de creatividad? ¿El "grito de los pollos" del consultor, hará realmente más creativos a los gerentes que asistieron a sus seminarios? El siguiente pasaje, tomado de un libro sobre creatividad, articula lo que, en ausencia de algo más, se ha vuelto la sabiduría convencional sobre el tema:

> *El fracaso forma un carácter creativo porque cuantos más sean los fracasos de los que uno se recupere, mejor equipados estaremos para fallar de nuevo, y así, cuantos más riesgos, más oportunidades de éxito se tendrán. Nunca se podrá soñar una idea creativa si su soñador tiene miedo de correr el riesgo de que lo llamen tonto. Correr riesgos y creatividad van de la mano.*[15]

Realmente, la afirmación de que fracasar y correr riesgos van de la mano con la creatividad no sólo es falsa, sino bastante dañina en un contexto corporativo. Refuerza en forma insidiosa el punto de vista de que las personas creativas son anormales, que el riesgo es parte de su vida y hacen cosas que para las personas normales serían impensables. Por supuesto, algunas personas creativas sí se ajustan a este perfil. Por ejemplo, tomemos a Nikola Tesla, inventor de la corriente alterna. Ciertamente, era una persona muy extraña. Durante los alimentos, no comenzaba a comer hasta que había calculado el volumen en pulgadas cúbicas de la comida en su plato; cuando caminaba, contaba sus pasos; y siempre evitaba tocar el cabello de otra persona.[16] El punto de vista de que las personas creativas tienen que ser anormales ha llevado a muchas personas a ligar la creatividad con el trastorno mental. Max Nordau, en su libro más vendido de 1897, *Degeneration*, consideraba a Zola, Wagner, Ibsen y Tolstoi, junto con muchos de los Impresionistas, como ejemplos de creadores que eran degenerados o estaban enfermos.[17] Esta noción sigue viva hoy en día, aunque quizá en una forma menos extremosa.

Es simplista y engañoso asociar la creatividad con correr riesgos y con librarse de inhibiciones. Impide a las compañías recurrir a la creatividad potencial de cada uno y en cada situación. Como escribió Peter Drucker:

> *La imagen popular de los innovadores, mitad psicología pop, mitad Hollywood, los hace parecer una cruza entre Superman y los Caballeros de la Mesa Redonda. ¡Pero qué lástima!, la mayoría de ellos en la vida real son figuras nada románticas, y que es más probable que pasen horas en una proyección de flujo de efectivo que lanzándose en busca de "riesgos".*[18]

Es importante en esta observación la frase "la mayoría de ellos". La mayor parte de las personas implicadas en actos creativos en compañías, son como Kathy Betts, Jim Schlatter, Ian Hart y Tomoshige Hori: son más cautelosos que descuidados. Bien puede ser que los actos creativos especialmente riesgosos han recibido una atención desordenada en el registro histórico, resultando en una creencia general de que la creatividad se alimenta de riesgo. Aunque algunas personas tienen más tendencia al riesgo que otras, para la creatividad corporativa, la precaución es más a menudo lo propio que correr un riesgo.

¿Hay una receta para la creatividad?

Por lo que concierne a la creatividad, la investigación hasta la fecha parece indicar que una vez que los empleados tienen la inteligencia básica necesaria para funcionar en su trabajo, a veces ayudan su edad, su pericia y la falta de inhibición, y a veces no. Pero quizá haya una forma de capacitar a las personas para ser más creativas. Una receta para la creatividad es en verdad un prospecto atractivo. Podría enseñarse a cualquiera que la quisiera y podría usarse a voluntad. Sin embargo, como observó el filósofo Jacques Barzun:

> *Si la creación fuera un proceso, para estos tiempos su operación se habría reducido a fórmulas y recetas que la inteligencia y el método podrían aplicar para producir gran arte y gran ciencia.*[19]

No sólo no se ha ideado todavía un conjunto de reglas tal, sino que dudamos que alguna vez lo haya. La variedad de los métodos para generar creatividad que se han desarrollado está realmente diseñada para resolución de problemas *señalados:* todos parten con un problema dado en mente. Pero la evidencia muestra que, a pesar de su popularidad, no son tan tremendamente eficaces como para llevar a una compañía a donde no espera ir (es difícil para nosotros imaginar que alguien sentado en un cuarto inventando ideas habría sugerido que JR Este comenzara a embotellar el agua que goteaba en sus túneles). La mayoría de los actos creativos se dan sin planeación, y cada uno comienza con la toma de conciencia de una oportunidad inesperada. Para cuando esta oportunidad se desarrolla hasta el punto en que puede fijarse una meta y los métodos para generar creatividad cobran importancia, buena parte del reto creativo ya se ha acabado. Si los métodos para generar creatividad pueden ayudarnos a perfeccionar algo, es este paso final.

Desde el punto de vista de la creatividad corporativa, tienen poca ventaja precisamente porque están diseñados para ayudar a una compañía a llegar a donde ya está planeando ir.

Uno de los primeros modelos del proceso creativo lo propuso Graham Wallas en su libro de 1926, *The Art of Thought*.[20] Basado principalmente en las experiencias y la observación del físico alemán Hermann Helmholtz y del matemático francés Jules-Henry Poincaré, el modelo de Wallas tiene cuatro etapas. La primera, *preparación*, se ocupa de la investigación de todos los aspectos de un problema. En la segunda etapa, *incubación*, el que va a resolver el problema no piensa conscientemente en el problema, sino que mejor trabaja sobre él inconscientemente. Durante la tercera etapa, *iluminación*, brota la "feliz idea", como la llamó Wallas. En la cuarta y última etapa, *verificación*, se elaboran los detalles de la idea y se ponen a prueba. El modelo de Wallas, que refleja sus intereses, se ocupa de cómo piensa la gente excepcional, más que en cómo actúa. Como los otros modelos que seguirían, el suyo también definía la creatividad meramente como "la capacidad de resolver un problema dado".

Alex Osborn, un ejecutivo en publicidad de los años treinta, comenzó lo que se convertiría en el trabajo de su vida sobre creatividad con un objetivo aparentemente más modesto en mente. Quería mejorar la eficacia de las juntas de negocios, porque se sentía frustrado por la cantidad de tiempo desperdiciado y por las inadecuadas decisiones que de ahí surgían. Sus frustraciones lo llevaron a desarrollar la técnica de la tormenta de ideas. Descrita en su libro, *Applied Imagination*, la tormenta de ideas se basa en dos principios: (1) debe posponerse el juicio mientras se están generando las ideas y (2) la cantidad de ideas propuestas nutre la calidad del resultado.[21] En su libro, Osborn describió cómo nació el nombre de "tormenta de ideas":

> *Fue en 1938 cuando por primera vez contraté la creación organizada de ideas para la compañía que entonces dirigía (una agencia de publicidad). Los primeros participantes llamaron "sesiones de tormenta de ideas" a nuestros esfuerzos; y muy apropiadamente porque, en ese caso, "tormenta de ideas" significa usar el cerebro para descargar la tempestad de ideas sobre un problema.*[22]

La tormenta de ideas tiene la intención de promover la fluidez y flexibilidad en los grupos, cada una de las cuales se ha relacionado con la creatividad. La *fluidez* es la capacidad de generar muchas ideas fácilmente; la *flexibilidad* se refiere a surgir con muchas clases diferentes de ideas. Una persona que puede pensar rápidamente en muchos usos para un vaso de papel es fluida, pero no muy flexible si todos o la mayoría de ellos implican usar el vaso como contenedor. El pensamiento flexible produciría alternativas verdaderamente diferentes, tales como usar el vaso de papel para cortar galletas o hacerle agujeros en el fondo para convertirlo en un rociador. A principios de los años cincuenta, cuando Guilford desarrolló su modelo de estructura del intelecto, también solía identificar fluidez y flexibilidad como factores que contribuían al pensamiento divergente, y de allí a la creatividad.

Dado el punto de vista popular sobre la tormenta de ideas como una herramienta para la creatividad, es irónico que su verdadero poder haya sido siempre para lo que Osborn la diseñó: mejor toma de decisiones y comunicación en las juntas. Las juntas mal coordinadas no producen lo que todos realmente piensan o realmente saben. La regla del juicio diferido crea una atmósfera en la que todos los aspectos de un problema pueden comentarse y considerarse libremente: evidentemente la razón de la junta en primer lugar. La tormenta de ideas sí ayuda a mejorar las juntas. Parece ser que sólo como una ocurrencia tardía Osborn ligó la tormenta de ideas con la creatividad, una relación que al principio, y hasta él pudo haberse dado cuenta, resultaría ser tenue. Las buenas decisiones a menudo no son decisiones creativas, y las decisiones creativas no son siempre buenas. No hay cuestionamiento de que la tormenta de ideas trae fluidez, ayudando a un grupo a generar un gran número de ideas. Sin embargo, la mayor parte de la investigación muestra que la tormenta de ideas realmente tiene un efecto mínimo en la *creatividad* de la solución de grupo a un problema.[23] La dificultad está en el supuesto de que la fluidez y la flexibilidad del grupo darán como fruto resultados *creativos* y no sólo *buenos*. Como ha observado David Perkins:

Las medidas de la fluidez y la flexibilidad de generación de ideas aparentemente no se relacionan confiablemente con el logro creativo en el mundo real, dentro de una disciplina.[24]

El hecho es que la mayor parte de los actos creativos del mundo real, como los de Kathy Betts y Jim Schlatter, de ningún modo tienen nada que ver con la fluidez y la flexibilidad. Jim Schlatter no se sentó y trató de pensar en cientos de formas de crear un nuevo edulcorante. En un ambiente corporativo, el *entorno* es el que es más fluido, porque presenta miles de posibilidades cada día para los empleados de toda la compañía.

Innegablemente, la "tormenta de ideas" fue una frase pegajosa que capturó la imaginación popular del día y llegó a ligarse irrevocablemente con la creatividad. Hace mucho se olvidó que su propósito original era llevar a cabo juntas eficaces. Con el tiempo, hasta Osborn mismo quedó convencido de que la tormenta de ideas promovía la creatividad. Con base en la marejada de entusiasmo por su nueva técnica, revisó su modelo para orientarlo directamente hacia el pensamiento creativo. El nuevo modelo consistía en tres partes: *descubrimiento de hechos, descubrimiento de ideas y descubrimiento de soluciones.* Sidney Parnes, un psicólogo que trabajó muy de cerca con Osborn en la Creative Education Foundation (que Osborn fundó en 1954), modificó aún más el modelo. El modelo resultante para la Resolución creativa de problemas de Osborn-Parnes se ha utilizado ampliamente para la capacitación en creatividad.

Aunque hay muchos métodos de resolución creativa de problemas, y el señuelo de la receta perfecta sin duda propiciará otros, es abrumadora la evidencia de que realmente ninguno de ellos funciona.[25] En las compañías, la creatividad no sucede mágicamente cuando se saca a las personas de su lugar de trabajo y se invoca un procedimiento para establecer un entorno especial donde podría florecer la creatividad. El lugar de trabajo mismo cobra vida con lo inesperado; cuando los empleados interactúan con él genera provocaciones que nadie puede esperar. Jim Schlatter tuvo que estar trabajando en su laboratorio para dar la idea de NutraSweet, y la azafata de American Airlines tuvo que estar en su puesto para ver las tapas de café de centavo y medio desperdiciadas. Más que establecer entornos artificiales para la creatividad, ¿no debería la compañía hacer que el entorno de trabajo siempre fuera propicio para la creatividad?

Cómo motivar para la creatividad

Es casi un axioma que los gerentes deben premiar las conductas que desean y no premiar las que no desean. Esto parece bastante simple y claro, pero, ¿funciona un enfoque así para la creatividad? Aunque los incentivos y premios se utilizan ampliamente y son muy eficaces en ciertas situaciones, hay evidencia clara de que para la creatividad son más a menudo contraproducentes: la disminuyen. Los incentivos y recompensas proporcionan *motivación extrínseca*; motivan a alguien a trabajar en algo primordialmente como el medio para un fin: el premio. El uso de premios como reforzamiento positivo es central para el conductismo, escuela del pensamiento que dominó la psicología por cerca de medio siglo antes de que las nuevas investigaciones revelaran sus limitaciones.[26] El extendido consenso entre los psicólogos hoy en día es que cuanto más implique el trabajo seguir un algoritmo fijo, más efectiva será la motivación extrínseca. Pero ya que la creatividad no proviene de un algoritmo fijo, la motivación extrínseca a menudo se interpone. La creatividad depende mucho más de la *motivación intrínseca,* el deseo de trabajar en algo por el algo mismo.

En 1971 Edward Deci, un joven miembro de la facultad en el departamento de psicología de la Universidad de Rochester, publicó los resultados de uno de los primeros estudios sobre los efectos de la motivación extrínseca y la intrínseca. Su experimento con estudiantes varones de preparatoria demostró cómo los premios influían en su interés por una actividad. Al inicio, se informó a cada uno de los sujetos que el experimento implicaría tres sesiones separadas en tres días diferentes. En cada una de las tres sesiones, los estudiantes trabajaron con un rompecabezas de Parker Brothers llamado Soma, que era popular entre los estudiantes de esa época. El rompecabezas consistía en siete piezas, cada una compuesta por cubos de tres o cuatro pulgadas. Las siete piezas podían armarse en millones de configuraciones diferentes. Durante cada sesión, se pidió a los participantes reproducir configuraciones específicas que se dibujaron para ellos. Los veinticuatro participantes fueron divididos en un grupo experimental y uno de control. En la primera de las tres sesiones, los participantes en los dos grupos hicieron exactamente lo mismo: trataron de hacer tantas configuraciones como pudieron. Sin embargo, en la segunda sesión a cada miembro del grupo experimental se le ofreció un dólar por cada configuración terminada con éxito. A lo largo del experimento, nunca se trajo a colación el tema de los premios en el grupo de control, que siguió trabajando con el rompecabezas sin ninguna paga. La tercera sesión se desarrolló con el mismo formato que la primera, pidiendo de nuevo al grupo experimental que reprodujera las configuraciones, pero sin ningún premio.

A la mitad de cada una de las tres sesiones, Deci pedía a los estudiantes que esperaran un periodo breve para comenzar la siguiente fase del experimento. Durante este periodo de espera, se les dejaba solos en el salón con varias opciones para ocupar su tiempo. Podían seguir jugando con el rompecabezas si lo deseaban, o podían leer una revista (Deci colocó copias de *Playboy, Time* y *New Yorker* en una mesa cercana), caminar, o simplemente pensar. Sin embargo, en realidad el periodo de espera era la etapa decisiva del experimento. Se observó a los estudiantes durante ocho minutos para ver lo que hacían, en particular, para ver si reanudaban el juego con el rompecabezas y, si era así, por cuánto tiempo. En la tercera sesión, los participantes del grupo experimental, a quienes una vez más no se les pagó por jugar con el rompecabezas, pasaron significativamente menos tiempo jugando con él durante el periodo de "descanso" que los del grupo de control. Más aún, pasaron mucho menos tiempo con el rompecabezas que el que habían pasado durante su descanso de la primera sesión, antes de que se mencionara el tema del dinero. En contraste, los participantes del grupo de control, quienes nunca habían recibido pago alguno por trabajar con el rompecabezas, incrementaron en forma constante la cantidad de tiempo en que se divertían con él durante los descansos. Deci anotó que parecía que "el dinero puede servir para 'sobornar' a nuestra motivación intrínseca para realizar una actividad".[27]

Una historia a menudo contada, aunque apócrifa, ilustra cómo podría representarse el experimento de Deci en la vida real. Un viejo cascarrabias vivía junto a un lote vacío que era un popular lugar de reunión después de la escuela para jugar béisbol. El viejo maquinó un tortuoso plan porque el ruido del juego lo irritaba. Un día se acercó a los niños y anunció: "Me gusta tanto verlos jugar béisbol que de ahora en adelante me gustaría pagarles una moneda de veinticinco centavos cada vez que jueguen aquí." Los niños estaban sorprendidos de que alguien quisiera pagarles por algo que les gustaba hacer tanto. Sin embargo, fiel a su palabra, el viejo dio a cada niño una moneda de veinticinco centavos todos los días de esa semana. Pero a la siguiente semana el viejo salió y dijo: "Lo siento, no me alcanza para seguirles pagando monedas de veinticinco cada día. Simplemente no tengo el dinero. Desde ahora puedo pagar sólo una moneda de diez centavos." Unos cuantos niños refunfuñaron con esto, pero la mayoría lo tomó con calma, ya que pensaban jugar allí de todos modos. La siguiente semana, el viejo redujo su pago a una moneda de cinco centavos, y luego, unos días después, anunció la mala noticia: "Me temo que ya no puedo pagarles nada por jugar." Cuando oyeron esto, los niños se enojaron y se quejaron: "Si piensa que vamos a jugar aquí por nada, está usted loco." Se fueron y nunca regresaron. La treta del viejo había tenido éxito. Sin que los niños se hubieran dado cuenta, había podido robarles el gozo de jugar béisbol, al menos en el lote vacío junto a su casa.

El experimento de Deci fue sólo el primero de muchos que formarían una considerable evidencia sobre la relación de la motivación extrínseca e intrínseca con la creatividad. ¿Por qué es la motivación intrínseca tan decisiva para la creatividad, y la motivación extrínseca tan nociva? La respuesta es que el prospecto de un premio alienta a las personas a tomar la ruta más rápida y más segura (no necesariamente la más creativa) para ganarlo. En otras palabras, el objetivo se convierte en el premio y el premio mismo captura mucho de su interés y energía. Teresa Amabile, quien llevó a cabo muchos experimentos sobre los efectos de la motivación sobre la creatividad, ha encontrado que los premios reducen la creatividad de niños, artistas y científicos, por igual. Para ilustrar su punto, usa la remota imagen de una rata en un laberinto buscando queso.

> *Si usted (la rata) está extrínsecamente motivado, su motivo primario es lograr el objetivo extrínseco. Está trabajando por algo que es externo al laberinto: tiene que ganar el premio, o ganar la competencia, u obtener la promoción, o complacer a los que le están observando. Está tan centrado en el objetivo que no se da tiempo para pensar mucho en el laberinto mismo. Como está solamente interesado en salir tan rápido como sea posible, es probable que tome sólo la ruta más obvia, más cómoda.*
>
> *En contraste, si está intrínsecamente motivado, goza estar en el laberinto. Goza jugar en él, curiosear, probar diferentes caminos, explorar, pensar bien las cosas, antes de lanzarse ciegamente hacia adelante. Realmente no se está concentrando en nada más que en cuánto goza el problema en sí mismo, cuánto le gusta el reto y la intriga.*[28]

Mucha creatividad es el resultado de husmear informalmente por ahí, de experimentar y de explorar lo inesperado. En la carrera por la recompensa, no sólo se sacrifica la creatividad, sino que se reducen grandemente las oportunidades para lo que los psicólogos cognitivos llaman *aprendizaje incidental*, el importante conocimiento y discernimiento que se obtiene de dicha exploración.

No es nuestra intención sugerir que los que se implican en actos creativos no debieran recibir recompensas de alguna clase. Por supuesto, es importante para las personas ser reconocidas y tratadas con justicia. Las compañías ofrecen ya premios a sus empleados, los cuales sí influyen en su motivación intrínseca. Sin embargo, debido a que la mayoría de las compañías se inclinan a prestar mucha más atención a la parte extrínseca de la ecuación, ya sea conscientemente o no, se rompe el equilibrio desde el punto de vista de la creatividad. En palabras de W. Edwards Deming:

> *Cierta motivación extrínseca ayuda a edificar la autoestima, pero el sometimiento total a la motivación externa propicia la destrucción del individuo. La motivación extrínseca extrema aplasta a la motivación intrínseca.*[29]

El éxito de los sistemas *kaizen teian* (propuesta de mejoramiento continuo), usados primero en Japón pero ahora en todo el mundo, es en gran parte atribuible a su énfasis en la motivación intrínseca. De hecho, muchos de estos sistemas, como el de la planta FoaMech (abreviación para "foam and mechanisms", espuma y mecanismos) de Johnson Controls, en Georgetown, Kentucky, logran *cien por ciento* de participación de los empleados. FoaMech es proveedor de soportes para la cabeza, cojines para asientos y mecanismos de ajuste de asientos para Toyota y Ford. En 1996, literalmente cada uno de los 350 empleados de la planta propuso una o más ideas al programa *kaizen* de FoaMech. En el entorno de negocios en que opera FoaMech, habría sido muy fácil, casi natural de hecho, para la compañía tratar de usar premios para motivar la generación de ideas. La industria automovilística es altamente competitiva y consciente de los costos. Un proveedor de compañías de automóviles está siempre bajo tremenda presión para reducir costos. El proveedor no sólo tiene que ofrecer el precio más bajo posible para lograr hacer negocio, sino que a menudo tiene que comprometerse por adelantado a una dura programación de reducciones de precio (conocidas como "devoluciones" en la industria) durante el ciclo de vida del producto. La planta FoaMech de Johnson Controls tiene metas mensuales, que tiene que cumplir, para nuevos ahorros en costos. Desde 1994, la compañía ha podido confiar en su programa *kaizen* para entregar más o menos la mitad de los ahorros en costos necesarios cada mes. Pero aun cuando se espera entregar un *resultado* medido en términos de dólares, el departamento *kaizen* hace todo lo que puede para restarle importancia a los premios extrínsecos en relación a los *insumos*. Los modestos premios que se dan por las ideas están sólo vagamente ligados con su valor en dólares. El premio máximo es de sólo cien dólares, y cada idea (excepto la que sea completamente frívola) obtiene un premio de cuando menos cinco dólares. El objetivo principal es asegurar que los empleados propongan ideas porque encuentran intrínsecamente remunerador hacerlo.

Un ejemplo de FoaMech ilustra bien esto.[30] En febrero de 1995, Kim Darnell era jefa de equipo de un grupo en la planta que hacía los mecanismos ajustadores del asiento: los rieles, elevadores, y ruedas debajo de los asientos delanteros, para el Camry de Toyota. Russ Harrod era la persona de mantenimiento en ese grupo. Durante su turno, Darnell manejaba lo que equivalía a un pequeño taller de trabajo con metal con unas treinta personas y cuarenta y seis máquinas. El lugar de trabajo era ruidoso y, con tanto equipo grande en el piso de producción, era difícil para Darnell ver más que unos cuantos operadores a la vez. Todos en el grupo, pero particularmente Darnell y Harrod, estaban frustrados por lo difícil que era comunicarse en este entorno cuando había problemas. Cada vez que a una máquina comenzaban a faltarle partes, o comenzaba a dar problemas, el primer recurso del operador era gritar llamando a un surtidor de materiales o a una persona de mantenimiento. No pocas veces, ninguno de los dos estaría suficientemente cerca para oír, así que el operador tenía que apagar la máquina y salir a buscar a la persona que necesitaba. De modo similar, si la máquina de hecho se paraba por la descompostura, no podía echarse a andar hasta que el operador pudiera encontrar a Harrod y él llegara a componerla. Darnell invertía mucho tiempo buscando a Harrod, y Harrod nunca sabía dónde se le necesitaba hasta que ya era demasiado tarde. Además del lío diario que esto significaba, tanto Darnell como Harrod sentían que no era profesional para ellos tener que estar caminando por todo el piso de producción gritándose mutuamente. Hablaron sobre el problema y decidieron tratar de hacer algo al respecto.

La idea que desarrollaron fue un tablero iluminado que indicaría el estatus de operación de cada máquina; se colgaría en lo alto del piso de la fábrica de modo que todos los del grupo pudieran verlo fácilmente desde cualquier lugar. Darnell y Harrod tomaron la idea de máquinas que habían visto en otras plantas que estaban equipadas con timbres de alarma o luces rojas centelleantes para señalar problemas. Como los timbres y las luces en las máquinas no sobresaldrían bien en su agitada y ruidosa área, se pusieron a pensar en otras posibilidades. Al final, pensaron en un tablero indicador en el que cada máquina se representaba con cuatro luces indicadoras. Una luz amarilla indicaba que el operador quería que el jefe de equipo viniera a la máquina, una luz roja llamaba a mantenimiento, una luz azul llamaba a un surtidor de materiales, y una luz verde brillaba siempre que la máquina estuviera funcionando. Se instalaron botones fáciles de alcanzar para los operadores de cada máquina. Una vez que su idea fue aprobada, Harrod y Darnell invirtieron dos meses y medio para construir su tablero indicador e instalar todo el cableado necesario.

El nuevo tablero hizo mucho más sencilla la vida en el piso de producción. El personal de mantenimiento y los surtidores de materiales ahora podían ver rápidamente dónde se les necesitaba. Cuando la idea se evaluó, se estimó que ahorraría unos cuarenta y ocho mil dólares, y consecuentemente Darnell y Harrod recibieron el premio máximo de cien dólares para dividirlo entre los dos. Pero el estimado original de ahorro en costos quedó corto frente al que la idea realmente generó. El tiempo inactivo de las máquinas se redujo de nueve por ciento a dos por ciento, y la producción del grupo subió ¡*veinte por ciento!* Por lo que respecta al premio, el hecho de que los ahorros en costos fueran subestimados al principio no importó, ya que el premio hubiera sido el mismo de todos modos. Cualquier idea que valiera más de mil dólares en ahorro de costos obtenía un premio de cien dólares.

Durante su estancia en FoaMech, Darnell ha propuesto cerca de cuarenta ideas, de las cuales se ha implantado más o menos la mitad. Ciertamente ha recibido su porción de premios del programa *kaizen* de FoaMech. Le preguntamos en que los había gastado, y su respuesta fue reveladora:

> *Realmente, no he gastado ninguno de los premios... Tengo algunos guardados en casa, y tengo algunos aquí en mi escritorio. En realidad no sé cuántos tengo. Verá, realmente no hago esto por los premios, lo hago sólo por el placer de hacerlo.*[31]

Creemos que debe tenerse un cuidado especial para nutrir la motivación intrínseca que propicia en los empleados el deseo de ser creativos. Ninguna de las personas implicadas en los actos creativos que hemos descrito hasta ahora en este libro, hizo lo que hizo como anticipación para recibir un premio. Ian Hart no pensó en someter su idea al sistema de sugerencias de British Airways sino hasta después de que había sido implantada, y Kathy Betts nunca podía haber imaginado que Massachusetts pasaría una legislación especial para concederle un premio de diez mil dólares. Estas dos personas no estaban corriendo en el laberinto a la caza del "queso". Lo que hicieron salió de su interior.

Analizaremos el importante tema de premios y reconocimientos en varios de los siguientes capítulos. Los problemas que originan se enfrentan en cada organización y han recibido atención considerable a lo largo de la historia. En el siguiente capítulo se revela más sobre los efectos de la motivación extrínseca y la intrínseca sobre la creatividad, donde describimos el colapso del sistema simple de sugerencias y el surgimiento de su contraparte de la segunda generación. De hecho, sería difícil pensar en una evidencia más acusadora contra la propuesta de que la creatividad puede promoverse por la motivación extrínseca, que la que se ofrece en la notable historia del siguiente capítulo.

Puntos principales

Los resultados de la investigación sobre creatividad sólo refuerzan la parte más importante del Principio de no prejuicios: no se puede anticipar quién estará implicado en un acto creativo.

Una vez que una persona tiene el nivel de inteligencia necesario para hacer el trabajo, es probable que sea tan creativa como cualquier otra en ese campo de actividad.

La edad de una persona dice poco sobre si estará o no implicada en un acto creativo.

Quienes corren riesgos no tienen más probabilidad de estar implicados en un acto creativo que cualquier otro. De hecho, la mayor parte de las personas implicadas en actos creativos en las compañías es más cautelosa que atrevida.

La pericia puede, ya sea ayudar u obstaculizar la creatividad, o ambas cosas.

Los métodos para generar creatividad como la tormenta de ideas realmente limitan la creatividad de las personas al sacarlas de su lugar de trabajo, que es la fuente de la mayoría de los actos creativos.

La creatividad depende de la *motivación intrínseca*, el deseo de trabajar en algo por ese algo mismo. La motivación extrínseca daña la creatividad.

Capítulo cuatro
LA DECADENCIA DEL SISTEMA SIMPLE DE SUGERENCIAS
— *y el* ————————————————
SURGIMIENTO DE UNA NUEVA GENERACIÓN

Por medio de los premios intentamos estimular las mentes de nuestros trabajadores directamente hacia la invención y hacia una continua crítica de los métodos de trabajo, las herramientas y las máquinas que emplean.

WILLIAM DENNY, NAVIERO
Creador del primer sistema corporativo de sugerencias
25 de abril de 1883[1]

La primera generación de sistemas para promover la creatividad en las compañías fue bastante simple: poner un buzón de sugerencias en la pared y pedir a los empleados que contribuyeran con cualquier idea que pudieran tener. Sin duda, estos sistemas dieron resultados valiosos y, particularmente en sus inicios, tuvieron un fuerte apoyo de la alta dirección. Aunque el sistema simple de sugerencias fue un importante primer paso en la administración de la creatividad corporativa, la verdad es que realmente nunca funcionó bien. Casi un siglo después, surgió una nueva generación de sistemas: el *kaizen teian* japonés (la propuesta de mejoramiento continuo), cuyo desempeño fue mejor en cuestión de magnitud. Este capítulo explica la diferencia de desempeño entre estos dos tipos de sistemas y cuenta la fascinante y poco conocida historia de cómo nacieron.

El primer sistema de sugerencias que se registra entró en operación en 1880 con los navieros escoceses William Denny and Brothers, en ese entonces, una de las compañías más admiradas en Gran Bretaña. El sistema de Denny, diseñado para estimular todo, desde las mejoras más pequeñas hasta las mayores invenciones patentables, se reprodujo ampliamente en toda Gran Bretaña. Es interesante que, aunque tiene ya más de un siglo, el sistema simple de sugerencias todavía se usa en muchas compañías de Estados Unidos y Europa y aun en las repúblicas de la antigua Unión Soviética. Este sistema pasado de moda persiste en parte a causa de la creencia errónea, pero muy sostenida, de que la creatividad puede obtenerse simplemente al ofrecer premios por ella.

En un sentido, los objetivos de los sistemas *kaizen teian* son mucho más modestos que los del sistema de Denny que abarcaba todo. Tienen como meta sólo parte del espectro de la creatividad corporativa: mejoras en el lugar de trabajo inmediato. Sin embargo, al mismo tiempo, son mucho más ambiciosos en cuanto a que están diseñados para obtener ideas de literalmente todos los empleados. Los sistemas *kaizen teian* funcionan tan bien porque se esfuerzan por ser consistentes con lo que realmente motiva a las personas a ser creativas. Un buen sistema *kaizen teian* es una ojeada a lo que se vuelve posible cuando una compañía pone en funcionamiento el poder de lo inesperado.

Como veremos, es clara la evidencia de que los sistemas *kaizen teian* generan mucha más creatividad que los sistemas simples de sugerencias. Ya que no hay nada más, el sistema de sugerencias sigue usándose en muchas compañías de Estados Unidos, en tanto que el enfoque *kaizen teian* es parte integral de la administración japonesa, y las diferencias de desempeño entre los dos realmente ocasionan disparidades en las estadísticas sobre creatividad de cada país. Irónicamente, si no fuera por algunos sucesos poco conocidos y afortunados que tuvieron lugar en Japón durante el periodo de la Ocupación después de la Segunda Guerra Mundial, las cosas podrían haber resultado muy diferentes y las compañías japonesas no se habrían contrapuesto en un camino tan diferente del de sus contrapartes occidentales. La historia de la emergencia de la segunda generación de sistemas está llena de coincidencias y de giros singulares.

Una diferencia en cuestión de magnitud

No es difícil documentar que la segunda generación de sistemas supera en desempeño a la primera: los datos hablan por sí mismos. En Japón, los sistemas *kaizen teian* son parte de la rutina; casi todas las compañías de cualquier tamaño tienen uno. La Asociación de Relaciones Humanas del Japón publica una clasificación anual de los 150 mejores sistemas *kaizen teian* del país. En la tabla 4.1 se muestra una pequeña selección de estos datos para algunas de las compañías japonesas internacionalmente conocidas de esta lista.[2] Las compañías con buenos sistemas *kaizen teian* reciben una constante afluencia de ideas de sus empleados. Si un año de trabajo consta de 250 días, Toshiba, por ejemplo, tiene un promedio de un poco más de una propuesta de cada empleado cada cinco días laborables, o semana de trabajo.

En la tabla 4.2 se dan los resultados de dos encuestas de 1995, una llevada a cabo en Estados Unidos y la otra en Japón. Como se muestra en la primera línea de la tabla, en 1995, el empleado japonés promedio propuso alrededor de dieciocho ideas a su patrono. De nuevo, asumiendo 250 días de trabajo al año, esto equivale a aproximadamente una cada tres semanas. Los resultados de los sistemas en compañías de Estados Unidos, por otra parte, fueron relativamente decepcionantes: una sugerencia de cada seis empleados en el mismo año. O, para verlo de una manera distinta, el empleado promedio en Estados Unidos propuso sólo una idea cada seis años. Es más, aunque sólo se adoptó el noventa por ciento de las ideas en las compañías japonesas, en compañías de Estados Unidos sólo se implantó realmente treinta y ocho por ciento de las ideas de los empleados. Las tasas de participación por cada país también difirieron de manera extraordinaria: setenta y cuatro por ciento en Japón *versus* once por ciento en Estados Unidos. (Un empleado "participaba" en el sistema de sugerencias si sometía una idea ese año.)

En primera instancia, puede parecer irónico que, pese a resultados marcadamente más bajos en sus sistemas, las compañías de Estados Unidos pagaron un promedio de premios (458 dólares) más de cien veces mayor

TABLA 4.1

Sistemas japoneses *kaizen teian* seleccionados
de los 150 mejores en Japón en el año fiscal de 1995
(1o. de abril de 1995 a 31 de marzo de 1996), clasificados por el número
total de ideas.

Compañía	Total de propuestas	Propuestas por persona
Matsushita	2,427,015	17.9
Toshiba	2,222,042	52.6
Idemitsu Kosan	1,073,256	118.3
Toyota	764,402	13.8
Sanyo	660,427	27.5
Kubota	537,389	35.3

Fuente: Informe nacional anual sobre sistemas kaizen teian *japoneses* (Tokio: Asociación de Relaciones Humanas del Japón, noviembre de 1996) (publicado en japonés).

que sus contrapartes japonesas (3.88 dólares). ¿Acaso las compañías que pagan más por sus ideas no deberían esperar obtener más de ellas? Recuerde los comentarios en el capítulo tres sobre el efecto de los premios en la creatividad. Los premios monetarios más pequeños meramente reflejan el hecho de que los sistemas *kaizen teian* están diseñados para estimular y operar primordialmente con la motivación intrínseca más que con la extrínseca. Como veremos en el capítulo siete, la motivación intrínseca se incrementa cuando las personas sienten que pueden tener algún efecto en el trabajo que desempeñan. Un sistema diseñado para la rápida implantación de las ideas, que realmente funcione, cultiva esta motivación intrínseca, en algunos casos al punto en que el dinero puede ser eliminado del cuadro por completo. La motivación extrínseca reduce la motivación intrínseca de una persona para ser creativa.

Quizá tenga usted la tentación de suponer que las diferencias culturales entre Estados Unidos y Japón explican esta diferencia en el desempeño. Sin embargo, en Estados Unidos, donde el énfasis ha estado siempre sobre la motivación extrínseca, un número pequeño pero creciente de compañías ya están usando los sistemas *kaizen teian* con éxito. En nuestra opinión, la disparidad de desempeño entre estos países simplemente refleja el uso prevaleciente de sistemas de la primera generación en Estados Unidos y de la segunda generación en Japón. En otras palabras, lo que estas estadísticas realmente demuestran, son

Tabla 4.2
Estadísticas comparativas a escala nacional en 1995.

	Estados Unidos	*Japón*
Cantidad promedio de sugerencias sometidas por empleado	0.16	18.5
Tasa de adopción	38.0%	89.7%
Tasa de participación	10.7%	74.3%
Premio promedio	$458.00	$3.88
Ahorros netos promedio por sugerencia	$5,586.00	$175.66
Ahorros netos por empleado	$334.66	$3,249.71

Fuente: Esta tabla se compiló de dos fuentes: *Informe nacional anual sobre sistemas* kaizen teian *japoneses* (Tokio. Asociación de Relaciones Humanas del Japón, noviembre de 1996) (publicado en japonés), y *Annual Statistical Report on Suggestion Systems* (Arlington, Va.; Employee Involvement Association, 1995.)

Nota: La columna de Estados Unidos informa un desempeño con base en el año calendario de 1995; la japonesa se basa en el año fiscal de 1995 (del 1o. de abril al 31 de marzo de 1996). Los ahorros para ambos países se dan en dólares de Estados Unidos al tipo de cambio de 1 dólar por 100 yenes.

los resultados de un gigantesco experimento no intencionado sobre los efectos de la motivación intrínseca y la extrínseca en la creatividad corporativa.

Participación es la clave

Aun cuando un sistema *kaizen teian* es similar en *forma* a un sistema de sugerencias, difiere fundamentalmente en *sustancia*. De hecho, las diferencias comienzan en el nivel filosófico. La mayoría de los sistemas de sugerencias se manejan para promover ideas que ahorren dinero o incrementen los ingresos, y los responsables de ellas se miden por su desempeño de fondo. El objetivo del sistema *kaizen teian* es promover la participación del empleado, y sus gerentes son responsables de la tasa de participación. El énfasis en el involucramiento explica la mayoría de las demás diferencias entre los dos sistemas. Cualquier compañía que desee incrementar la participación en su sistema está forzada a tener expectativas realistas de las clases de actos creativos de los que cada empleado es capaz regularmente, para entender lo que realmente inspira a estos actos y lo que los bloquea. El resultado es un sistema que desencadena una cantidad importante de creatividad corporativa inesperada. La ironía es que una estrategia basada en la participación produce un desempeño de fondo superior, con mucho (ahorros netos por empleado de 3,249.71 dólares en la tabla 4.2), que una estrategia directamente dirigida a ahorros en costo (334.66 en ahorros por empleado).

Al premiar una participación, un sistema *kaizen teian* a veces hace cosas que no parecen tener sentido desde un punto de vista financiero a corto plazo. Por ejemplo, en un sistema así, al empleado que hace una mala sugerencia, que incluso podría causar daño si se implantara, se le ofrece una pequeña cuota por "participación", no muy diferente de lo que se le ofrecería si la idea diera como resultado ahorros en costo. En un sistema de sugerencias, dicha propuesta no gana ningún premio. Aquí, de nuevo, centrarse en el involucramiento realmente lleva a una compañía a mejores decisiones financieras, pues las malas ideas valen generalmente mucho más para la compañía que el costo de la cuota por participación. Una mala idea, ofrecida de buena fe, identifica una importante oportunidad de aprendizaje. Señala a un empleado que no entiende algo sobre su trabajo, y quien seguirá siendo un riesgo potencial hasta que el problema se corrija.

Imagínese, por ejemplo, a un bienintencionado empleado de hotel cuyo trabajo es limpiar los salones de conferencias al final del día, y que nota que los ventiladores de los proyectores se quedan funcionando mucho tiempo después de que las sesiones ya han concluido. Entonces, va con su supervisor a darle una idea para ahorrar dinero: de ahora en adelante, sugiere, cuando el personal de servicio de alimentos se encuentre con un proyector con su ventilador todavía funcionando, deberá desconectarlo para ahorrar electricidad. Si se implantara su idea, más que ahorrar dinero, realmente incrementaría costos, porque los ventiladores funcionan por una razón: enfriar el proyector. Acortar aunque sea un poco el ciclo de enfriamiento aceleraría el deterioro tanto de los proyectores como de los bulbos. Pero si la "mala" sugerencia llevara al supervisor a explicar todo esto, el empleado entendería más sobre el equipo a su cargo y entonces podría cuidarlo mejor. Muy a menudo, una "mala" idea es realmente una petición de mayor información. Como dice el adagio, "Toda sugerencia es una oportunidad". Si es una buena idea, hay que implantarla. Si es mala, entonces hay que considerar la posibilidad de que un empleado le está diciendo que no entiende cierto aspecto del trabajo. Ayudar a esa persona ahorra dinero a la compañía a largo plazo.

¿Cómo surgió el sistema de sugerencias? ¿Cómo evolucionó la nueva generación hacia algo tan diferente? ¿Por qué las prácticas administrativas de Estados Unidos y de Japón a este respecto divergen tan rápidamente después de la Segunda Guerra Mundial? La historia que vamos a contarle permanece relativamente desconocida en ambos lados del Pacífico. El *kaizen teian* es hijo de la Segunda Guerra Mundial. Se engendró en Japón a causa de una confluencia única de circunstancias que se reunieron por sólo un breve momento después de la guerra. Si estas históricas coincidencias no hubieran sucedido, el *kaizen teian* podría no haberse originado en Japón, de hecho, podría no haber surgido nunca. Pero sí ocurrió, y el ayudar a desencadenar el tremendo poder de lo inesperado en las compañías japonesas, cambió profundamente la práctica de la administración en todo el mundo.

Sistemas para la creatividad corporativa: la primera generación

William Denny

En 1864, a la edad de dieciséis años, William Denny comenzó un aprendizaje de cinco años en el astillero de su padre en Dumbarton, una población junto al Río Clyde en Escocia. Tanto para él como para su padre el aprendizaje era un asunto serio. El joven William Denny no recibía ninguna consideración especial. Trabajaba en el astillero durante doce horas cada día y, al regresar a casa, estudiaba dos horas más. De esta forma, no sólo aprendía sobre construcción de barcos sino que llegó a conocer bien la fuerza de trabajo y las condiciones laborales en la compañía. Toda su vida, Denny tuvo la reputación de bondadoso. Por ejemplo, una vez cuando era todavía un aprendiz, casualmente llamó su atención un aprendiz de carpintero quien, como no tenía la ropa adecuada, sufría por el tempestuoso frío al calafatear las cubiertas de un barco. Queriendo ayudar, pero sin querer ser ostentoso ni avergonzar al aprendiz, Denny trajo un bulto de su propia ropa al día siguiente y lo escondió en la proa del barco donde sabía que el aprendiz lo encontraría, lo cual sucedió.

A la edad de veintiuno, Denny se convirtió en socio de la firma, y pronto emprendió una revisión general de las prácticas administrativas del astillero, un proyecto que le mantendría ocupado por doce años. Sabía que se necesitaba una reforma. El astillero estaba creciendo y los métodos de operación que habían funcionado bien cuando la firma era pequeña y los dueños podían supervisar cada aspecto de la construcción de un barco, ya no funcionaban. Denny, que quería retener la cultura y reputación únicas de su firma, se dio cuenta de que al hacerse más grande la compañía, los sistemas tendrían que hacer lo que se había hecho informalmente cuando la compañía era más pequeña. Los sistemas que él ideó se describieron en un conjunto de reglas, y se distribuyó una copia a cada empleado del astillero. El propósito declarado de estas reglas no era sólo hacer más eficiente y seguro el astillero, sino incrementar igualmente el interés de los empleados en la eficiencia y la seguridad. Estas reglas tan completas se dividieron en cinco categorías. Una de estas categorías, a la que Denny llamó "Reglas para el Comité de Premios para su guía al recompensar a los trabajadores por invenciones y mejoras", constituyó el primer intento mundial para promover sistemáticamente la creatividad en una compañía.

El precursor sistema de Denny se inició en 1880 y rápidamente resultó ser un éxito. Para manejarlo, estableció un comité de premiación de dos personas: un miembro del departamento de ingeniería y una persona externa a la compañía, quien también fungía como presidente. Las reglas eran breves y directas:

Cualquier empleado (excluyendo a los capataces en jefe, funcionarios del Comité de Premiación y jefes de departamento) puede reclamar un premio al comité sobre las siguientes bases:

a) *Que haya inventado o introducido una nueva máquina o herramienta de mano para las labores.*
b) *Que haya mejorado alguna máquina o herramienta de mano existente.*
c) *Que haya utilizado alguna máquina o herramienta de mano existente para una nueva clase de trabajo.*
d) *Que haya descubierto o introducido algún método nuevo para llevar a cabo u organizar el trabajo.*
e) *Que haya inventado o introducido algún aparato para la prevención de accidentes.*
f) *Que haya sugerido algunos medios por los que pueda evitarse el desperdicio de material.*
g) *O, en general, que haya hecho algún cambio mediante el cual el trabajo resulte superior en calidad o más económico en costo.*[3]

Por cada idea aceptada se pagaban premios en efectivo de dos a quince libras esterlinas, de acuerdo a la estimación de su valor por el comité. Si una idea era patentable, las reglas establecían que la compañía daría al inventor un premio de quince libras y pagaría todos los gastos necesarios para obtener una patente a nombre del inventor. A diferencia de la cláusula que dice que la compañía debe tener libertad en el uso de la idea, en ese entonces el inventor tenía libertad para dedicarse a cualesquiera otras oportunidades que pudieran resultar de esta patente. En 1884, se añadió un incentivo adicional: el dinero del premio se duplicaría para cualquier empleado que sometiera cinco o más ideas.

Para 1887, se habían recibido más de 600 ideas, 196 de las cuales habían sido aceptadas, y se habían pagado premios en dinero por 933 libras.[4] El sistema precursor de Denny rápidamente generó gran interés y habían de reproducirlo ampliamente en toda Gran Bretaña y Europa durante las décadas siguientes. En 1883, en respuesta a una encuesta de la *Royal Commission on Technical Instruction* (Comisión real sobre instrucción técnica) sobre cómo estimulaba la compañía la inteligencia de sus trabajadores, Denny articuló su respuesta de forma que animara a la comisión a adoptar un punto de vista sobre el tema más amplio que tan sólo la capacitación en sí. En Denny Shipyard, escribió:

Por medio de premios intentamos estimular las mentes de nuestros trabajadores directamente hacia la invención y hacia una crítica continua de los métodos de trabajo, las herramientas y las máquinas que emplean. Todavía no hemos tratado de inducirlos a que asistan a clases técnicas, pero unos cuantos sí asisten a esas clases en la ciudad, impartidas bajo el control del Science and Art Department (Departamento de Artes y Ciencias)...

Después de estos medios directos de enseñanza, el último medio indirecto para incrementar las habilidades técnicas y la inteligencia de nuestros trabajadores sería barato y se conseguiría fácilmente. En el interés de todo el país, no hay propiedad sobre la que deba hacerse sentir a un trabajador más real y valioso que las útiles invenciones de su cerebro. Si obtuvieran este resultado, su comité crearía el aliciente y estímulo para grandes mejoras técnicas, y desarrollaría una gran cantidad de genio ahora latente.[5]

Denny diseñó su sistema para cubrir el espectro completo de los actos creativos, tanto mejoras como innovaciones, y hasta donde podemos decir tuvo éxito. Sólo con la visión retrospectiva que confiere el conocimiento de cómo funcionan los sistemas *kaizen teian* es fácil notar dos serias limitaciones en el sistema de Denny. Primero, su sistema era pasivo: esperaba las propuestas ante las cuales reaccionar. Pero de mayor seriedad es que, como el mismo Denny declaró en el pasaje anterior, su sistema intentaba estimular la creatividad con premios.

Cinco años después de la muerte de Denny, John Patterson, el legendario fundador de National Cash Register (NCR), apareció en escena. Patterson era una figura hábil que, mediante una cadena de circunstancias singulares, encendería casi sin ayuda el entusiasmo por el sistema de sugerencias en todo el mundo.

John Patterson y su cerebro de cien cabezas

En 1892, John Patterson acababa de comprar los derechos para una nueva invención con gran potencial: la caja registradora.[6] Patterson se dio cuenta de que la caja registradora resolvería un gran problema para los dueños de tiendas: sus propios empleados que robaban efectivo y que dejaban de reportar ventas. Fue un entusiasta defensor de su nuevo producto, al que empujó a un rápido éxito en el mercado mundial. Sin embargo, en 1894, cuando un cliente de Inglaterra devolvió a la compañía un embarque de 50,000 dólares en cajas registradoras defectuosas, equivalente a la producción de varias semanas, Patterson se sorprendió al saber que sus propios empleados habían saboteado las cajas registradoras vertiendo ácido en sus mecanismos. Anteriormente había enfocado su atención en las ventas y la comercialización, así que rápidamente cambió su escritorio al piso de la fábrica para encontrar la causa. Descubrió que sus empleados:

no tenían puesto el corazón en sus trabajos; no les importaba si hacían un buen o mal trabajo. Entonces, examiné más las condiciones y francamente tuve que confesarme que no había ninguna razón particular por la que debieran poner el corazón en su trabajo.[7]

Las condiciones que Patterson vio por sí mismo eran sumamente desagradables; la fábrica era insegura, oscura y sombría. Actuó rápidamente para hacer los cambios necesarios. Mejoró la ventilación en la instalación de producción, la iluminó bien y la hizo atractiva al convertirla en una fábrica con "luz de día", cuyas paredes y techo eran ochenta por ciento de vidrio. Instaló nuevas comodidades: sanitarios para uso en horario de trabajo, salas de descanso, casilleros individuales y un servicio de lavandería para proporcionar a los empleados toallas y delantales limpios. También estableció un centro médico, con personal de médicos y enfermeras recién contratados. Y al reducir el ausentismo, un nuevo programa subsidiado de alimentos calientes se pagó por sí mismo más que bien.

Como Patterson también reexaminó sus métodos de administración, llegó a sentir que tenía más sentido que la pirámide corporativa estuviera sostenida por su base, más que por su cúspide, en cuyo caso podía considerarse que la compañía tenía un "cerebro de cien cabezas". Pero una experiencia en particular le hizo darse cuenta que su visión no florecería automáticamente. He aquí cómo cuenta él la historia:

Un maestro pesador que estuvo conmigo en el negocio del carbón estaba trabajando aquí en la fábrica, limpiando piezas de fundición, y en una plática con él un día le pregunté por qué estaba trabajando en ese puesto, y por qué no llamaba la atención de su capataz y se ganaba una promoción mediante la sugerencia de algunos cambios. Le pregunté si no había por allí cosas que él pudiera ver que debían cambiarse, y dijo, "muchas", pero agregó, "no tiene caso que haga ninguna sugerencia, pues el capataz sólo se quedaría con todo el crédito y pensaría que yo estoy tratando de quedarme con su trabajo". Pensé para mí, "tiene sentido lo que dice este trabajador", y decidí inmediatamente tratar de formular algún plan mediante el cual estas sugerencias pudieran llevarse directamente a la atención de la administración.[8]

Su "plan" que, hasta donde podemos determinar fue concebido inde-pendientemente del de Denny, se convirtió en el primer sistema en Estados Unidos que se proponía promover la creatividad en las compañías. El programa en general era más activo de lo que había sido el de Denny, ya que Patterson también instituyó extensos programas de capacitación y educación para enriquecer la capacidad de contribución de sus empleados.

Patterson brindó un fuerte apoyo y dirección al nuevo sistema. En el sistema de NCR, cada idea adoptada recibía un premio de un dólar, y cada mes se escogían varias de las mejores para la "lista de honor del mes". Dos veces al año, se celebraba una ceremonia de "Distribución de premios", donde se concedían veinte premios en efectivo que llegaban a ser hasta de treinta dólares por las mejores sugerencias hechas durante los seis meses anteriores (ésta era una cantidad importante de dinero en una época en la que todavía faltaba una década para que Henry Ford conmocionara al mundo con su, entonces sumamente generoso, salario de 5 dólares al día). Las ceremonias no eran acontecimientos pequeños; la lista de invitados de todos los empleados y de sus familias llegaba a más de seis mil personas. Durante estas ceremonias, que eran presididas por Patterson mismo, se homenajeaba a los principales participantes con discursos, se describían sus ideas al público, y había comida, bebida y música. La revista de la fábrica publicaba los nombres y fotografías de los ganadores.

En 1899, el monto de los premios se incrementó 50 por ciento, y se volvió a incrementar en 1900. En 1903, cuando la compañía ya no recibía tantas sugerencias como esperaba, el esquema de recompensas se hizo aún más generoso. Para 1904, la tasa de sugerencias había aumentado a más de siete mil por año; con aproximadamente 3,700 empleados en ese tiempo, esto equivalía a aproximadamente dos sugerencias por persona cada año; de las cuales la compañía pudo usar más o menos una tercera parte.[9] Patterson había descubierto que la creatividad de su "cerebro de cien cabezas" también era rentable para la compañía. Debido a que las ideas se reconocían y se premiaban, muchos problemas se resolvieron con intervención mínima de la alta dirección. Algunos, de hecho, se resolvieron aun antes de que la administración tomara conciencia de ellos. Pero después de la muerte de Patterson en 1922, el desempeño del sistema de sugerencias de NCR comenzó a decaer. Para los años cuarenta, con una fuerza de trabajo de cerca de diez mil personas, el número de ideas había disminuido a sólo tres mil por año. Durante las siguientes cuatro décadas, el sistema cayó en desuso. En 1987, casi cien años después de haber sido pionera del sistema de sugerencias en Estados Unidos, NCR simplemente lo abolió.

Patterson había edificado una compañía progresista que proporcionaba excelentes salarios y beneficios a sus empleados. En 1929, por ejemplo, un ejecutivo de nivel medio en NCR ganaba 50,000 dólares, una enorme suma para esa época. Pero Patterson tenía una personalidad autocrática y temperamental que ocasionaba una rotación tremenda en los puestos de dirección de NCR. Frecuentemente despedía a gerentes que le irritaban. Se decía que las palabras "no puede hacerse" eran causa para el despido inmediato:

En una ocasión llamó a un capataz para que le entregara un informe sobre el trabajo en su departamento. El hombre dijo: "Tengo el gusto de informar que somos cien por ciento eficientes, los hombres son leales y de lo mejor que podemos obtener. Nuestro producto es lo más perfecto que puede hacerse."
"Entonces, está usted perfectamente satisfecho", dijo Patterson.
"Si, señor, lo estoy."
"Muy bien", replicó Patterson, "está usted despedido".[10]

Innegablemente, Patterson tenía un estilo de administración muy poco ortodoxo: "Cuando lleguemos al punto donde todo depende de un hombre, despidámoslo."[11] En una ocasión, Patterson despidió a un nuevo contralor asistente después de sólo unas cuantas horas en el trabajo porque trató de cambiarle la conversación a Patterson durante su comida de bienvenida, señalando que su sopa se estaba enfriando. Patterson lo despidió por mostrar más interés en su comida que en la compañía. Otra ocasión, un ejecutivo de NCR regresó de un viaje de negocios sin tener idea de que Patterson estaba disgustado con él. Encontró su escritorio, junto con todas las cosas de su oficina, en el césped frente a su edificio: las habían empapado en combustible y les habían prendido fuego. El ejecutivo captó el mensaje y salió del lugar inmediatamente.[12]

Irónicamente, este aspecto del carácter de Patterson explica en gran parte su influencia en el curso de los negocios en Estados Unidos. Se estima que entre 1910 y 1930, una sexta parte de los altos ejecutivos de la nación había sido capacitada y luego despedida por Patterson. Este grupo selecto pero grande incluía a su alguna vez gerente de ventas, Tom Watson, quien más tarde se hizo famoso por su prominente papel en la edificación de la corporación IBM. El "cerebro de cien cabezas" (sistema de sugerencias de NCR) de Patterson se extendió rápidamente por toda la industria de Estados Unidos. El segundo sistema de este tipo en Estados Unidos se inició sin que Patterson tuviera que despedir a nadie. Se implantó en Kodak en 1898, después de que su presidente, George Eastman, se inspirara en una plática que

Patterson dio en Londres.[13] Tal como escribió un periodista en 1919, "¿Acaso Patterson es una anomalía en el mundo industrial? No, es un pionero."[14]

En muchas formas, Patterson y su sistema de sugerencias estaban adelantados a su tiempo. Justamente como había sucedido en NCR, después de cierto interés y éxito al inicio, con el tiempo los sistemas de sugerencias en otras compañías por todo el país también cayeron en desuso. Esto no sucedió porque los trabajadores dejaran de tener buenas ideas. Fue más bien porque cambió el punto de vista predominante en el sitio de trabajo: se esperaba que los gerentes fueran los que pensaran y que los trabajadores hicieran lo que se les decía. Sin el punto de vista iluminado de Patterson, de que la compañía era una pirámide sostenida más por su base que por su cúspide, los sistemas de sugerencias estaban condenados al fracaso. No eran nada más que una promesa hueca.

El nacimiento de la segunda generación

En Japón, el sistema de sugerencias se convertiría en algo muy diferente, a causa de cuándo y cómo fue introducido. La primera vez que nos llamó la atención esta historia fue al leer el libro, *Kaizen: The Key to Japan's Competitive Success*, por Masaaki Imai, en el que nos encontramos con esta frase aislada y misteriosa:

> *Menos conocido es el hecho de que el sistema de sugerencias se introdujo en Japón... por TWI* (Training Within Industries, *Capacitación dentro de la industria*) *y la Fuerza Aérea de Estados Unidos.*[15]

Aún entonces era obvio para nosotros que eso a lo que Imai se refería sería importante para que comprendiéramos qué era realmente *kaizen teian*.

Aunque la parte principal de la historia comienza inmediatamente después de la Segunda Guerra Mundial, vale la pena destacar que en esa época los buzones de sugerencias no eran completamente nuevos en Japón. En el siglo dieciocho, los *shoguns* los habían usado para recolectar ideas de sus ciudadanos. Uno de los usos más antiguos del buzón de sugerencias en una compañía japonesa fue en 1905 en Kanebuchi Boseki, una firma de textiles cuyo equipo de dirección obtuvo la idea durante una visita a NCR en Estados Unidos.[16] Sin embargo, generalmente los sistemas de sugerencias en Japón, antes de la Segunda Guerra Mundial, eran unos cuantos y eran idénticos a los de sus contrapartes en Estados Unidos. Hasta la Segunda Guerra Mundial, las firmas de Estados Unidos como NCR, Ford y Kodak tenían incuestionablemente los mejores sistemas de sugerencias en el mundo.

Pero todo esto cambió con las consecuencias de la Segunda Guerra Mundial, en la que Japón fue verdaderamente devastado. Para 1945, su actividad industrial había caído a menos de una décima parte de sus niveles antes de la guerra. Durante ésta, algunos norteamericanos habían propuesto que la ocupación de posguerra debía ser punitiva y severa, la misma política que el secretario del tesoro, Henry Morgenthau había exigido para Alemania. Por ejemplo, George Fielding Eliot, prominente escritor militar, en un ejemplar de abril de 1943 del *New York Herald Tribune* abogaba por esta causa:

> *No quedará un solo ladrillo sobre otro en ninguna fábrica japonesa, de modo que no habrá en Japón un sólo motor eléctrico ni un motor de vapor o gasolina, ni un laboratorio químico, ni nada como un libro que diga cómo se hacen estas cosas.*[17]

No obstante, prevalecieron las mentes más serenas. Bajo el mando del general Douglas MacArthur, la consecuente Ocupación aliada de posguerra, de siete años de duración, brindó a Japón un reinicio fresco, no sólo en el ámbito político y económico, sino también en el de los negocios y la administración. En estos tiempos nació el *kaizen teian*.

El propósito declarado de la Ocupación era reestructurar el sistema social y político de Japón de modo que pudiera erradicarse el militarismo extremo que se había vuelto endémico antes y durante la guerra. Aunque el plan original había sido desmantelar la base industrial del país, rápidamente quedó claro para las autoridades de la Ocupación que si la industria japonesa no se reiniciaba rápidamente, los resultados podrían ser una zozobra civil muy extendida, hambruna y hasta brotes de comunismo en los trabajadores. Entre tantas iniciativas emprendidas en este tiempo había dos que estimularían directamente la creación de la segunda generación de sistemas para la creatividad corporativa inesperada, y que pondrían a Japón, en este respecto, en un camino bastante diferente del de occidente. Los resultados de estas iniciativas explican ampliamente los diferentes niveles nacionales de desempeño que se dieron anteriormente en la tabla 4.2.

La parte del comando del general MacArthur con responsabilidad total sobre los asuntos económicos se conoció como la Sección económica y científica (ESS, *Economic and Scientific Section*). Su tarea primordial era analizar lo que se necesitaría para reiniciar la devastada economía del país y para elaborar los planes pertinentes. Aunque hoy podría parecer sorprendente, los economistas de la ESS señalaron los bajos estándares de supervisión y administración predominantes en la industria japonesa como el mayor cuello de botella para la deseada rápida expansión. Un memorándum de la Ocupación, en 1949, hacía la siguiente observación:

> *La supervisión es ordinariamente un proceso empírico "fortuito", y... la capacitación dentro de la planta se hace característicamente poniendo a un empleado nuevo bajo las órdenes de un trabajador con experiencia para que adquiera sus habilidades tan bien como pueda. Tales prácticas son incompatibles con los métodos industriales modernos y con el logro de un alto resultado por trabajador. Ni la industria ni el gobierno han desarrollado un programa idóneo para la capacitación adecuada de supervisores en los establecimientos industriales. El mejoramiento de tecnología, maquinaria y materias primas no asegurará un incremento sustancial en la producción a menos que los supervisores y los trabajadores estén preparados para utilizar sus elementos de la manera más eficaz.*[18]

Nunca se cuestionó mucho lo que debería ser esta capacitación. Durante la guerra, varios miembros del ESS habían estado implicados en los fantásticamente exitosos programas TWI (Capacitación dentro de la industria) que se habían utilizado en Estados Unidos durante la guerra para exactamente el mismo propósito.

TWI en los Estados Unidos

El Servicio TWI había sido uno de los primeros servicios de emergencia establecidos por la administración de Roosevelt después de la caída de Francia en 1940.[19] Dándose cuenta de que aun si no se arrastraba a Estados Unidos a la inminente guerra, tendría que proveer a sus amigos y aliados que eran combatientes, el gobierno puso una prioridad máxima en la producción y productividad que rápidamente se levantaba, encargando al Servicio TWI que encabezara ese esfuerzo. Al principio, el servicio en ciernes trató sin éxito de actuar como una organización nacional de consulta y resolución de problemas industriales. Pero, al ver que repetidamente se abordaban los mismos problemas en todo el país, pronto el Servicio se dio cuenta de que quedaría completamente abrumado si trataba de resolverlos todos en forma individual. Un enfoque basado en la consultoría disiparía sus escasos recursos y tendría un mínimo impacto en el esfuerzo de guerra. Sería mucho mejor concentrarse en la capacitación, ya que un programa bien dirigido al objetivo y ampliamente usado llevaría en forma más directa hacia el mejoramiento de la calidad y la productividad a escala nacional. Tal como hizo el ESS en el Japón de la posguerra, el Servicio TWI rápidamente determinó que la más grande necesidad de capacitación estaba en el nivel de supervisión, pues no sólo se estaba expandiendo rápidamente la industria, sino que muchos supervisores experimentados estaban partiendo para el ejército y los estaban reemplazando personas con poca o ninguna experiencia. Muchas industrias estaban en caos. Y así, TWI emprendió el desarrollo de los programas pertinentes que tuvieran el máximo impacto posible en la producción nacional.

Para el final de la guerra, TWI había desarrollado tres diferentes programas, que se conocieron como los programas "J":

1. *Capacitación en instrucción para el trabajo (JIT, Job Instruction Training)* enseñaba a los supervisores la importancia de la capacitación adecuada para su fuerza de trabajo y cómo proporcionar esta capacitación.
2. *Capacitación en métodos de trabajo (JMT, Job Methods Training)* enseñaba cómo generar e implantar ideas para el mejoramiento continuo.
3. *Capacitación en relaciones de trabajo (JRT, Job Relations Training)* versaba sobre liderazgo y relaciones humanas.

Uno de los inspirados principios detrás de estos programas de capacitación era el del *efecto multiplicador*. Con el objeto de cubrir cifras importantes de supervisores en todo el país, TWI tenía como meta:

desarrollar un método estándar, luego capacitar a las personas que capacitarían a otras quienes a su vez capacitarían a grupos de personas para usar el método.[20]

De hecho, el Servicio TWI pudo disparar el efecto multiplicador que había esperado. Para fines de la guerra, más de 2.2 millones de supervisores habían recibido capacitación en TWI. En el caso de JIT, por ejemplo, el efecto multiplicador funcionó de esta manera: los cuatro directores nacionales de TWI, que desarrollaron los cursos, capacitaron a diez representantes de campo, quienes a su vez capacitaron a doscientos instructores maestros. En el transcurso de la guerra, estos instructores maestros capacitaron a doce mil instructores de JIT, quienes colectivamente impartieron JIT a un millón de supervisores responsables de más de diez millones de trabajadores, un sexto de la fuerza de trabajo de la nación. Con todo derecho, a TWI se le atribuyó el mérito de desempeñar un papel protagonista en la rápida expansión de la industria norteamericana a los niveles requeridos para ganar la guerra.

Para obtener el efecto multiplicador, TWI tuvo que diseñar sus programas de forma que fueran eficaces en todas las situaciones posibles en que pudieran ofrecerse. No importa en qué ramo de la industria, la compañía podía ser grande o pequeña, nueva o madura, y en expansión rápida o simplemente siguiendo con el negocio como de costumbre. Los instructores jóvenes y sin experiencia podrían estar preparando a empleados con más experiencia, o quizá a sus jefes. Los cursos tenían que funcionar aun cuando los instructores "carismáticamente desafiados" los impartieran en entornos físicos deficientes. TWI no dejaba nada al azar; tenía que asegurar que los cursos desarrollados por su núcleo de instructores experimentados tuvieran un fuerte impacto sin importar quién los impartiera, y siempre y donde quiera que se impartieran. Así como los actores tienen que aprender sus guiones, se requería de los instructores de TWI que se aprendieran todo el manual del instructor de memoria, de modo que sin importar quién diera el curso, sería muy cercano al de un "instructor maestro". Se dejaba poco espacio para variaciones.

Para disparar el efecto multiplicador se requirió un nivel inusualmente alto de control de calidad que asegurara que cada repetición del curso fuera una copia fiel del original. En forma rigurosa TWI validaba cada nuevo curso antes de que se presentara a escala nacional. Por ejemplo, se hicieron pruebas de campo del JIT, el primero de los tres cursos, en setenta plantas durante un periodo de seis meses. Una vez que los instructores recibían sus licencias, podían estar en "actividad" sólo si habían impartido un curso TWI en los tres meses anteriores. A menos que siguieran el guión de sus manuales al pie de la letra, los instructores podían perder sus licencias. Estos manuales, impresos con un tipo de letra tan grande que pueden leerse a un metro y medio de distancia, también mostraban al instructor exactamente qué escribir en el pizarrón y cuándo escribirlo. Inspectores ambulantes del Servicio TWI verificaban constantemente a los instructores para asegurarse de que seguían las reglas.

Para dar seguimiento a su impacto, el Servicio TWI monitoreó a seiscientas de sus compañías clientes durante toda la guerra. La última encuesta, llevada a cabo justamente después de que TWI cerró las operaciones de campo en agosto de 1945, informó las siguientes mejoras atribuibles directamente a TWI:

- Ochenta y seis por ciento de las compañías informaron un incremento en la producción de cuando menos veinticinco por ciento.

- Cien por ciento de las compañías informaron que el tiempo de capacitación se había reducido en más de veinticinco por ciento.
- Ochenta y ocho por ciento de las compañías informaron que las horas laborales se redujeron por lo menos en veinticinco por ciento.
- Cincuenta y cinco por ciento de las compañías informaron una reducción en desperdicios de cuando menos veinticinco por ciento.
- Cien por ciento de las compañías informaron que los motivos de queja se habían reducido en por lo menos veinticinco por ciento.

Al revisar informes del tiempo de guerra, nos encontramos con una simpática carta al Servicio TWI de parte del presidente de una compañía, quien describía los resultados que los programas "J" habían provocado en su organización. Sin embargo, insistía en que su carta se mantuviera en estricta confidencialidad:

Bajo ninguna circunstancia quiero que ustedes hagan público mi nombre o el de mi compañía. Si bien quiero que ustedes sepan lo que este programa nos ha servido, aún así no debo hacérselo saber a algunos de mis accionistas, quienes inmediatamente preguntarían: "¿Señor presidente, qué ha estado usted haciendo todos estos años que pasó por alto esta posible reducción en gastos que habría significado mayores dividendos para nosotros?"[21]

Sin duda, los programas TWI son los más exitosos programas de capacitación corporativa en la historia de Estados Unidos.

TWI en Japón
Es fácil ver por qué los planificadores de ESS al mando del general Mac-Arthur, cuando se enfrentaron a la necesidad de preparar supervisores en el Japón de la posguerra, acudieron a los programas TWI. Si el éxito de TWI en la época de guerra podía repetirse en Japón, ahí cambiarían las cosas verdaderamente. Con esto en mente, ESS arregló que se enviaran "solicitudes de propuestas" a Estados Unidos. Dos organizaciones compitieron por el contrato. Aunque su oferta era la más alta, las autoridades de la Ocupación concedieron el contrato a TWI Inc., una compañía de Cleveland, Ohio dirigida por Lowell Mellen, que había sido instructor de TWI en tiempos de guerra en Estados Unidos. Aunque ambas ofertas ofrecían impartir clases de TWI en Japón, sólo Mellen propuso tratar de provocar el efecto multiplicador.[22] Fue a Japón en enero de 1951, llevando otros tres instructores

con él, y pasó seis meses capacitando a un núcleo de treinta y cinco "instructores maestros" en los tres cursos "J". Al final, Mellen y sus colegas establecieron con éxito los fundamentos para un efecto multiplicador en Japón aún más grande que en Estados Unidos en tiempos de guerra. Para 1966, se extendería a más de un millón, y para 1996, se estima, a más de diez millones de gerentes y supervisores japoneses.

Cuando los instructores de Mellen partieron en junio de 1951, el Ministerio del Trabajo se hizo cargo de los programas TWI, el cual hasta la fecha sigue ejerciendo responsabilidades de supervisión formal. El ministerio ha otorgado licencias a varias organizaciones para impartir la capacitación de TWI, entre ellas las principales son la Asociación Japonesa de Problemas de Empleo (JEPA, *Japan Employment Problem Association*), cuasi-gubernamental, y la Asociación Japonesa de Capacitación Industrial (JITA, *Japan Industrial Training Association*). Durante el periodo de cuarenta y cinco años, de 1950 a 1995, estas dos asociaciones solas formaron casi cien mil instructores oficiales de TWI. En 1995, más de sesenta mil personas tomaron uno o más de los cursos "J" regulares de TWI mediante estas dos asociaciones. Además de JEPA y JITA, otras tres organizaciones nacionales tienen licencia para impartir TWI, así como un tercio de los cuarenta y seis gobiernos de prefecturas del Japón.

Pero las cifras oficiales representan sólo la punta del iceberg. Muchas compañías japonesas envían gente de su personal a fin de que se hagan instructores de TWI, para después regresar e impartir internamente el curso "fuera de los libros", a menudo modificado y bajo un nombre diferente. Canon, por ejemplo, que tiene en su personal más de mil doscientos instructores de TWI con licencia, lleva a cabo sus propios cursos de TWI modificados alrededor de cinco veces al año en cada una de sus plantas. Creemos que la influencia formativa de TWI en el estilo gerencial de Japón todavía no se ha apreciado en forma apropiada por parte de los observadores extranjeros de la industria y administración japonesas, ni aun por los japoneses mismos.

Entre otras cosas, TWI tuvo un papel central en el desarrollo del sistema *kaizen teian*. El impulso provino del curso de JMT de TWI, que vigorosamente comunicaba la importancia de tantas pequeñas ideas de mejoramiento que una compañía podía obtener de sus empleados. Los creadores del JMT no recomendaban ninguna forma particular para que una compañía lo hiciera; simplemente querían convencer a los supervisores de que los subordinados podían proponer muchas buenas ideas si se les daba la oportunidad de hacerlo. (Quizá el curso de JMT suponía que el problema principal era sensibilizar a los supervisores y gerentes para que captaran las ideas de quienes trabajaban para ellos. Una vez que esto se lograba, la técnica seguiría naturalmente.) En los Estados Unidos del tiempo de guerra, JMT estimuló a muchas compañías para que revitalizaran su sistema de sugerencias existente, pero en Japón, donde la mayoría de las compañías no tenía ninguno, el curso los impulsó a diseñar, partiendo de nada, un nuevo sistema que liberaría su creatividad. Vale la pena anotar que aunque JMT se tradujo al japonés en 1950, el curso no se modificó en casi veinte años. La naturaleza intemporal de su materia ha significado que, aun en 1997, el curso permanezca muy fiel a su versión original.

Cuando JMT se presentó nacionalmente en Estados Unidos a fines de 1942, en la cúspide de la Segunda Guerra Mundial, así fue como el Servicio TWI de Estados Unidos justificó el nuevo curso en su boletín de diciembre (las palabras resaltadas aparecen así desde el original):

Ustedes saben que los materiales cada vez son más escasos. Es difícil conseguir o reponer las máquinas. Y la mano de obra se está convirtiendo en un problema decisivo.

*Gran parte de la respuesta es desarrollar mejores formas de hacer el trabajo que ustedes supervisan con la mano de obra, las máquinas y los materiales **disponibles ahora.***

Quizá ustedes idearon alguna mejor manera de hacer alguno de los trabajos que supervisan hoy. Si es así, hicieron una importante contribución a la victoria. Pero ¿están ideando mejores métodos cada día?

*He aquí un Plan que les ayudará a desarrollar esos **mejores métodos de trabajo ahora.** Les ayudará a producir mayor volumen, de productos de calidad, en menos tiempo.*

Busquen los cientos de pequeñas cosas que pueden mejorar. No traten de planear la instalación de todo un nuevo departamento, o de ir tras una gran instalación nueva de equipo nuevo. No hay tiempo para estos grandes problemas. Busquen mejoras en los trabajos existentes, con su equipo presente.[23]

En otras palabras, el JMT es un curso de mejoramiento continuo. Los participantes no sólo aprendían y practicaban técnicas de mejoramiento del proceso, sino que para aprobar el curso, tenían que desarrollar ellos mismos una propuesta real de mejoramiento y someterla a sus gerentes. Más aún, repetidamente se decía a los participantes que nunca deberían dejar de hacer mejoras:

Recuerden que siempre habrá una forma mejor. Sigan buscando mejoras adicionales.[24]

JMT es un programa de capacitación poderosamente eficaz. Pero este hecho por sí solo no explica la cálida recepción que tuvo en Japón en 1951 ni su subsecuente y duradera influencia allí. También había otras razones. Primero, los programas llegaron a Japón en un momento de depresión único en su historia. Los administradores que se enfrentaban a la reconstrucción de la industria japonesa estaban ansiosos de cualquier consejo útil. Más aún, como había predicho el almirante Isoroku Yamamoto que podría ser el caso, Japón fue finalmente vencido porque perdió la guerra de la producción con Estados Unidos. Para la mayoría de los gerentes japoneses, los cursos TWI eran la primera oportunidad de aprender sobre la técnica norteamericana de administración de la producción, a la que veían con asombro, y sobre los mismos programas que habían diseminado este conocimiento a los norteamericanos durante la guerra. Veinte años después, Nobuo Noda, un prominente japonés erudito en negocios, escribiría que los programas de TWI de 1951 ofrecían:

un nuevo patrón de "cómo enseñar". Debido a que Japón había perdido mucha de su fuerza de trabajo calificada durante la guerra, eso era justamente lo que se necesitaba y pronto se extendió por todo el país, hasta que pudieron verse en casi cada fábrica instructores preparados por TWI.[25]

Por último, e igualmente importante desde el punto de vista del *kaizen teian,* durante el periodo de posguerra la administración había perdido su autoconfianza frente al serio conflicto con la mano de obra, que se había vuelto rebelde al punto de instigar el "control de la producción", u ocupación de las fábricas. En la secuela inmediata de dichas ocupaciones, muchas de las fábricas manejadas por trabajadores realmente operaban más eficientemente que antes; un hecho que, cuando se hizo público, sólo aumentó el desconcierto de la administración. Los gerentes buscando una nueva manera de operar en este entorno incierto, se adhirieron al mensaje fundamental de los programas de TWI: los enfoques más democráticos hacia la administración son siempre más eficaces.

Por estas razones, los cursos de TWI recibieron una seria atención de la administración japonesa, en un momento particularmente oportuno. De acuerdo a *The Idea Book,* un libro japonés sobre *kaizen teian* que se tradujo al inglés:

El precursor del moderno sistema de sugerencias estilo japonés, sin duda se originó en occidente... TWI (Training Within Industries), introducido en la industria japonesa en 1949 por las fuerzas de ocupación de Estados Unidos, tuvo un gran efecto en la expansión del sistema de sugerencias para que participaran todos los trabajadores más que sólo un puñado de la élite. La modificación del trabajo constituía una parte de TWI y, al enseñar a los trabajadores cómo llevar a cabo la modificación del trabajo, los capataces y los supervisores aprendieron cómo hacer cambios y sugerencias... Muchas compañías japonesas introdujeron sistemas de sugerencias para seguir con el movimiento de modificación del trabajo comenzado por TWI.[26]

Toyota encontró que su propia versión del curso de TWI (llamado Toyota TWI, o "TTWI" abreviado) fue particularmente útil en el periodo en que sentaba las bases de su sistema de producción Toyota, el primer sistema "adelgazado" de producción. Ya que el sistema de producción de Toyota es también un sistema para administrar el mejoramiento continuo, no es sorprendente que TWI salga a colación cuando el personal de Toyota recuerda esos tiempos. Esto es lo que escribió sobre ese periodo Masao Nemoto, quien fue presidente de Toyoda Gosei y director ejecutivo de Toyota:

Me esforcé por crear una atmósfera conducente a levantar nuestra capacidad de mejoramiento. Una licencia de instructor que yo poseía en "Capacitación dentro de la industria (TWI)" era una ventaja definitiva. Aunque usaba mis propias ideas, nunca olvidé solicitar activamente ideas de los supervisores que trabajaban para mí.

Esta década (1950-1960) coincidió con el periodo en que Toyota estaba capacitando en forma cuidadosa a sus empleados en el ahora bien conocido sistema de producción Toyota. Como instructor de TWI, yo trabajaba noche y día para inculcar la virtud del sistema Toyota a (sic) los empleados que trabajaban para mí. Fue un periodo lleno de mejoras tras mejoras.[27]

Pero TWI no fue el único estímulo importante para el desarrollo del *kaizen teian* en el Japón de la era de la Ocupación. En el pasaje que citamos anteriormente en este capítulo de *Kaizen, The Key to Japan's Competitive Success*, Masaaki Imai se había referido también a una segunda influencia, una que resulta aún de mayor importancia y alcance.

La Fuerza Aérea de Estados Unidos en Japón

A diferencia del ESS al mando del general MacArthur, la Fuerza Aérea de Estados Unidos (USAF, *United States Air Force*) nunca planeó una intervención importante en la administración japonesa. Fue más un accidente: las cosas simplemente resultaron de ese modo. En 1949, a cuatro años de la Ocupación, el principal depósito de material y de logística de la USAF en Japón se localizaba en Tachikawa (una población en los suburbios del poniente de Tokio). El depósito empleaba siete mil civiles japoneses para ayudar con las tareas de suministrar a la USAF en el Lejano Oriente lo que necesitara: alimentos, combustible, refacciones, materiales de construcción, pertrechos de guerra, uniformes y medicinas. Los civiles estaban también para ayudar a reparar y mantener equipo importante como aviones y sus motores, aplanadoras, *jeeps* y grúas. Muchos de ellos eran mecánicos muy expertos que habían trabajado en Tachikawa durante la guerra, cuando había servido como base para las fuerzas aeronáuticas del ejército imperial. Al final de la guerra, cuando encontraron que los estadounidenses de la ocupación podían todavía usar sus servicios, se quedaron. Debido a que la USAF había estado planeando todo el tiempo usar Tachikawa como una base durante la Ocupación de posguerra, sólo había realizado un cuidadoso y preciso bombardeo de ciertos edificios clave, asegurándose continuamente de hacer el suficiente daño para evitar que operara el campo aéreo, pero dejando la mayor parte de él esencialmente intacto.

No pasó mucho, antes de que los norteamericanos se dieran cuenta de que su fuerza de trabajo japonesa tenía malos hábitos de trabajo y actitudes deficientes hacia la seguridad, que no podían operar ciertos equipos en forma apropiada y que no podían desempeñar tareas de mantenimiento y reparación de acuerdo a los estándares apropiados. Además, había una falta general de confianza y comprensión entre japoneses y estadounidenses, y ambas partes estaban frustradas por la barrera del idioma y las diferencias culturales. El comandante de la base, general John P. Doyle, pronto decidió que tendría que capacitar a sus trabajadores japoneses. Los primeros programas que se ofrecieron fueron sobre inglés básico, almacenaje, inventarios y contabilidad. Pero quedaba todavía un problema obvio: las malas habilidades de administración de los gerentes civiles japoneses que supervisaban la fuerza de trabajo japonesa. Todos los oficiales de la USAF en Tachikawa estaban muy preocupados por la situación. A menos que se mejoraran las habilidades gerenciales, bien podría desperdiciarse cualquier capacitación que se diera a los puestos más bajos de empleados. Así que el general Doyle dio la orden de desarrollar un nuevo curso de capacitación, dirigido específicamente a inculcar en los gerentes japoneses una comprensión de los principios y técnicas de la administración moderna.

Se formó un grupo de cinco empleados civiles de la USAF, dos norteamericanos (ambos con fluidez en el idioma japonés) y tres japoneses, para desarrollar el nuevo curso y capacitar instructores del mismo. Resulta interesante que, a la luz de lo que los esfuerzos de este grupo produciría, sólo uno de los cinco tenía cierta experiencia administrativa previa, y consistía en dos años como empleado subalterno en IBM de Japón antes de la guerra. Durante el periodo de cinco meses de noviembre de 1949 a marzo de 1950, este inusual equipo desarrolló un nuevo curso al que nombró Programa de capacitación en administración, o MTP (*Management Training Program*). Aun cuando el grupo novato de MTP no sabía nada sobre TWI (pasaría casi un año antes que Lowell Mellen llegara a Japón), sabiamente escogió también un enfoque de capacitar al capacitador, poniendo el énfasis en crear nuevos instructores de MTP más que en hacer que el mismo grupo original de MTP impartiera muchas repeticiones del mismo curso. En el lapso de un año, se habían dado tres cursos de capacitación para instructores, formando un total de 142 instructores de MTP, principalmente de la USAF pero, como se había corrido la voz, también de algunas bases de la Armada de Estados Unidos y del gobierno japonés. Los primeros cursos de MTP demostraron tener éxito y, porque estaban primordialmente dirigidos a la dirección media, tendían a atraer un grupo de mayor poder que el TWI, que se dirigía a supervisores de nivel más bajo. Aunque los gerentes japoneses con el tiempo vendrían a estar igualmente ansiosos por el MTP como antes estuvieron por el TWI, el MTP pudo haber desaparecido por completo si no hubiera sido por una inusitada cadena de circunstancias. Los diseñadores del MTP escribieron su curso sólo para usarse en una única base y no pensaron de ningún modo llevar el mensaje de MTP a una audiencia más grande. Aunque el TWI se diseñó para exposición nacional, el MTP no. Hubo de alcanzar al resto del Japón casi por accidente.

Recuerde que el objetivo inicial y más importante de la Ocupación había sido eliminar el potencial de Japón para hacer la guerra. Desde agosto 29 de 1945, el día que el general MacArthur se bajó del aeroplano en la base aérea naval de Atsugi, las autoridades se habían centrado en la desmilitarización y (supuestamente) desindustrialización. Sin embargo, el resultado fue que la Ocupación tuvo dos fases distintas, y la segunda se puso en marcha drásticamente en la mañana del 25 de junio de 1950, cuando el ejército norcoreano se volcó en la frontera hacia Corea del Sur. La política de ocupación cambió literalmente de la noche a la mañana. En vez de ser desmantelado y neutralizado, Japón ahora había de ser reconstruido y fortalecido como un baluarte contra la amenaza mundial del comunismo. En Tachikawa, la capacitación en MTP se intensificó rápidamente para liberar tanto personal de USAF como fuera posible para el combate. La base de la fuerza aérea en Tachikawa estaba en el centro de la acción en la fase inicial de la guerra, cuando la carga de detener el avance norcoreano recayó en la USAF. La base pronto se tuvo que expandir más allá de su capacidad, y el suministro de material a través de Tachikawa amenazó con convertirse en un serio cuello de botella para el esfuerzo de guerra. El general Doyle sabía que tenía que hacer algo rápido. Y sin querer dio al MTP la oportunidad que éste necesitaba.

Una de las acciones más duras que el general MacArthur había emprendido al inicio de la Ocupación fue depurar los gobiernos japoneses tanto locales como nacionales de cualquiera que estuviera ligado a la agresión en el tiempo de guerra. Más tarde esta depuración se extendió para cubrir a educadores y ejecutivos también, pero fue particularmente brutal para los militares, donde se aplicó a cualquiera que hubiera tenido el rango de mayor o más alto. Con todo, se negó a más de doscientos mil ex líderes industriales y militares la posibilidad de empleo en ninguna parte del Japón (desde la perspectiva del MTP, esto fue realmente bueno, porque al depurar a los altos gerentes, se reemplazaron con personas más jóvenes, abiertas a nuevas ideas, entre las que los graduados en MTP estarían bien representados). Como la situación en la base de Tachikawa se hizo más desesperada, el general Doyle se vio forzado a encontrar una solución más empresarial. Acudió en privado a MacArthur para eximir en secreto a Tachikawa de la depuración, de modo que pudiera reclutarse en silencio a antiguos altos directivos japoneses para ayudar a que se organizara la base y operara fluidamente.

MacArthur concedió la petición de Doyle y, por la duración de la Ocupación, Tachikawa se volvió el único lugar en Japón donde podían trabajar legalmente los funcionarios, oficiales del gobierno y ejecutivos "eliminados". Al propagarse suavemente la voz, muchos de ellos llegaron a ofrecer sus servicios (un teniente de entonces, a quien entrevistamos, nos dijo que durante este tiempo contrató como tenedor de libros de su oficina al anterior oficial pagador de ¡toda la armada imperial Japonesa![28]). Al avanzar la Guerra de Corea y asentarse las cosas en Tachikawa, la mayoría de estos altos directivos no sólo tomaron el curso de MTP, sino que trabajaron en un entorno donde podían ver sus enseñanzas puestas en práctica. Cuando la Ocupación llegó a su fin en 1951, y se levantó la depuración, muchos de estos altos directivos regresaron a posiciones de liderazgo en el gobierno y la industria japoneses. Sin importar de qué otra manera pudiera verse, la implicación accidental de la alta dirección japonesa en el MTP fue una gran oportunidad para el incipiente programa.

Al final de 1950, el Ministerio Japonés de Comercio e Industria Internacional (MITI) acudió a la USAF por el permiso para hacerse cargo del MTP y diseminarlo en todo el gobierno e industria del Japón. Con el MITI, el curso adquiría ahora un patrocinador poderoso. Para julio de 1952, el MITI había formado 256 instructores de MTP, quienes habían capacitado a aproximadamente 26,000 gerentes medios. Durante la siguiente década, el uso del MTP creció rápidamente en las compañías japonesas. En una de las pocas referencias en inglés al MTP que conozcamos, F. L. Schodt, en su libro de 1988, *Inside the Robot Kingdom*, habló de este periodo y de la situación en una compañía en particular:

> *En 1958, cuando Japón fue barrido con modernas ideas norteamericanas sobre administración (y hasta las compañías a la antigua comenzaron a usar acrónimos en inglés para describirlas), Tomy (uno de los actuales fabricantes más grandes de juguetes y robots) adoptó y adaptó el MTP, un "Programa de capacitación en administración" desarrollado por la Fuerza Aérea de Estados Unidos.[29]*

Para 1994, unos ochenta institutos oficiales de instructores de MTP habían certificado a 3,430 instructores, quienes, a su vez, habían capacitado a más de 1.2 millones de gerentes japoneses. La *Jinji-in*, o Autoridad Nacional de Personal del gobierno japonés, también desarrolló una versión acortada del MTP, conocida como Capacitación *Jinji-in* para supervisores (JST, *Jinji-in Supervisor Training*). De 1952 a 1994, *Jinji-in* formó 47,143 instructores, quienes personalmente capacitaron a más de 1.3 millones de gerentes. Aún hay modificaciones a las modificaciones del MTP. Por ejemplo, los gerentes medios en el gobierno municipal de Tokio toman el curso de Capacitación de Tokio para supervisores (TST, *Tokyo Supervisor Training*), una versión ligeramente modificada del curso JST. Otro curso derivado del MTP es el Curso básico de administración de la compañía de reclutas que, excepto por algunas diferencias en expresión, casi no hizo cambios al MTP. Más de 100,000 gerentes han tomado este curso desde su inicio en 1978.

Pero de nuevo las cifras oficiales subestiman considerablemente la diseminación del MTP en la industria japonesa. Igual que con el TWI, muchas compañías han enviado personal a cursos oficiales de capacitación para instructores, quienes al regreso, imparten cursos de MTP internos, y por lo tanto fuera de los registros oficiales. También, muchas compañías ajustan el MTP a sus propias situaciones, generalmente quitando partes del curso que no son directamente pertinentes. Es difícil discernir cualesquiera patrones que aún permitirían un estimado bruto de este uso extraoficial. Por ejemplo, desde 1966, Olympus ha requerido que todos los gerentes asistentes terminen el curso MTP para ser elegibles en la promoción a gerentes. En 1994, la compañía tenía dieciocho instructores de MTP en el personal y había certificado a 1,230 gerentes del curso oficial, entre los cuales estaba el presidente de la compañía. Por otra parte, Canon, un competidor directo de Olympus, pero cinco veces mayor, ha optado por usar su propia versión modificada del curso. La certificación de MTP se requiere para la promoción a gerente y, desde 1966, Canon ha certificado a más de cinco mil gerentes. Desde 1994, cuarenta y dos empleados de Canon obtuvieron licencia como instructores de MTP. Entre algunas de las demás compañías que usan una versión internamente modificada del MTP están Toyota, Nissan, Sharp, Hitachi, Toshiba, Nippon Steel, Japan Air Lines, Japan Radio y Sumitomo Electric.

¿Qué tuvo que ver el MTP con el surgimiento de *kaizen teian* en Japón? Al igual que el programa de JMT de TWI, una sección del MTP también constituye un caso poderoso para ideas de mejoramiento de los empleados, aunque, de nuevo, *sin sugerir un mecanismo específico para estimularlas*. A diferencia del TWI, que se apega estrictamente a un guión, MTP se impartía con un formato de comentarios guiado por el instructor. Al comentar el mejoramiento continuo, el instructor primero lleva a los participantes a darse cuenta de que la meta es producir más trabajo y de más alta calidad en menos tiempo y con menos esfuerzo, usando mano de obra, materiales y máquinas tan eficientemente como sea posible. La plática entonces se dirige hacia las experiencias personales de los participantes con las mejoras hechas en su sitio de trabajo. De acuerdo al manual, el instructor debe tratar de propiciar los siguientes puntos:

1. El mejoramiento no tiene fin.
2. Primero debe haber un deseo o curiosidad para que se conciban las mejoras.
3. Hasta una mejora muy pequeña vale la pena.
4. Las mejoras se conciben por la persona que conscientemente busca los detalles.
5. Los supervisores deben tener el hábito de tratar de deducir métodos para mejorar los trabajos y para mejorar las mejoras.[30]

Los participantes pasan entonces un tiempo considerable analizando un problema de lo más importante: cómo "vender" la mejora a su jefe y a colegas de trabajo podría tardar mucho, hasta ver terminada una idea con su implantación. El módulo termina con las siguientes pautas para el instructor:

Preguntar al grupo si en su opinión el mejoramiento del método de trabajo se pasa más por alto que cualquiera de las otras fases de supervisión y administración en su nación.

Finalmente, subrayar que la responsabilidad para mejorar el método recae en todos los niveles de empleados, pero al mismo tiempo toca a los supervisores de línea y a los altos funcionarios tomar la delantera... alentando a sus subordinados a que también den ideas para mejorar los métodos.[31]

Hacia un enfoque más holístico

En 1880, cuando William Denny se hizo cargo del astillero de su padre en Escocia, sabía que la compañía en crecimiento necesitaba sistemas para hacer muchas de las cosas que habían sucedido naturalmente cuando la compañía era mucho más pequeña. En particular, vio la necesidad de un sistema para promover innovación y mejoramiento no anticipados. El sistema pionero de Denny levantó un interés sustancial en Gran Bretaña y con el tiempo se extendió por todo el mundo. Setenta años después, el sistema *kaizen teian* surgió en el Japón de la posguerra. Ambos tipos de sistemas dan una indicación del poder que se encuentra en lo inesperado.

Los sistemas para promover ideas creativas siempre tendrán un papel en los esfuerzos de cualquier organización para administrar la creatividad. Pero no importa lo eficaces que sean, los sistemas discretos por sí mismos sólo pueden liberar parte del poder de lo inesperado. Creemos que es tiempo que las organizaciones tomen un punto de vista holístico para generar la creatividad. Los capítulos que siguen describen los seis elementos de la creatividad corporativa y muestran cómo las compañías pueden usarlos para realizar todo su potencial creativo.

PUNTOS PRINCIPALES

Los sistemas simples de sugerencias, los primeros esfuerzos por promover la creatividad corporativa, han existido por más de cien años. Las razones principales para su comparativamente mal desempeño son que se apoyan en la motivación extrínseca.

Los sistemas *kaizen teian*, la siguiente generación de sistemas para promover la creatividad corporativa inesperada, son hijos de la Segunda Guerra Mundial. Surgieron por medio de una confluencia única de circunstancias que se unieron sólo por un breve momento después de la guerra.

Los sistemas *kaizen teian* enfatizan la motivación intrínseca. La mayor parte de las diferencias entre las dos generaciones de sistemas deriva de este hecho.

Aquellos que manejan sistemas de la primera generación son considerados responsables de sus resultados financieros, mientras que a los gerentes de sistemas kaizen tcian *se les evalúa con base en las tasas de participación.*

Los sistemas *kaizen teian* funcionan mejor que los sistemas de sugerencias por cuestión de magnitud. Ya que los sistemas de sugerencias son dominantes en las compañías de Estados Unidos y casi cada compañía japonesa grande tiene un sistema *kaizen teian*, esta diferencia en desempeño se manifiesta a escala nacional.

La compañía japonesa promedio recibió dieciocho ideas de cada empleado en 1996, mientras que la compañía promedio de Estados Unidos recibió menos ideas por cada cien empleados.

El premio promedio que un empleado japonés recibe por una idea es de menos del uno por ciento del que recibe su contraparte en Estados Unidos.

Capítulo cinco

CÓMO LA MALA ALINEACIÓN DETIENE LA CREATIVIDAD

Una compañía visionaria crea un entorno total que envuelve a los empleados, bombardeándolos con una serie de señales tan consistentes y mutuamente reforzadoras que es virtualmente imposible malentender la ideología y ambiciones de la compañía... Con mucho, el error más grande que cometen los administradores es ignorar la importancia crucial de la alineación (énfasis en el original).

JAMES C. COLLINS Y JERRY I. PORRAS, *Built to Last*[1]

En forma azarosa, los actos creativos pueden suceder en cualquier compañía, pero no pueden ocurrir *consistentemente* todo el tiempo a menos que una compañía esté bien alineada. En general, *alinear* significa "poner en línea". En un entorno corporativo, sin embargo, la alineación ha llegado a significar el grado en que los intereses y acciones de cada empleado apoyan los objetivos clave de la organización. Ya que uno no puede saber por adelantado quién estará implicado en actos creativos, cómo o cuándo ocurrirán, o qué podrían ser, el primer paso hacia la creatividad corporativa es asegurar que *cualquier* empleado reconozca y responda en forma positiva a una idea potencialmente útil. Es sorprendente cuánto influye la alineación (o mala alineación) de una compañía en que un acto creativo se inicie o no, en la naturaleza del acto mismo y en la multitud de decisiones (tanto grandes como pequeñas) que otros tomarán para dar o negar el apoyo en el camino. Por estas razones, la alineación es el primer elemento esencial de la creatividad corporativa. Ya que todas las compañías tienen objetivos, y es más probable que los logren si todos jalan en la misma dirección, el tema de la alineación es tan viejo como la existencia de las compañías mismas.

En *Built to Last*, James Collins y Jerry Porras identificaron la alineación como la diferencia clave entre las compañías "visionarias" de su estudio (las pocas selectas que habían crecido y prosperado constantemente durante un periodo de cien años) y las compañías "fracasadas" de comparación (que no habían crecido).[2]

Se ha resaltado la importancia de la alineación en el mundo de la calidad, donde muchos observadores han señalado la gran brecha entre lo más adelantado y la práctica. Aunque el valor de la Administración de calidad total (TQM, *Total Quality Management*) es ampliamente conocido, sorprendentemente pocas compañías han tenido éxito al aplicarla. Los autores de *Why TQM Fails and What to Do About It* también identificaron la falta de alineación como una de las razones principales por las que la mayoría de los esfuerzos por implantar TQM fracasan.[3] Nuestra propia investigación y experiencia nos ha llevado a concluir que la creatividad corporativa es más sensible a la alineación que cualquier otro aspecto del negocio o la administración, y que, a menos que una compañía esté fuertemente alineada, no puede ser consistentemente creativa.

Si la alineación es tan importante, ¿por qué son tan difíciles de encontrar los negocios bien alineados? Creemos que hay dos razones principales. Primero, la alineación es a la vez *intangible* (tiene que ver con la cultura y el entorno de una compañía) y, como veremos en éste y el siguiente capítulos, *difícil de lograr*. Promoverla y mantenerla requiere consistencia, disciplina sostenida y recursos y tiempo significativos. Muy a menudo, cuando la administración invierte su energía cada día para mejorar lo que puede medirse y es más fácil hacer, se presta poca atención a la alineación. Segundo, una fuerte alineación no es realmente necesaria para una compañía de desempeño bajo o aun mediano. Las compañías pueden funcionar con una alineación relativamente deficiente. Aun en un entorno mal alineado, la mayoría de los empleados llegarán al trabajo, sabrán que se supone que están ahí para ayudar, sonreír a los clientes y entregar productos o servicios aceptables. Siempre y cuando no esté tan gravemente mal alineado como para ser disfuncional, el negocio puede operar y aun ser rentable. La alineación fuerte *es* necesaria sólo para sostener altos niveles de desempeño y hacer de la compañía un negocio de larga duración. Por esto sobresale en los análisis de TQM (que Joseph Juran alguna vez definió como "aquellas acciones que se necesitan para obtener calidad de clase mundial"[4]) y en las compañías "visionarias" identificadas en *Built to Last*.

La alineación es escurridiza. Es difícil de discernir si no se tiene un punto de vista holístico y total de una compañía; y sus efectos en la creatividad son aún más difíciles de ver, a menos que la compañía esté excepcionalmente bien alineada o extraordinariamente mal alineada. Mientras otros han examinado la alineación desde la perspectiva de sus efectos en la calidad, la orientación al consumidor, o del desempeño global, nuestro interés aquí está en revelar su relación con la creatividad. Para ilustrar esto, hemos escogido dos casos en extremos opuestos. Primero, en este capítulo describiremos el más horrendo ejemplo de mala alineación que jamás hemos encontrado: el sistema de "propuesta de racionalización" de la antigua Unión Soviética, que fue el intento más grande en la historia por promover la creatividad en masa en el lugar de trabajo. La naturaleza tragicómica de este sistema hace muy evidentes los efectos de la mala alineación, normalmente tan difíciles de ver. En el siguiente capítulo, veremos a American Airlines, la cual, creemos, tiene el mejor sistema de sugerencias en el mundo. En cuanto a la alineación se refiere, la diferencia es como la noche y el día.

Lenin, Stalin y la creatividad en masa

Pocos extranjeros se dan cuenta que con el colapso de la Unión Soviética a principios de los años noventa, también llegó a su final el mayor, y más desastroso, intento de la historia por promover la creatividad. Junto con un estudiante graduado y un colega de una escuela rusa de negocios, Alan Robinson estudió este esfuerzo nacional, dirigiendo una investigación en unas treinta empresas rusas, entrevistando a funcionarios actuales y anteriores del gobierno con responsabilidad del mismo, y examinando registros de archivos, algunos de los cuales no se abrieron al público sino hasta 1991.[5] Por casi setenta años, la URSS decretó el mismo sistema para promover las propuestas de racionalización (ideas de mejoramiento) en todas las empresas del país. Si el sistema hubiera funcionado, las consecuencias habrían sido de gran alcance, quizá aun alterando el curso de la historia.

Al año de la Revolución Bolchevique, Lenin mismo preparó el terreno para el sistema de propuestas de racionalización. Firmó la primera ley del Soviet sobre invenciones para estimular el progreso científico-tecnológico que él sentía sería esencial para que los países socialistas se emparejaran con occidente. Pero Lenin también era un entusiasta estudioso de dos expertos norteamericanos en administración: Henry Ford y Frederick Taylor, en cuyas ideas vio mucho que podía ser útil a la industria soviética. Aunque tanto Taylor como Ford habían señalado la importancia de las ideas de los empleados sobre el mejoramiento, las autoridades soviéticas no tomarían ninguna acción oficial al respecto hasta después de la muerte de Lenin en 1924.

De alguna manera ominosa, el nuevo sistema de propuestas de racionalización se propuso primero en un memorándum oficial por Feliks Dzerzinsky, un hombre muy temido en la URSS quien más tarde fundaría (y sería su primer jefe) la KGB. Las propuestas de racionalización quedarían cubiertas por el mismo conjunto de leyes que las invenciones patentables y los principales descubrimientos científicos de leyes y principios abstractos. Pero, como muchas otras cosas en la Unión Soviética, el programa de propuestas de racionalización nunca funcionó en forma apropiada. De hecho, hizo mucho más daño que bien.

Todos los aspectos de las empresas soviéticas, incluyendo su creatividad, se dictaban mediante planes determinados centralmente. A escala nacional, se establecían cuotas para cada ramo de la industria y región, que finalmente llegaban a cada fábrica como cuotas mensuales. Si la industria soviética estuvo alineada para algo, fue para cumplir o exceder estas cuotas; o aparentar hacerlo, como veremos.

Una serie de cuotas era para las propuestas de racionalización. Se requería a los directores de empresas y fábricas que se aseguraran no sólo de que sus empleados propusieran un cierto número de ideas, sino que estas ideas tuvieran un cierto "efecto económico" (ahorros en costo) y aun que se pagara algo de dinero en premios. Si no cumplían sus cuotas de propuestas de racionalización, los gerentes perdían sus bonos, que normalmente sumaban mas o menos la mitad de su compensación total. Y todavía peor, a veces estas cuotas se inflaron cuando se convirtieron en la base para la "competencia socialista", en la que las fábricas, poblaciones, o aun regiones enteras, solían competir una con otra. Obviamente, ya que Moscú había instituido un sistema de planeación de lo que no podía planearse, comenzaron a surgir problemas no previstos.

El problema con las cuotas

Un problema fue el de las "ideas tramposas". A veces, hacia el final del mes, los empleados, que presentían que sus gerentes estaban desesperados por ideas para cubrir sus cuotas, deliberadamente sometían ideas imprácticas o tontas que sus gerentes se verían forzados a aceptar e implantar. En Ismeron, en una empresa del gobierno en Leningrado que fabricaba calibradores, el director general nos contó de una sugerencia ridícula, programada con exquisita comprensión de las presiones de su puesto, para sustituir una flecha de transmisión de metal del torno con una de madera. Para ayudar a cumplir su cuota de premios por ese mes, agradecidamente aceptó la idea y pagó al proponente la recompensa entonces máxima de veinte mil rublos (mucho dinero en un tiempo que un galón de gasolina costaba menos de medio rublo). El director nunca implantó la idea, aunque al no hacerlo estaba corriendo un riesgo. Las autoridades centrales no eran tontas. Reconociendo que muchas de las cifras reportadas en propuestas de racionalización eran falsas, habían establecido un esquema de auditorías sorpresa en las fábricas por parte de la policía, para asegurarse que las ideas aceptadas realmente se implantaban. Las multas eran fuertes. La vida de un director no era de broma, pues mientras repartía dinero por ideas estúpidas, también tenía que cumplir con sus cuotas de producción, y aquí también, las multas por fallas eran igualmente duras. Se trataba de equilibrar el peligro de dejar de cumplir con el plan de producción con el peligro de implantar una mala idea o *no* implantarla.

Una idea tramposa que se implantó se hizo legendaria dentro de la Unión Soviética. La sugerencia vino del operador de una prensa cortadora de metal en una gran planta de automóviles cerca de Moscú. Su prensa tenía un mecanismo estándar de seguridad que mantenía las manos del operador fuera de la máquina mientras ésta cortaba metal. La máquina sólo cortaría si el operador simultáneamente mantenía oprimidos dos botones separados por sesenta centímetros. En un momento en que él sabía que sus gerentes estaban particularmente desesperados por ideas para cubrir sus cuotas, este operador, en forma frívola, sugirió desconectar uno de estos botones de seguridad. La idea fue aceptada con agradecimiento, se premió, y, esta vez, realmente se implantó (quizá el tamaño de la planta, su importancia y su proximidad a Moscú hacían que una auditoría fuera más una amenaza en este caso). Desafortunadamente, este trabajador pasó a los libros de la historia cuando, seis meses después de su "mejora", accidentalmente se cercenó la propia mano.

Las ideas duplicadas eran otro problema. A menudo los gerentes se encontraban con pocas propuestas al final del mes y tenían que dar muchas ideas rápidamente y someterlas en nombre de sus empleados. En una ocasión, le preguntamos a un grupo de gerentes en una fábrica de maquinaria de imprenta cómo era posible obtener cientos de ideas en una breve junta. La respuesta fue inolvidable. Uno de ellos recogió un pedazo de papel y dijo: "Ésta es una idea, ¿*da*?" Entonces, doblando en dos el papel dijo: "Ésta es otra idea: ¿*da*?" Doblando en cuatro el papel: "Ésta es otra idea, ¿*da*?" Siguió doblándolo hasta que había creado treinta y dos ideas que eran esencialmente equivalentes, pero nominalmente diferentes, a la primera. "¿Entienden?" Sí, ciertamente que sí. Los gerentes tomaban una idea, quizá para el uso de un tornillo diferente en una máquina, y la elaboraban como algo diferente y novedoso para cada una de esas máquinas en la planta. Claramente, como sabían estos gerentes de línea, era ridículo establecer cuotas para lo inesperado. Sin embargo, la Unión Soviética lo hacía y los gerentes estaban atrapados en medio. Nadie sabrá nunca lo verdaderamente extenso de las ideas tramposas y duplicadas que plagaron al sistema soviético. Las encontramos bastante a menudo como para saber que abundaban en el sistema y que nosotros, como los mismos soviéticos, no deberíamos creer las cifras de los informes que se basaban tan obviamente en la falsificación a todos niveles. *Oficialmente*, por supuesto, el problema de falsificación no existía.

Tan ridículo como pudiera parecer este aspecto del sistema de propuestas de racionalización, aun las compañías líder fuera de la Unión Soviética han caído en la trampa de establecer cuotas para las ideas. Tome, por ejemplo, a 3M, una de las compañías más admiradas en el mundo y especialmente renombrada por la innovación. Desde 1974, ha mantenido una política de que cada división debería tener veinticinco por ciento de sus ventas en productos introducidos los cinco años anteriores. Esta política ha venido a simbolizar la cultura de innovación de la compañía y ha recibido mucha publicidad. En 1992, el director ejecutivo Livio Desimone subió la apuesta: ahora *treinta por ciento* de las ventas tenían que venir de productos de menos de *cuatro* años de antigüedad. Hasta 1996, las cuotas para productos "nuevos" eran parte integral de la cultura corporativa de 3M, y se hacían cumplir. Los gerentes sabían bien que las promociones y bonos dependían de cumplir con estas cuotas. No era de sorprender que generalmente se cumplían (un ejecutivo decano nos contó que cuando los gerentes necesitaban cumplir con esta cuota, a menudo hacían lo equivalente a simplemente cambiar el color del producto de rojo a verde, ¿suena conocido?).

En la práctica, igual que con las cuotas de la Unión Soviética, esta política creó una mala alineación en 3M. Peor aún, la política ejercía tal presión en investigación y desarrollo para producir nuevos productos que los laboratorios de investigación tenían una reticencia natural a dedicar tiempo a mejorar productos más viejos. Además, como nos señaló otro gerente de 3M, daba fuertes incentivos para que R&D (*Research & Development*, investigación y desarrollo) pasara los productos a manufactura antes de que sus detalles estuvieran completamente resueltos. En otras palabras, a menudo la cuota de nuevos productos llevaba a problemas de calidad u otras dificultades en la parte de manufactura del negocio. Nos sorprendimos cuando nos contaron que aun en las líneas de uno de los productos más antiguos de la compañía, el proceso de manufactura no se había comprendido suficientemente bien para eliminar los problemas recurrentes con el mismo. En 1996, 3M comenzó silenciosamente a bajar de tono esta política.

Durante una visita a la planta de Honda en Saiyama, en las afueras de Tokio, el gerente de operaciones nos dijo que por primera vez, su planta sola había recibido más de un millón de ideas ese año. De algún modo abatido, nos contó su problema. Su sistema se estaba sobrecargando rápidamente de ideas que él no sentía que fueran de suficiente alta calidad. ¿Cómo podía subir la calidad de las ideas sin desalentar el entusiasmo de los empleados para iniciarlas? Hasta las compañías japonesas con programas *kaizen teian* de clase mundial no han podido resistir la atracción de las cuotas. Increíblemente, algunas compañías informan un promedio de más de mil sugerencias por empleado por año. En casos individuales, algunos empleados están proponiendo más de ocho mil por año: ¡aproximadamente treinta por día de trabajo! Hemos revisado los formularios de *kaizen teian* de algunos de estos excepcionalmente prolíficos aportadores de sugerencias. En casi todos los casos, encontramos ejemplos donde lo que podía fácilmente haberse descrito como una idea, en realidad se informaba como múltiples ideas. Más aún, muchas de las mejoras eran tan mínimas que empleados de otras compañías no se molestarían siquiera en escribirlas. ¿Suena conocido? En su búsqueda de propuestas *kaizen*, estas compañías han creado un entorno de cuotas de facto, donde los empleados (y a veces aun toda la compañía) se sienten motivados por el deseo de sobrepasarse mutuamente en términos de los simples números. Desde nuestro punto de vista, no tiene sentido administrar la creatividad mediante cuotas, ya sea implícitas o explícitas. Es la *sustancia* lo que cuenta, no la *cantidad*.

En ausencia de precios de mercado

Además de todo el daño que los premios extrínsecos hacen a la creatividad en las compañías occidentales, en la URSS hicieron aún más daño. Las propuestas de racionalización recibían premios con base principalmente en el tamaño de su "efecto económico". Habían existido unas cuantas empresas con sistemas de sugerencias en la Rusia imperial, y quizá no sea sorprendente que, en la intensidad del empuje inicial hacia el progreso socio-tecnológico, la ideología comunista tomara un asiento trasero respecto de lo que había funcionado antes. Sin embargo, un primer objetivo del comunismo soviético siempre fue abolir los precios del mercado a favor de un sistema bien intencionado de precios determinado centralmente por el Ministerio de Planeación (Gosplan). En una economía de mercado, los precios transmiten información útil. Sin embargo, en la Unión Soviética, los precios rara vez tenían una relación con los costos reales de bienes y servicios (a fines de los años ochenta, por ejemplo, la gasolina costaba menos de un centavo de dólar por galón, y un boleto de avión de Moscú a Leningrado podía comprarse por menos de dos dólares). A muchos de los materiales y suministros usados en las empresas estatales nunca se les puso ningún precio oficial en absoluto. Pero cuando se necesitaban cifras para calcular el efecto económico de una propuesta, Gosplan tenía que ingeniar (1) una forma de determinar cuáles *habrían sido* los precios, si estuviera establecido un sistema de mercado, y (2) un esquema de evaluación basado en estos números ficticios. Como puede imaginarse, los resultados eran cómicamente complejos, tan complejos, de hecho, que tuvieron que montarse escuelas especiales para entrenar a "ingenieros economistas" capaces de hacer todos los cálculos. Para el tiempo en que el sistema de propuestas de racionalización fue librado de su miseria en 1992, de estas escuelas habían egresado más de *treinta mil* graduados.

Peor aún, las listas de precios del Gosplan no siempre estimulaban la creatividad en donde se necesitaba. El director de Bolshevichka, una fábrica de ropa de mujer en San Petersburgo, nos contó que porque el precio de la ropa se mantenía muy bajo (una decisión de política, ya que la ropa era a menudo escasa y siempre de baja calidad), los precios de los textiles tenían que estabilizarse aún más abajo. Sabiendo que las propuestas que ahorrarían grandes cantidades de material serían, por lo tanto, evaluadas con casi ningún efecto, los empleados rara vez se molestaban en proponer sugerencias que ahorraran material, por precioso que podría haber sido realmente para la *rodina:* la madre patria.

Para hacer su trabajo, los ingenieros economistas requerían varios libros de tablas y fórmulas del grueso de directorios telefónicos. El incómodo proceso de evaluación necesitaba un tiempo sorprendentemente largo para terminarse. De algún modo humorísticamente, pensamos, y en una clara indicación de lo impracticable que se había vuelto el sistema, uno de los decretos finales emitidos por el Comité Central, justamente antes del fallecimiento del sistema en 1992, requería que ninguna empresa invirtiera más de dos años para evaluar e implantar una idea. Tan complejo esquema de evaluación (un misterio para todos excepto para los "altos sacerdotes") podía a menudo causar hostilidad cuando, por ejemplo, después de una larga evaluación, una idea se devolvía a su proponente habiéndosele asignado lo que parecía un efecto económico injustamente bajo.

La supresión de información de precios del mercado en el sitio de trabajo es un error que compañías fuera de la Union Soviética también cometen. El propósito de la alineación es influir en las decisiones diarias de los empleados en toda la compañía. Pero la información precisa y completa es un prerrequisito de la buena toma de decisiones. Sin ella, no importa lo bien intencionados que sean los empleados, es más probable que hagan cosas que sean contraproducentes. Muchas compañías tienen políticas y sistemas para hacer llegar información de costos a manos de todos los empleados. Por ejemplo, en la unidad de negocios de inyección de tinta de Hewlett-Packard, todos los empleados de producción saben cuánto cuesta correr la línea de ensamblaje por minuto, y en Bombardier (el fabricante de *snowmobile*, carros para la nieve, y *jet skis*, motonetas acuáticas), las utilidades de cada turno se exhiben en forma que todos las vean. Como veremos en el próximo capítulo, American Airlines también da a sus empleados fácil acceso a la información de costos.

A lo largo de su historia, el liderazgo de la Unión Soviética impulsó fuertemente el progreso científico-tecnológico. Su énfasis en ciencia y tecnología añadía un giro adicional, ya que causaba que el sistema de propuestas de racionalización diera fuerte preferencia a las ideas que contenían "soluciones técnicas". Por varias décadas, de hecho, las ideas sin contenido técnico no podían ni siquiera someterse. Hacia el final, las ideas que no eran técnicas comenzaban a regresar modestamente, aunque la mayoría de las propuestas evaluadas que examinamos tenían las palabras "y la propuesta contiene una solución técnica" escritas en forma aprobatoria por un gerente en la columna de comentarios. Aún en 1991, vimos evidencia de gran resistencia a ideas no técnicas. En la fábrica de Ismeron, encontramos un ejemplo memorable de esto. Se había sometido una idea sencilla que habría ahorrado mucho material y mano de obra de empaque, pero se rechazó porque no contenía un aspecto técnico. Al explicárnosla, la gerente del sistema de propuestas de racionalización se puso notablemente despectiva respecto a la idea. Para ella, era exactamente la clase de idea ridículamente sencilla que habría tenido que aguantar si no hubiera la ley que requería el contenido técnico. Debido a que el hecho de que una propuesta fuera técnica o no a menudo era un asunto de opinión, y la naturaleza de los precios y premios era tan caprichosa, surgían frecuentes disputas. Para manejar el enredo resultante nació una enorme burocracia de apelaciones, completamente distinta (pero aún así paralela).

No obstante, el sistema todavía perpetró injusticias que aun la burocracia de apelaciones no tenía poder para corregir. Nos encontramos con un ejemplo así en Mariental, una gran panadería municipal en el pueblo de Pushkin, donde un trabajador había hecho una sugerencia sobre cierta refacción costosa para el equipo yugoslavo automatizado de horneado de pan de la compañía. Antes de su propuesta, la parte tenía que comprarse al fabricante extranjero con divisas fuertes, que eran difíciles de obtener. El trabajador había ideado una manera de hacer él mismo la parte en el propio taller de máquinas de la panadería. Aunque nadie en la panadería tenía ninguna duda de que la idea habría ahorrado mucho dinero, según las reglas tenía que evaluarse como sin ningún efecto económico en absoluto. La panadería se metió en este problema cuando contactó al Ministerio de Comercio (a través del cual tenían que comprarse todas las partes extranjeras) para averiguar el precio de la parte, con el fin de determinar el premio del trabajador. La respuesta llegó: el precio era un secreto de estado y no podía divulgarse. Aun cuando esa idea tuvo un enorme impacto económico, la panadería de Mariental no tuvo más opción que tratarla como una propuesta con efecto económico cero. Mientras otros recibían premios de ganancias inesperadas por ideas menos importantes y hasta tramposas, este trabajador recibió casi nada.

Cómo puede amenazar a un gerente la creatividad

Había además otro defecto en el sistema soviético, que por sí solo lo habría llevado al desastre. En una economía de mandato con constante escasez, ningún gerente esperaba recibir una idea de un subordinado que diera como resultado importantes ahorros en materiales o equipo. Por ejemplo, si un gerente recibía una sugerencia que ahorraría cientos de toneladas de acero cada año, en primer lugar podría bien acabar siendo acusado de no hacer su trabajo en forma apropiada y se le preguntaría: "¿Por qué no pensó usted en eso antes?" Aún peor, al capricho de los superiores que podrían necesitar un chivo expiatorio por no cumplir con sus propias cuotas, una sugerencia con enorme impacto podría acarrear sobre el desventurado gerente uno de los cargos más serios en la Unión Soviética: *sabotaje económico*, un cargo vago a menudo usado por Stalin en las depuraciones de los años treinta y cuarenta. Se preguntaba a los gerentes: "¿Por qué ha estado desperdiciando estos materiales tanto tiempo?" Si se les condenaba por sabotaje económico, enfrentaban no sólo la pérdida de sus trabajos y la expulsión del Partido (negándoles el acceso a importantes privilegios como mejor comida, casa y servicio médico), sino largas sentencias en prisión e incluso posiblemente la ejecución.

A pesar de la naturaleza elaborada e integral del proceso de planificación, los planes resultantes eran a menudo bastante poco realistas, de nuevo por varias razones. Primero, los objetivos nacionales a menudo los establecían de forma aparentemente caprichosa líderes que estaban completamente sin contacto con la realidad o simplemente no les importaba. En *The New Russians*, por ejemplo, Hedrick Smith cuenta cómo las escandalosas cuotas de algodón que se demandaban a la República de Uzbekistan en la era de Brezhnev, forzaban a sus granjeros a usar tan grandes cantidades de pesticidas y fertilizantes químicos que el área quedó reducida a un terreno de desperdicio a nivel ambiental. En palabras de un investigador de la policía de Uzbekistan:

> *Moscú provocó esta situación, este crimen: concretamente, Brezhnev y su camarilla en el politburó... Simplemente impusieron a Uzbekistan una cuota de algodón totalmente fuera de la realidad: una cuota de seis millones de toneladas. Simplemente sacaron este número de cualquier parte, frívolamente. Uno de nuestros registros describe el pleno (del Partido) en el que Rashidov estaba prometiendo producir cinco y medio millones de toneladas de algodón. Brezhnev murmura su nombre y dice, "Sharafchik (el apodo íntimo de Rashidov), por favor, redondéala. Aumenta medio millón más." Rashidov, siendo más un político prostituido que un líder, inmediatamente contesta: "Sí, sí, camarada secretario general. Nosotros en Uzbekistan produciremos seis millones de toneladas de algodón." Así fue como se hizo: "voluntariamente", como solíamos decir.[6]*

La cuota de Brezhnev, según Hedrick Smith, era imposible de cumplir. Simplemente engendró "cosechas fantasma, registros falsos, teneduría de libros falsa, una pirámide de mentiras, latrocinio y sobornos". En el papel las cuotas siempre se cumplían. Sin embargo, con cada nivel falsificando los datos para mantener las apariencias, ni los altos líderes soviéticos podían confiar en las cifras oficiales, y así nunca sabían los resultados reales de sus acciones. Planear en un entorno tal, sólo podía producir malos resultados.

Los planes económicos dictaban los insumos y productos de cada empresa soviética: lo que recibiría de sus proveedores y lo que se suponía que produciría. La fuerza que impulsaba a la economía soviética, el único ingrediente que la mantenía funcionando pese a todo lo que estaba mal, era el *temor*. Los gerentes se apegaban a sus planes de producción sin importar qué pasara, aun cuando no recibieran los suministros precisos que los planes les prometían. Si algo imprevisto sucedía, simplemente era demasiado malo. En la fábrica de aspiradoras de Leninetz en el centro de San Petersburgo, nos encontramos con un ejemplo impresionante de la inventiva que dichas situaciones requerían a menudo. Era cerca de fin de mes, y varios días antes un tren que llevaba el embarque de mangueras de aspiradora desde Georgia (soviética) para la fábrica, se había descarrilado por la guerra civil que había allí. De pronto, el director de la empresa tenía un faltante de mangueras para quince mil aspiradoras que se necesitaban para cumplir con la cuota mensual en sólo unos días. Pero como muchos gerentes que encontramos en la URSS, él era un consumado solucionador de problemas. Unas llamadas de teléfono le dieron el respiro que necesitaba. Un amigo que dirigía el departamento de servicios municipales de la ciudad pudo arreglar que le "prestaran" decenas de kilómetros de la manguera para agua de la ciudad, a cambio de algún favor futuro no especificado. Los ingenieros de la fábrica rápidamente instalaron una línea de ensamble improvisada para cortar y doblar la manguera y fijarle las boquillas y otros aditamentos. A corto plazo, habían producido un sustituto plausible para la manguera de Georgia interceptada. Las aspiradoras tal vez parecieron un poco extrañas a los consumidores soviéticos, pero la empresa cumplió con su plan. Cómo cubrieron los dos gerentes la desaparición de la manguera de la ciudad, no sabemos. Quizá la reportaron como robada, o perdida en un incendio. Quizá simplemente no informaron en absoluto, poniendo a los planificadores, para quienes seguía estando en libros, todavía un paso más lejos de la realidad.

El hecho de que los gerentes se sujetaran tan estrictamente a sus planes, ya sea que se materializaran o no las entregas prometidas de suministros, llevó a un acaparamiento extraoficial de inventarios de materias primas. En la mayoría de las empresas, se pusieron controles estrictos en los almacenes; a menudo sólo el ingeniero en jefe y el director de la planta tenían llaves. En una de las ocasiones memorables en que sí tuvimos éxito en lograr que un gerente soviético nos enseñara su almacén, después de un largo procedimiento para abrir las chapas, dio un paso a un lado y anunció orgullosamente (con la obvia aprobación del personal que lo acompañaba), "¡Veinte años!" Y en verdad, ante nuestros ojos estaban veinte años de materias primas, una cantidad tan asombrosa de inventario como para que él hubiera podido ponerlo fuera de libros. Ya que los planificadores no sabían de éste, su trabajo y el de sus subordinados (a quienes les encantaba trabajar para un director tan capaz) estaría relativamente libre de tensión, y seguro para el futuro previsible. Sus acciones e intereses, y las de los incontables gerentes en situaciones similares en todo el país, estaban bastante fuera de alineación con las necesidades del país y, si vamos a eso, con los objetivos declarados del liderazgo del país.

El cliché soviético "simulamos que te pagamos y tú simulas que trabajas" estaba muy cerca de la verdad. Desafortunadamente, toda la política de empleos del país también creaba una mala alineación particularmente insidiosa. Cuando le preguntamos a los gerentes qué consideraban que fuera el problema más grande al que se enfrentaban, casi invariablemente la respuesta era: falta de trabajadores. Esto era sorprendente, pues si algo había es que las empresas soviéticas siempre parecían tener demasiados trabajadores, mucho más de lo que sus contrapartes en occidente. En la fábrica de aspiradoras que acabamos de comentar, el director señaló a una línea de ensamble que, según él, requería unos ochenta trabajadores, aunque sólo tenía cuarenta. Cuando sugerimos una obvia reorganización del trabajo que permitiría que se hiciera más fácilmente con unas treinta y cinco personas, el gerente estuvo de acuerdo, pero luego explicó que no podía hacer ningún cambio al proceso sin permiso del Gosplan en Moscú. Esto significaba que para él la única manera de cumplir su cuota de producción era contratar cuarenta trabajadores más. Varias experiencias como ésta, junto con algunos intercambios informales alrededor de una copa de vodka en otras empresas, dejaron abundantemente claro que el Gosplan estaba persiguiendo dos objetivos conflictivos con una estrategia deliberada. Por una parte, quería incrementos rápidos en la productividad, pero al mismo tiempo estaba extremadamente renuente a reasignar trabajos, aun dentro de una misma planta. Al diseñar cada proceso para que mantuviera un nivel deseado de ineficiencia, los planificadores podían establecer su meta en cierta cantidad de producción usando exactamente el número de personas que querían. Y una vez que el proceso de manufactura se determinaba, el sistema soviético ponía una intensa presión en cada uno para una máxima producción.

El movimiento Stakhanovita que comenzó al principio de los años treinta (nombrado así por el minero de carbón Alexei Stakhanov, quien excedió su cuota en 1,300 por ciento) era un fruto natural de esta filosofía mal encaminada. Usándolo como el símbolo del heroico trabajador soviético, el gobierno estableció un sistema en el que todos los trabajadores que excedieran su cuota por 30 o 50 por ciento (dependiendo del trabajo) ganarían el título "Stakhanovita". Armado con este título, un trabajador tenía derecho a privilegios especiales, como por ejemplo mejor casa, el derecho a comprar en las tiendas designadas a altos funcionarios del Partido, y servicio médico superior. Desgraciadamente, el movimiento Stakhanovita era corrupto desde el principio: en realidad, se limitaba a dar a los supervisores el poder de dispensar arbitrariamente favores a los subordinados. Casi cualquiera podía exceder con mucho su cuota si, durante el periodo de prueba, se le concedían las herramientas apropiadas y acceso a suficientes materiales de calidad decente, como se hizo con Stakhanov mismo para su proeza. También abundan historias de trabajadores que dañaban su equipo de producción (también en colusión con sus supervisores) en su ansia por obtener el título

Stakhanovita. Para 1940, más de la *mitad* de la población trabajadora de la URSS había sido declarada Stakhanovita, y el movimiento estaba comenzando a perder vapor.[8] En su apariencia, la esencia del Stakhanovismo era alentar a los trabajadores a romper récords bajo las condiciones *existentes*, pero generalmente esas mismas condiciones tenían que ser temporalmente mejoradas para hacer posible que esto pasara. En resumen, había pocos Stakhanovitas reales. Al prohibir cualquier destrucción creativa a menos que Gosplan la planeara, el gobierno estaba impidiendo al cuadro altamente competente de gerentes de empresa del país, instituir justamente las ganancias en productividad que oficialmente buscaba, y que estos gerentes podían fácilmente haber producido. Los mensajes mezclados del Gosplan con respecto a ideas no planeadas, ciertamente impidieron a la Unión Soviética lograr la creatividad que Lenin y Marx imaginaban que impulsaría el progreso científico-tecnológico y llevaría al triunfo del comunismo.

El sistema de propuestas de racionalización estaba plagado de reglas insignificantes que creaban una mala alineación. Una particularmente destructiva gobernó la situación en que un empleado a destajo dio una idea que tendría como resultado una norma de producción más rápida. Bajo esta regla, se permitía a la persona seguir trabajando al ritmo anterior más lento por seis meses, mientras que a sus compañeros de trabajo se les cambiaba inmediatamente al ritmo más demandante. Naturalmente, los empleados evitaban proponer ideas que incurrirían en el enojo de sus colegas. Otra regla asombrosamente contraproducente surgió del hecho de que los premios se basaban en su efecto económico durante un periodo de tres años. Como era difícil predecir este efecto, los premios se pagaban en abonos al irse poniendo en claro el efecto de la idea. Si una idea mejor y más nueva aparecía en este periodo, la regla establecía que deberían suspenderse inmediatamente los pagos subsecuentes al primer proponente pues la idea reemplazada debía cancelarse de inmediato.

Numerosos empleados también se quejaron con nosotros de que sus supervisores a menudo rechazaban una idea, sólo para someterla unos meses después como propia. Aunque a menudo no se reconoce, el problema de que los supervisores se robaran las ideas de sus subordinados (tan evidente en la Unión Soviética) está presente en casi todas las compañías que tienen un sistema de sugerencias. Tal como advertía el programa de Capacitación en métodos de trabajo de TWI en 1943, en época de guerra: "Una idea robada detendrá a todas las demás."[9] No es sorprendente que los empleados de línea se sientan renuentes a contar a sus gerentes sus temores en este respecto. Recuerde que aun John Patterson no estaba enterado del problema en NCR, hasta que preguntó a un empleado de confianza, que había trabajado con él en una compañía anterior y donde había hecho muchas sugerencias de mejoramiento, por qué estaba callado. Hemos visto a las compañías ir a grandes extremos para eliminar el problema de las ideas robadas, como registros dobles para asegurar que una copia de todas las sugerencias también llegue a alguien distinto del supervisor inmediato. Pero tales medidas rara vez tienen éxito. El problema real es que la creatividad está ligada demasiado directamente a los premios.

Nuestro propósito, en este capítulo y el próximo, es demostrar la relación clave entre alineación y creatividad, y describir lo que puede hacer una compañía para alinearse. El sistema soviético de propuestas de racionalización se implantó en el entorno peor alineado que hemos visto jamás, y no es sorprendente que haya producido tan poca creatividad. Pero la mala alineación no está confinada a la Unión Soviética. Como comentamos al principio de este capítulo, miraremos una compañía que está fuertemente alineada y mostraremos cómo esta alineación promueve la creatividad. Pero también describiremos cómo la alineación es una espada de doble filo; al mismo tiempo que promueve la creatividad de una organización, también la limita.

Puntos principales

La alineación es el grado en que los intereses y acciones de cada empleado apoyan los objetivos clave de la organización.

La creatividad corporativa es más sensible a la alineación que cualquier otro aspecto del negocio o de la administración. Una compañía tiene que estar fuertemente alineada para ser consistentemente creativa.

Cuando se trata de obtener un lugar en la agenda de la compañía, la alineación comienza con dos puntos en contra. Es a la vez *intangible* y *difícil de lograr*. Las compañías bien alineadas son excepcionales.

Por esto la alineación sobresale en las explicaciones de Administración de calidad total (Total Quality Management) (que Joseph Juran definió como "aquellas acciones necesarias para obtener calidad de clase mundial") y de las compañías "visionarias", las pocas selectas que han avanzado en el campo durante el último siglo.

Cualquier forma de cuotas por ideas, ya sea explícita o implícita, es contraproducente.

Precisamente por esa razón 3M abolió efectivamente sus cuotas de creatividad en 1996.

El esfuerzo más ambicioso en la historia por promover la creatividad ocurrió en la Unión Soviética. Fracasó principalmente a causa de una alineación extremadamente mala. Pero las malas alineaciones, que son tan fáciles de ver en el sistema soviético, pueden también encontrarse en muchas compañías de occidente.

Aunque, oficialmente se suponía que los gerentes soviéticos debían alentar ideas de sus subordinados, realmente podía ser peligroso para ellos recibir una idea muy buena: de hecho, hasta podían ser acusados de sabotaje económico, un crimen tan grave como la traición.

Capítulo seis

ALINEACIÓN: EL PRIMER ELEMENTO ESENCIAL

Tengo el gusto de anunciar el inicio de un nuevo programa que esperamos producirá grandes cambios en American Airlines. El programa del que hablo está diseñado para que ustedes usen su creatividad, su conocimiento y sus ideas. Como todos ustedes saben, para seguir siendo competitivos y rentables en este siempre cambiante negocio de las líneas aéreas, tenemos simplemente que encontrar nuevas maneras de controlar gastos y de generar ingresos. . . . Queremos que ustedes nos digan cuáles son esas mejores maneras. . . . Escucharemos, responderemos y daremos premios.

ROBERT CRANDALL, CEO (*Chief Executive Officer*, director ejecutivo) de American Airlines
Discurso a los empleados al inaugurar el sistema IdeAAs en acción, 1989

Si John Patterson de NCR pudiera haber visto IdeAAs en acción, el sistema de American Airlines para la creatividad corporativa, habría reconocido un sistema notablemente similar al suyo. En 1996, IdeAAs en acción ahorró a la compañía unos 43 millones de dólares. Cien años después de que John Patterson fue pionero del sistema de NCR, American Airlines es la única compañía, de la que sabemos, que ha podido implantar un sistema de sugerencias tan bien como lo hizo Patterson; y no podría haber sido tan exitoso sin su nivel excepcionalmente alto de alineación para ahorros en costos. En cuanto a creatividad corporativa se refiere, el CEO de American, Robert Crandall, ha llevado a su compañía a un lugar muy similar al que Patterson llevó la suya. Aunque ya hemos comentado sobre John Patterson y su sistema, no lo hemos hecho desde el punto de vista de la alineación. Volvamos ahora a Robert Crandall, al sistema de IdeAAs en acción, y a la excepcionalmente fuerte alineación en American Airlines.

Poner los objetivos en claro

Crandall se unió a American como su director de finanzas en 1973. Como podría esperarse en su puesto, y en todo caso en el de cualquier ejecutivo en la industria de las aerolíneas a punto de entrar en el caos, su trabajo era vigilar los gastos. Pero Crandall sobresalió, aun en el negocio de las aerolíneas, a causa de su implacable manera de recortar costos. Cuando asumió el cargo de presidente en 1981, los empleados rápidamente captaron el mensaje de que American sería ahora una aerolínea particularmente consciente de los costos. (A lo largo de estos comentarios, deberá entenderse que, como en la mayoría de las aerolíneas, American Airlines está aún más fuertemente alineada en función de la seguridad. Siempre que los ahorros en costos entran en conflicto con la seguridad, la seguridad es la elección evidente. No deseamos dar a entender algo distinto.) Hay dos historias sobre Crandall que ilustran su casi fanática atención en el presupuesto.

Al inicio de su cargo, como una forma de llamar la atención de toda la organización sobre la nueva conciencia de costos con que esperaría que los gerentes manejaran sus operaciones, él personalmente revisaba los presupuestos de cada unidad de negocios, hasta el nivel de estación individual. Para Crandall, ésta era también una excelente manera de conocer con detalle la compañía a la que acababa de unirse. La laboriosa naturaleza de estas revisiones se hizo parte de la leyenda Crandall dentro de la aerolínea. Y en verdad transmitían el mensaje deseado: un mensaje que influiría fuertemente en la naturaleza de la creatividad de la compañía.

Una de las más pequeñas estaciones en el sistema de American estaba en St. Thomas, en las Islas Vírgenes. Como un servicio a sus clientes, la estación manejaba una pequeña bodega de carga donde guardaba mercancía a su llegada o antes del embarque. Parte de esta carga era muy valiosa. Por ejemplo, un cliente importante de American en St. Thomas era Timex, que había montado una fábrica allí para ensamblar sus relojes electrónicos. A menudo la estación se encontraba con que tenía que almacenar componentes de relojes en su bodega de un día para otro. Porque estas partes eran caras (y no eran los únicos objetos valiosos en la bodega), se convirtió en blanco favorito de los ladrones. Al principio, la estación había contratado a tres guardias de seguridad de tiempo completo, lo que sí eliminó el problema. Con el tiempo, bajo el cuestionamiento implacable de Crandall sobre cada gasto en la revisión del presupuesto anual de la estación, se recortaron los guardias a dos, luego a uno, y luego a uno de medio tiempo. Finalmente los guardias se eliminaron por completo a favor de un perro guardián. Pero aún así Crandall no se calmó.

Desde entonces, la subsecuente secuencia de revisiones de presupuesto para esa estación se hizo bien conocida dentro de American Airlines. Comenzó cuando Crandall revisaba los gastos de la estación con su gerente, George

Elby. Una línea del presupuesto de Elby era para "servicios adquiridos". Cuando Crandall preguntó sobre esta partida, Elby explicó que se había pagado a la compañía que proporcionaba el perro guardián. Crandall señaló que Elby podía reducir aún más los gastos contratando al perro guardián por sólo tres noches a la semana, al azar, de modo que los ladrones nunca supieran si el perro estaba adentro de la bodega o no. Elby regresó a St. Thomas, lo probó y funcionó. Al año siguiente, en la revisión del presupuesto, Crandall de nuevo cuestionó la partida de "servicios adquiridos" de Elby, aun cuando ahora era considerablemente menor que antes. Cuando Elby le recordó que era para pagar un perro guardián en tres noches escogidas al azar por semana, Crandall preguntó si el esquema había tenido éxito para mantener alejados a los ladrones. Cuando se le dijo que sí, Crandall le dio a Elby una nueva serie de órdenes de marcha: comprar una grabadora de cinta, grabar el ladrido del perro, y luego reproducir la grabación con un programador de tiempo, de modo que se engañara a los ladrones y creyeran que un perro guardián real estaba dentro de las instalaciones. Al regresar a St. Thomas, Elby hizo esto, y ¡funcionó también![1]

Una segunda historia sobre recorte de presupuesto de Robert Crandall también se volvió legendaria en American Airlines. Después de muchos años de recoger charolas de comida en las cabinas de los aviones, los aeromozos concluyeron que la mayoría de los pasajeros no comían las aceitunas de sus ensaladas. De algún modo este hecho llegó a la atención de Crandall, quien ordenó un estudio para determinar cuánto dinero se ahorraría si se eliminaran las aceitunas de las ensaladas. El estudio mostró que de hecho 72 por ciento de los clientes no estaban comiendo sus aceitunas. Más aún, la aerolínea pagaba por las ensaladas con base en el número de componentes que llevaban: sesenta centavos por hasta cuatro componentes y ochenta centavos por cinco a ocho componentes. La aceituna era el quinto componente. Se descontinuaron las aceitunas para un ahorro de más o menos 500 mil dólares por año. Poco después de esto, una asociación de cultivadores de aceitunas se enteró de esto. Contactaron a Crandall y amenazaron con boicotear la aerolínea si no se restituían las aceitunas a las ensaladas. Después de algunas negociaciones, American convino en surtir cada vuelo con aceitunas y ponerlas a disposición de cualquier pasajero que las solicitara. Este arreglo no requirió servicio extra, pues ya se ponían aceitunas a bordo de todos los aviones para los martinis.

No es sorprendente que Robert Crandall desempeñara un liderazgo fuerte y visible para un programa como IdeAAs en acción, con su alto potencial para ahorros en costos. En 1996, el programa tenía un personal de cuarenta y siete empleados de tiempo completo dedicado a supervisar la evaluación e implantación de aproximadamente diecisiete mil ideas por año. No sabemos de ninguna otra compañía en el mundo que haya comprometido esta clase de recursos a un sistema de sugerencias. Cualquier idea que no se ha terminado, de una manera u otra, en 150 días se turna automáticamente al escritorio de Crandall. La amenaza de que una propuesta se "crandallice" da un mayor incentivo a todas las personas implicadas en su procesamiento, para ver que su propio trabajo se complete en forma expedita. Nadie quiere que lo llamen a la oficina de Crandall para explicar por qué ha demorado una idea que podía haber ahorrado dinero a la compañía.

Creatividad en la línea

Demos ahora un vistazo a una muestra de ideas que han llegado al programa IdeAAs en acción de toda la compañía, y cómo éstas reflejan la fuerte alineación de la aerolínea para ahorros en costos.[2]

Aeromozos

En enero de 1991, cuando Kathryn Kridel envió una idea que daría como resultado un enorme ahorro en costos para American Airlines, ella era sobrecargo (*purser*) de la nave en los vuelos trasatlánticos (*purser* es el término que la mayoría de las líneas internacionales usan para el aeromozo en jefe). Según ella, podría no haber tenido nunca su idea si no hubiera estado en marcha la Guerra del Golfo. Durante este tiempo, había un temor muy real de que Iraq trataría de traer la guerra a occidente mediante el terrorismo. A causa de esta amenaza, todas las principales líneas internacionales sufrieron una grave reducción en la demanda de viajes trasatlánticos. La seguridad era estricta: cada tripulación de American Airlines que tuviera que pasar la noche en cualquier lugar de Europa se llevaba a un lugar secreto, escoltado hacia y desde el aeropuerto por guardias armados. Algunos asistentes de vuelo estaban tan preocupados por la situación que pidieron permisos para faltar durante largos periodos. Los tiempos eran tensos, y ya que el *purser* también actúa como aeromozo en la cabina de primera clase, Kridel vio los efectos de esto tan directamente como cualquiera. Los pasajeros de primera clase generalmente van de negocios, y los viajes de negocios decayeron más que cualquier otra categoría. Muy seguido Kridel se encontraba con sólo uno o dos pasajeros a quienes atender. A veces, no tenía ninguno en absoluto.

Antes de cada vuelo, la división de servicio de alimentos de American, cuyo sistema estaba ligado al sistema de reservaciones, acostumbraba calcular cuántas comidas y bebidas subir a bordo, tomando en cuenta los viajeros que no se presentan (*no shows*), que en algunas rutas europeas podían llegar a tanto como noventa personas. En primera clase, cuando la carga era ligera, el aprovisionamiento también se disminuía. Por ejemplo, si sólo había un pasajero de primera clase y el menú ofrecía cuatro opciones de entrada, entonces sólo una de cada una se pondría a bordo. Hasta allí, todo bien. Pero los procedimientos de aprovisionamiento de la división de servicio de alimentos habían pasado por alto un punto de este proceso. Sucedió que era el artículo de comida más caro a bordo: el caviar Sevruga Malossol.

No importa cuántos pasajeros de primera clase abordaran el vuelo, siempre se surtía al avión con una lata de 200 gramos de caviar, una cantidad cómoda para el complemento total de trece pasajeros en la cabina de primera clase. Cada lata costaba como 250 dólares. Durante la Guerra del Golfo, con su cabina casi siempre vacía, Kridel no pudo evitar notar que iban a desperdiciarse enormes cantidades de caviar. Lo que los aeromozos y pilotos mismos no pudieran comer (y la mayoría rápidamente se cansó de él) simplemente se tiraba a la llegada. Esto molestaba a Kridel y la llevó a enviar una idea. Fue que la línea comprara su caviar en latas más pequeñas, de modo que cuando la carga de pasajeros fuera ligera, se pondría menos caviar a bordo.

La respuesta de IdeAAs en acción vino rápidamente. Era una carta de rechazo, agradeciendo a Kridel, pero también diciéndole que la idea no era factible en ese momento. Se imaginó que debería haber buenas razones de por qué no podía hacerse el cambio y olvidó por completo el problema del caviar. Sin embargo, detrás de escena, sin que lo supiera, las ruedas habían empezado a rodar. En junio de 1993, casi dos años después, mientras esperaba para abordar un vuelo en Miami, Kridel se sentó en el salón de descanso de la tripulación para leer su correo electrónico. Se había enviado un anuncio general para todos los *pursers*. Decía algo así: "Efectivo de inmediato, las cabinas de primera clase ya no se surtirán con una lata de 200 gramos de caviar, sino en vez de eso con dos latas de 100 gramos cuando haya siete o más pasajeros, y con una lata para menos de siete pasajeros." El cambio afectó unos cuarenta y tres mil vuelos por año a América Latina, Japón y Europa. Kridel nos dijo que sonrió para sí y pensó, "Bien, qué bueno. La compañía finalmente se puso lista." Y no pensó más en ello, ni en el hecho de que ella podría tener derecho a un premio. Sin embargo, tres meses después tuvo una agradable sorpresa: una carta de IdeAAs en acción diciéndole que su idea había reducido el consumo anual de caviar de la compañía de 3 millones de dólares, a 567,000 dólares ese año, y que su premio era de 50,000 dólares. Sus colegas la bautizaron como la "reina del caviar", un nombre que a menudo se usa cuando se habla de ella a los aeromozos más jóvenes.[3]

Capacitación

Cuando IdeAAs en acción inició, la primera propuesta que se recibió fue la de un gerente de la academia de capacitación de la aerolínea, en Dallas, Texas. Señalaba que la academia estaba capacitando a miembros de la tripulación con extinguidores de incendio nuevos, comprados expresamente para este fin. Sugería que el trabajo podía hacerse con muchos menos gastos usando extinguidores de incendio que ya hubieran expirado, que podían entregarse a la academia de capacitación al ser retirados de servicio activo en los aviones. Aunque su vida oficial se había terminado, todavía serían perfectamente buenos para la práctica. Su propuesta se aceptó y fue fácil implantarla. Se cambiaron los procedimientos de modo que, en vez de deshacerse de los extinguidores que habían expirado, las operaciones de la aerolínea los remitirían a un punto central de recolección. De ahí, serían enviados después a la academia de capacitación. Esta propuesta no sólo eliminó completamente la necesidad de comprar extinguidores de incendio nuevos y caros para la capacitación, sino que muchos cientos de extinguidores estaban disponibles para este fin, mejorando la capacitación misma y, por lo tanto, mejorando la seguridad.

Mantenimiento

Una idea que envió un mecánico es particularmente memorable por lo que incluyó con la forma. En la parte superior izquierda, fijó una tuerca con un alfiler de seguridad azul para pañales. En el lado derecho, un alfiler de seguridad color rosa para pañales tenía una tuerca idéntica. El mecánico explicó que el alfiler de seguridad azul para pañales sostenía una tuerca de un McDonnell Douglas DC-10, por la que American estaba pagando 1.19 dólares por unidad. El alfiler de seguridad rosa para pañales tenía una tuerca, también del McDonnell Douglas, pero para el Super-8, por la que la aerolínea estaba pagando 79 centavos de dólar. El mecánico escribió que, en su opinión, las dos tuercas eran la misma, y que American debería estar pagando 79 centavos por todas esas tuercas. El gerente de contabilidad de IdeAAs en acción envió la idea al departamento de ingeniería, el cual, trabajando junto con McDonnell Douglas, encontró que las dos tuercas eran en verdad la misma. A causa de esto, McDonnell Douglas redujo el precio de la tuerca a 79 centavos, y como American usaba tantas tuercas de éstas cada año, los ahorros estimados por la idea resultaron ser de 300,000 dólares. El mecánico recibió 37,500 dólares por su idea. En general, American hace todos los esfuerzos por hacer llegar la información de costos y precios a sus mecánicos, para abrir la puerta a mejoras como ésta. Los ahorros por las ideas que surgen son tremendos, y también significan premios para los que las proponen.

En el nuevo centro de mantenimiento en Alliance, Texas, nos presentaron a un mecánico de estructuras y del grupo motopropulsor del avión quien, con un compañero, había presentado una idea en 1995 que había ganado el premio máximo de 50,000 dólares. Los dos hombres habían reunido datos que mostraban que un paso de mantenimiento particularmente caro que se hacía a los motores Rolls-Royce RB211 durante sus principales revisiones generales programadas (aproximadamente una vez cada tres a cuatro años) era en gran parte innecesario. El procedimiento estándar había sido quitar todos los varios cientos de aspas del estator del motor de turbina y mandarlas a un subcontratista para limpiarlas, pulirlas y reconstruirlas. El mecánico y su compañero habían demostrado que, cuando menos en los motores en los que ellos estaban trabajando, si bien era cierto que cada aspa del estator necesitaba *limpieza*, no todas ellas requerían *pulido*, y sólo veinte por ciento de ellas realmente necesitaban reconstruirse. La idea fue enviada al departamento de ingeniería para su estudio y decisión. Cuando se aprobó, el ahorro promedio de ochenta dólares por aspa significó ahorros de 30,000 dólares por cada revisión de motor. Con un promedio de cincuenta motores RB211 en revisión general en las instalaciones cada año, esta idea valía más de 1.5 millones de dólares y ganó el premio máximo. Mediante ésta y sus otras ideas, el mecánico nos contó, había aumentado 45,000 dólares a su cheque de pago en 1995.

Pilotos

De modo similar, con los miles de vuelos que American operaba diariamente, las propuestas que ahorraran combustible podían rápidamente sumar importantes cantidades de dinero. Un día, en el centro de operaciones de Miami, Florida, un piloto se quejó con la despachadora de tripulación de que era ridículo que su vuelo de salida de Miami siempre tenía que hacer un largo rodeo alrededor de la base Homestead de la Fuerza Aérea. Quizá, señaló el piloto, esto tenía sentido antes de que el huracán Andrew hubiera arrasado completamente la base, pero como la base ya no existía y de hecho oficialmente se había cerrado, ¿por qué los vuelos de salida o de llegada a Miami seguían teniendo que volar alrededor de la base fantasma? Para American Airlines, significaba que seis de sus vuelos diarios de salida de Miami tenían que gastar once minutos extra en el aire. Anualmente se estaba desperdiciando una gran cantidad de combustible. ¿Por qué no simplemente *atravesar* el espacio aéreo de la antigua Homestead, en vez de *rodearla*?

Resultó ser que la despachadora de tripulación con quien hablaba el piloto era una IdeAAbogada (*IdeAAdvocate*) que había recibido capacitación especial y la habían asignado para estimular ideas en la estación de Miami (en breve, hablaremos algo más sobre los *IdeAAdvocates*). Tal como se le había preparado, ella lo exhortó a hacer algo sobre su queja. "Bien, ¿Por qué no va usted a la Administración Federal de Aviación (FAA) y habla con ellos?" Una cosa llevó a otra, y con el tiempo, el piloto, junto con el Centro de control de operaciones y el Departamento de vuelos, se acercaron a la FAA, que aceptó su propuesta. El espacio aéreo sobre la antigua base Homestead de la Fuerza Aérea ya no está restringido, y ahora todos los aeroplanos (no sólo los de American) pueden hacer una llegada directa a las pistas de Miami. Esto no sólo ayudó al ambiente, sino que también ahorró a American 900,000 dólares por año.

El sistema SABRE

Una idea aparentemente pequeña, referente al sistema automatizado SABRE de reservaciones de la compañía, terminó ahorrando millones de dólares cuando se implantó. Cada vez que American instalaba o actualizaba una nueva terminal de computadora para este sistema, ya sea dentro de la compañía o en una agencia de viajes, la terminal tenía que conectarse con una línea especial a la unidad principal de SABRE en Tulsa, Oklahoma. Previamente, los técnicos habían instalado una toma de corriente de veinticuatro conexiones en la pared cercana a donde las terminales iban a localizarse. Esto significaba que los usuarios de SABRE tenían que comprar, por aproximadamente cuarenta y cinco dólares, un cable de conexión para enchufar sus terminales en las tomas de corriente de la pared. Un técnico de SABRE propuso un nuevo procedimiento de cableado que eliminaba al cliente la necesidad de comprar este cable conector. En vez de instalar la toma de corriente de veinticuatro conexiones, propuso dejar un trozo de cable con una clavija de veinticuatro conexiones colgando de la pared de modo que pudiera conectarse directamente en la parte posterior de las terminales. Los ahorros a nivel del sistema para los clientes se estimaron ser de millones de dólares.

Despacho de vuelos

Otra idea, propuesta por un equipo de despachadores de vuelos, señalaba un error de *software* en el programa de planificación de vuelos de la computadora de la compañía. Las reglamentaciones de FAA requieren que se cargue un diez por ciento extra de combustible como reserva en ruta (arriba y por encima de las reservas normales) para porciones de vuelo que son sobre agua. De algún modo, un programador se había equivocado, así que en algunos casos el programa también añadía el diez por ciento extra de combustible de reserva para las porciones de vuelo que eran sobre tierra. En otras palabras, las naves de American Airlines a veces habían estado cargando exceso de peso equivalente al diez por ciento de su combustible. Los ahorros por esta propuesta se estimaron en 900,000 dólares anuales.

Abogados para apoyar las ideas

Una iniciativa que resultaría ser sumamente importante para IdeAAs en acción surgió de una propuesta inicial para mejorar el programa mismo. Quien lo sugirió argumentaba que llegarían más ideas si el programa tuviera representantes de campo, en lugar de manejarlo completamente desde las oficinas generales en Dallas. Su idea llevó al programa de IdeAAbogados (*IdeAAdvocates*). Los IdeAAbogados son empleados especialmente designados que están de acuerdo en servir como representantes de IdeAAs en acción en la línea de sus estaciones locales, donde tratan de incrementar la participación e interés en el programa y actuar como los "ojos y oídos" del centro en Dallas.

Cada año, cada estación de campo nombra a una persona para ser su IdeAAbogado. Idealmente, esa persona es amigable, extrovertida y emprendedora. Los IdeAAbogados son voluntarios, y aunque no son elegibles para proponer sugerencias, sí ganan un bono de cien dólares, y 50 dólares adicionales por cada trimestre en que las tasas de participación se incrementen en su estación. Aun cuando los deberes del trabajo deben llevarse a cabo en el horario propio del IdeAAbogado, no hay escasez de solicitantes para estos puestos, ya que un periodo como IdeAAbogado se percibe generalmente como un paso hacia un puesto administrativo. Es también una oportunidad para un importante crecimiento personal, ofreciendo una posibilidad de aprender más sobre las operaciones de la compañía, de conocer y tratar con múltiples niveles de la administración, y de mejorar las habilidades analíticas propias. Todos los IdeAAbogados asisten a conferencias regionales anuales, donde tienen oportunidad de interactuar con otros IdeAAbogados de estaciones en todo el sistema norteamericano.

Antes de asumir sus nombramientos de un año, los IdeAAbogados reciben un día de capacitación en Dallas. Se les muestra cómo funciona el proceso de evaluación y cómo llenar los formularios de IdeAAs en acción. El grupo trata los tipos de sugerencias que el programa busca y se les dan ideas para promover la participación en sus estaciones. Durante la sesión de capacitación, cada IdeAAbogado trabaja junto con un gerente de cuenta de IdeAAs en acción, brindando al abogado, en efecto, un "camarada" en las oficinas generales.

Después de que regresan a sus estaciones locales, cada vez que Dallas inicia una promoción especial, se manda a los IdeAAbogados material de apoyo para distribuir o pegar en los tableros. Se espera que los IdeAAbogados lleven consigo todo el tiempo formularios de IdeAAs en acción, y que aprovechen cualquier oportunidad para animar a las personas a participar. Una técnica común (la que usó la IdeAAbogada de Miami) es tratar de convertir las quejas en propuestas. La influencia de un IdeAAbogado puede ser considerable.

En 1989, un año antes de que comenzara el programa IdeAAbogados, IdeAAs en acción había recibido un total de 16,590 sugerencias. Un año después, el número se había más que duplicado a 36,800. La primera cohorte de IdeAAbogados había dado vida a IdeAAs en acción aun en las oficinas más remotas del sistema de American. En Fayetteville, North Carolina, por ejemplo, el personal de dieciocho empleados sólo había presentado dos ideas antes del nombramiento de su primer IdeAAbogado. Pero a cuatro meses de que él comenzó, habían mandado más de 350. De hecho, el primer IdeAAbogado de Fayetteville resultó ser tan exitoso y entusiasta que ganó un reconocimiento al liderazgo ese año. Por su cuenta, realizaba concursos locales para presentación de ideas, y personalmente lavaba los carros de los ganadores. Esta historia ilustra aún más por qué son tan eficaces los IdeAAbogados: conocen a la gente y a su lugar, y pueden hacer que cualquier cosa funcione mejor.

En 1996, American tenía 330 IdeAAbogados. Pero, como nos comentó un administrador, la auténtica belleza del programa IdeAAbogados es que después de que termina su nombramiento de un año, los IdeAAbogados nunca dejan realmente de ser IdeAAbogados. IdeAAbogado una vez, IdeAAbogado para siempre. Como resultado, en 1996, American Airlines tenía cerca de 2,000 de ellos trabajando en todo su sistema, no sólo los 330 de ese año.

Para dar al sistema aún más propensión hacia la acción, en 1992 se puso bajo la competencia de los auditores financieros de la aerolínea. No sólo el gerente de cuenta de IdeAAs en acción debe verificar personalmente que una idea se haya realmente implantado antes de aprobar el pago del premio, sino que ahora las reglas requieren una auditoría de cualquier idea que afirme generar ahorros de más de 50,000 dólares al año. Las sugerencias más pequeñas se auditan de manera aleatoria. Ya que una auditoría verifica que realmente haya sucedido lo que se supone que sucedió, estos controles dan integridad al sistema y significan que puede confiarse en los datos de desempeño publicados. Al someter el programa de IdeAAs en acción al brazo de la auditoría financiera de la compañía, se mandó el mensaje de que se sometería a las mismas normas exigentes que cualquier otra cuenta de presupuesto. Según John Ford, Director de IdeAAs de clase mundial en 1996, siempre ha estado absolutamente claro para los implicados que "si los dólares (auditados) no están ahí, IdeAAs en acción tampoco estará ahí".[4] Hasta ahora, sin embargo, el sistema no ha corrido ningún peligro. El sistema de sugerencias ha sido mucho más que una diversión secundaria financiera para la compañía. Por ejemplo, en el segundo trimestre de 1993, cuando American terminó una serie de seis trimestres con pérdidas, para informar una utilidad de 47 millones, IdeAAs en acción produjo 63 millones de ahorros en costos durante ese año. Como con todo lo demás de lo que la alta dirección de American se hace directamente responsable a sí misma y a sus empleados, IdeAAs en acción se ha vuelto parte del flujo de trabajo diario de la compañía.

N659AA: un aeroplano muy especial

En 1991, American lanzó su primera campaña en toda la compañía para dar a IdeAAs en acción una mayor visibilidad dentro de la compañía y para hacer que todos participaran en él. Con el nombre de "IdeAAs en vuelo", la campaña ganó considerable atención de los medios y hasta recibió un reconocimiento de la Asociación nacional de sistemas de sugerencias por el mejor programa promocional de sistemas de sugerencias en 1991. Creado en sociedad con Boeing, IdeAAs en vuelo era una campaña con objeto de crear un fondo de 50.3 millones de dólares para comprar el quincuagésimo Boeing 757 de American. El nuevo avión serviría como un recordatorio constante del poder de la creatividad, porque el dinero se reuniría completamente mediante los ahorros generados por el programa de IdeAAs en acción en 1991. Para el final de ese año, se habían enviado cuarenta y nueve mil sugerencias, de las cuales alrededor de cuatro mil seiscientas (9.3 por ciento) se aceptaron e implantaron. Los ahorros totales en costos fueron de 58 millones: más que suficiente para pagar el nuevo aeroplano. Pero, en retrospectiva, la fase importante de la campaña realmente comenzó una vez reunido ese dinero, porque IdeAAs en vuelo se convirtió en una celebración del sistema de IdeAAs en acción durante casi todo un año.

Se necesitan cerca de dos años para construir una gran aeronave. Durante los siete meses del ensamblaje final del Boeing 757 de IdeAAs en vuelo, número de cola N659AA, American estuvo aceptando la entrega de una nueva nave Boeing por mes. Cada mes, a diez de los empleados que habían presentado sugerencias a IdeAAs en vuelo, se les invitaba a los vuelos necesarios de inspección y aceptación a la planta de Boeing en Seattle, donde tenían oportunidad de observar la construcción del N659AA. Boeing cooperó a lo largo de este periodo de siete meses, asignando a cada uno de estos inusuales visitantes de American Airlines con la contraparte de su propia organización, quien actuaba como anfitrión. Boeing incluso guardó el metal de desecho del N659AA y lo recicló para hacer prendedores conmemorativos especiales. Actualmente el programa de IdeAAs en acción todavía reparte estos prendedores como pequeños símbolos de agradecimiento a quienes presentan sugerencias.

Ya que este particular avión era tan especial, se decidió que sería el primer aeroplano en la historia de American Airlines en recibir un nombre, que se pintaría en la proa del avión. Después del concurso en la compañía de "Póngale nombre al avión", la propuesta de Linda Jo Henderson con *Pride of American* (Orgullo de American) se seleccionó como ganadora. En 1996, ese aeroplano sigue siendo el único en la flota de American con un nombre. A dondequiera que viaja en el sistema de American, y se hacen esfuerzos especiales para asegurar que viaje lejos y mucho, los empleados de American lo reconocen y recuerdan por qué está allí.

En enero de 1992, la ceremonia de recepción y aceptación con honores, el bautizo por parte de Robert Crandall y Linda Jo Henderson, y el viaje inaugural del *Pride of American* se convirtieron en una celebración de tres días en Seattle. Presentes con Crandall estaban otros ocho funcionarios de la compañía, junto con 194 de los mejores proponentes de sugerencias de 1991, quienes colectivamente habían contribuido con 40 millones de dólares del precio de 50.3 millones del avión. Se produjo un video con lo más relevante de los tres días y se exhibió para todos los empleados de la compañía. Cuando las ceremonias concluyeron el 10 de enero, todos los participantes subieron a bordo del *Pride of American* para el viaje inaugural de regreso a

Tulsa, Oklahoma, y luego, todavía con algunos a bordo seguir hasta Dallas. *Pride of American* salió entonces en una gira mundial con ceremonias más pequeñas en todo el sistema de American.

La creatividad a través del espejo retrovisor

IdeAAs en acción es un programa extraordinario que demuestra el poder de la creatividad potencial disponible para cualquier compañía que establece sistemas que le saquen provecho. American recibe visitas frecuentes de compañías que quieren usarla como punto de referencia para sus propios sistemas de sugerencias. Es difícil concebir una compañía mejor alineada que American Airlines para solicitar ideas de sus empleados que ahorren costos. Ciertamente, hasta hoy no hemos encontrado ningún sistema de sugerencias que siquiera se acerque a IdeAAs en acción. Como ya hemos hecho notar, el sistema de American es extrañamente similar al de NCR de Patterson, desde el fuerte liderazgo con el que cuenta hasta el esquema de premios. Y hasta en los banquetes suntuosos que se realizan cada año (dos veces al año en el caso de Patterson) para celebrar a los proponentes más importantes de sugerencias y a los gerentes que mejor han promovido las ideas. En 1996, los 86,138 empleados de la línea que eran elegibles para participar en el sistema propusieron 17,109 ideas, ahorrando 43 millones para la aerolínea. La alineación tan fuerte para ahorros en costos ha permitido a American crear un sistema de sugerencias con alto desempeño.

Sin embargo, uno no tiene que ahondar demasiado profundo en el sistema de American para que comiencen a aflorar sus limitaciones, limitaciones que serán tan difíciles de superar para la compañía como lo fueron para Patterson. En 1996, de las ideas presentadas, menos del ocho por ciento se adoptó realmente, y sólo 9 por ciento de los empleados participaron en el sistema (las estadísticas para el sistema de Patterson eran sorprendentemente similares). Claramente, IdeAAs en acción está usando sólo una fracción del potencial creativo de la compañía.

La mayor fuente de propuestas a IdeAAs en acción ha sido siempre los empleados de mantenimiento, cuyas ideas, en 1996, ascendieron a 20.3 millones de dólares, 47 por ciento del total de ahorros en costos del sistema en ese año. Algunos mecánicos, de hecho, ganaron hasta cien mil dólares por sus sugerencias. Con el costo de las partes incluido y las meras cantidades de partes que mueven con sus manos, es fácil ver cómo pudo suceder esto. ¿Son los empleados de mantenimiento mucho más creativos que todos los demás en la compañía? ¿O están simplemente en una posición que les facilita aportar ideas que generan enormes ahorros en costos? Creemos que es lo último. De hecho, un equipo de proponentes, que nos fue presentado como uno de los más exitosos equipos de IdeAAs en acción en American, explícitamente nos describió su método altamente exitoso para tener ideas que ahorraran costos. El miembro del equipo que trabajaba en el departamento de contabilidad, periódicamente realizaba verificaciones de gastos en partes, buscando partes particularmente caras que se usaban en cantidad. Cuando encontraba alguna que se ajustaba al patrón, alertaba al otro miembro del equipo, un mecánico especializado en los grandes jets. Entonces, este mecánico quitaba las partes a las naves cuando llegaban a mantenimiento, las examinaba para encontrar señales de desgaste o daño, e identificaba maneras de reforzarlas para prolongar su utilidad. O bien, si el mecánico sentía que American estaba pagando demasiado por una parte, el equipo buscaba alternativas más baratas. Los ahorros en costos por las ideas que surgían fueron asombrosos (casi un millón de dólares anualmente), y así eran los premios que el equipo había recibido. Este trabajo en equipo es precisamente lo que IdeAAs en acción está premiando en la práctica. Aunque esta actividad es obviamente útil para el negocio, representa sólo una pequeña parte de la creatividad potencial que American podría estar aprovechando.

Cuanto más alineada esté una compañía para ahorros en costos, menos probable es que se siga una idea cuyos ahorros en costos no sean inmediatamente evidentes. Recuerde que cuando Ian Hart, el cargador de equipaje de British Airways (BA), trabajó su idea para "Primero y rápido" (*First & Fast*), su compañía también tenía establecido un sistema de sugerencias, conocido como *Brainwaves*. Afortunadamente para Ian Hart, BA no estaba tan fuertemente alineada para ahorros en costos como American. *Brainwaves* y los premios que ofrecía, ni siquiera se imaginaron su acto creativo. Trabajó en él porque le interesó, presentó su idea al sistema *Brainwaves* sólo *después* de que había sido implantada, y lo hizo *por sugerencia de otra persona*. ¿Habría hecho lo que hizo si hubiera trabajado en una compañía fuertemente alineada para ideas de ahorros en costos? No lo creemos. Las posibilidades son que no hubiera seguido adelante con su idea; su primer pensamiento habría sido que como no ahorraría dinero, no sería lo que la compañía estaba buscando, de todos modos.

Tome el caso de la aeromoza descrita en la introducción, quien ahorró cinco tapas de café de centavo y medio por vuelo, para un ahorro en costos que tomó a todos por sorpresa, incluyendo a ella misma. Presumiblemente, el gerente de cuenta de su propuesta tenía considerable experiencia para ver que las ideas aparentemente pequeñas se convertían en grandes, pero ¿la tenía la aeromoza? Podemos creer que podría haber tenido un momento de duda: ¿iba esto a ahorrar la cantidad de dinero que haría que valiera la pena escribirla? Las bajas tasas de participación de los sistemas de sugerencias basados en ahorros de costos únicamente reflejan el hecho de que atraen sólo a un pequeño porcentaje de las ideas que los empleados pueden dar. El gran número de ideas que las personas tienen pero desechan, porque no creen que generarán ahorros en costos o no creen que los ahorros en costos puedan medirse, es una pérdida sustancial. ¿Cómo puede uno poner precio al número de pasajeros de primera clase de BA que se conservaron gracias a la idea de Ian Hart?

Ya hemos visto cómo los grandes premios para las ideas pueden llevar a problemas, de los que ni siquiera IdeAAs en acción está exento. Por ejemplo, en American Airlines, la política oficial es que todas las ideas deberán trabajarse durante el tiempo propio del empleado. En realidad, los gerentes nos aseguraron, serían tontos si siguieran esta política demasiado rigurosamente. La mayoría de los gerentes harían un guiño a las violaciones de esta regla que dieran como resultado ahorros importantes. Pero desde la perspectiva de los empleados, la historia es muy diferente. Los mecánicos, en privado nos dijeron que nunca trabajaban en una idea durante las horas de trabajo porque otros mecánicos podrían ver en qué estaban trabajando, darse cuenta de que había ahorros potenciales de por medio, encontrar esos ahorros ellos mismos y presentar la idea como propia antes que pudiera hacerlo quien la originó. Parecía que el secreto era primordial.

A causa de las sumas de dinero implicadas, una de las primeras cosas que American hace con una idea recién propuesta es llevar a cabo una "verificación de duplicado", una búsqueda de palabras clave en la base de datos de IdeAAs en acción para ver si la idea se propuso antes. Si resulta que una propuesta duplica otra anterior, se manda una carta de rechazo individualizada y cuidadosamente redactada al proponente, junto con una copia de la respuesta a la idea original. Si finalmente la idea se rechaza, entonces para fines de duplicación, el proponente posee los derechos a ella por tres años. Si, durante este periodo, otro empleado somete una sugerencia similar a la idea previamente rechazada o la usa explícitamente y esta nueva idea es aceptada, se trata como un esfuerzo de equipo, y el premio se comparte entre el nuevo proponente y la persona que posee los derechos de duplicación.

Con la implicación de sumas tan grandes de dinero, American tiene que ser cuidadosa en promover confianza en el sistema de derechos de duplicación, por lo que toma esto muy en serio. Hay una historia en particular que ilustra bien esto. A fines de los años sesenta, antes de que American tuviera un sistema formal de sugerencias, un empleado presentó una idea a su supervisor sobre una mejor manera de manejar las partes de naves en tierra (AOG, *Aircraft On Ground*), es decir, las partes de reposición que se enviaban urgentemente por medio del sistema a una nave en tierra (cuando un avión tiene que permanecer en tierra, le cuesta enormes sumas de dinero a cualquier aerolínea). La sugerencia consistía en diseñar bolsas especiales para partes de AOG, con las letras "AOG" impresas de forma que se notaran, para destacar su presencia al personal de la aerolínea mientras recorrían el sistema. En ese momento, no se hizo nada sobre la idea. Pero cuando, veinticinco años después, una persona diferente propuso lo mismo al nuevo programa de IdeAAs en acción, la idea se aceptó, se implantó y se premió. Cuando las nuevas bolsas de AOG se introdujeron en las operaciones, el empleado que había propuesto originalmente la idea, y que aún trabajaba en American, vio las nuevas bolsas y reconoció su propia idea. Se puso en contacto con el centro de IdeAAs en acción y señaló que la compañía había usado su idea sin pagarle por ella. Aun cuando hacía mucho que su propuesta original ya se había olvidado, y su contraparte actual ya había cobrado su premio completo, el programa de IdeAAs en acción le pagó una suma idéntica.

Los derechos de duplicación también hacen que para una persona sea sumamente valioso ganarle a otra con el impacto de una idea. Varios empleados en American nos contaron los rumores de que los empleados del departamento de correspondencia a veces abrían las cartas en las que fácilmente se reconocía que contenían formularios de sugerencias para IdeAAs en acción y volvían a presentar algunas de ellas como propias. En cambio, nunca nos hemos encontrado un solo ejemplo de empleados que roben ideas en un sistema *kaizen teian*, donde no se pone énfasis en los premios, porque nadie tiene nada que ganar con ello.

Puede preguntarse usted si hay cabida en American Airlines para la innovación. American es conocida por dos innovaciones en particular: fue pionera en el programa de viajero frecuente y en el sistema SABRE de reservaciones, que por primera vez permitía que se hicieran reservaciones sin contactar directamente a la aerolínea. Pero estas dos ideas fueron pensadas antes de que existiera el sistema IdeAAs en acción. Esto nos lleva a la más seria limitación del sistema de American. Los ahorros de costos se obtienen al mejorar las actividades ya existentes. Pero las innovaciones implican el inicio de actividades enteramente nuevas, actividades nunca antes hechas por la compañía. ¿Cómo puede un sistema basado en ahorros en costos promover la innovación cuando está dirigido hacia atrás, buscando modificar lo que la compañía ya hace? IdeAAs en acción es realmente un gran sistema de acción correctiva, estimulando la creatividad, pero a través del "espejo retrovisor". La naturaleza de la alineación en American Airlines determina los tipos de creatividad que la compañía verá.

La cuestión decisiva en cuanto a la alineación en American es ésta: ¿es posible imaginar que alguien en la organización *no* entienda que los ahorros en costos son un asunto primordial, o que alguien dejaría pasar la oportunidad de ahorrar dinero? Dado el tiempo que pasamos en American, y las conversaciones que allí tuvimos con empleados de todos los niveles, es claro para nosotros que la respuesta es enfáticamente *no*. Esta fuerte alineación es lo que hace posible al sistema de American (y al de NCR en su tiempo) funcionar tan bien. IdeAAs en acción es un sistema ejemplar de sugerencias. ¿Quién puede argumentar que no ha sido un éxito financiero, y que la administración no debería estar sumamente complacida con él? Sin embargo, desde el punto de vista de la creatividad, se queda muy corto frente a lo que es posible.

Irónicamente, el éxito mismo de IdeAAs en acción hace más difícil para American moverse a un nivel más alto de desempeño creativo. La cuestión que American tiene que enfrentar, tal como tendrán que hacerlo otras compañías que en el presente usan premios para tratar de motivar la creatividad, es cómo apartar gradualmente a los empleados de esos premios y fortalecer su motivación intrínseca. Cuanto más grande sea la dependencia de la compañía en recompensas económicas, más profundo es el hoyo que se ha cavado. British Airways tuvo un indicador de lo que iba a venir cuando comenzó a platicar con sus sindicatos sobre eliminar o reducir los premios por ideas, con el objetivo de irse moviendo hacia un sistema basado en la motivación intrínseca. Se dice que al escuchar que esto implicaría eliminar los premios, un líder sindical endurecido en la batalla dijo, "¿Por qué no poner dos buzones? El primero podría tener un letrero que diga, 'Ponga su idea aquí si quiere un premio por ella', y en el segundo, 'Ponga su idea aquí, si no...'."[5]

Muchas compañías que desean promover la creatividad se enfrentan con el espinoso problema de reducir la dependencia de los premios (las compañías que nunca antes los han usado para creatividad, tienen una gran ventaja en este respecto). Pero puede hacerse. En el siguiente capítulo, veremos el sistema *kaizen teian* de Idemitsu Kosan, una de las más grandes compañías de petróleo en Japón. Aunque comenzó con premios modestos por las ideas, la compañía inició y terminó con éxito la transición a un sistema sin premios. Como veremos, todos en Idemitsu estuvieron muy sorprendidos de lo que sucedió. La tasa de propuestas se incrementó a más del doble, y la tasa de participación subió a un asombroso 100 por ciento. Idemitsu ahora tiene uno de los mejores sistemas *kaizen teian* del mundo.

Comprensiblemente, los empleados se mostrarán escépticos frente a cualquier propuesta para reducir los premios por las ideas. No creemos que todas las compañías deben reducirlos a cero; los tipos de ideas que el sistema de Idemitsu obtiene reflejan la naturaleza tanto de su alineación como de la ausencia de premios. No importa cuál sea la mezcla de motivación intrínseca y extrínseca que tenga en mira una compañía, en el contexto de un sistema global de compensación razonable, es deseable mantener los premios tan pequeños como sea posible y desacoplarlos tanto como sea posible del acto creativo. Los empleados no pueden estar intrínsecamente motivados mientras operan bajo la influencia de grandes premios potenciales.

La alineación es todo lo que se refiere a asegurarse que los objetivos clave de la compañía están apoyados por todos en la organización, de modo que cada empleado hará selecciones y tomará decisiones de acuerdo con estos objetivos. En cuanto a la creatividad, la alineación determina la naturaleza de las ideas que presentarán los empleados y cómo responderán a ella los que se enteran de la idea. A menos que una compañía esté fuertemente alineada, su creatividad seguirá siendo una propuesta de acierto o error. Entonces, surge la pregunta natural: ¿cómo se alinea una compañía?

Cómo promover la alineación

Hay buenas razones de por qué las compañías bien alineadas son difíciles de encontrar. El hecho de que alinear a una compañía requiere tremenda disciplina, persistencia y trabajo duro, significa que una organización tiene que reconocer una necesidad real para alinearse. Ya que una compañía puede operar y, a corto plazo, hasta ser rentable, sin estar fuertemente alineada, esta necesidad está lejos de ser obvia. Esto es por lo que el paso más decisivo para alinear una compañía es el primero: reconocer el valor de la alineación y el hecho de que tiene que hacerse. Porque tiene que ver con la cultura, la alineación es difícil de concretar. Y aún así, la alineación fuerte, cuando existe, es omnipresente, afectando la forma en que cada persona de una organización toma las decisiones, grandes y pequeñas. Una vez que se hace el compromiso, es sorprendentemente directo el logro de la fuerte alineación que se necesita para la creatividad.

Una buena forma de comenzar es buscar e identificar fuentes de mala alineación. La historia soviética es una letanía de malas alineaciones creadas por políticas, reglas, sistemas y objetivos que jalaban todos en diferentes direcciones. Debido a que estas malas alineaciones fueron tan extremas, es fácil verlas, a éstas y al daño que causaron. Sin embargo, en la mayoría de las organizaciones, no serán tan fáciles de detectar, aun cuando estén trabajando activamente contra la creatividad. Para encontrarlas, una organización necesita hacer un escrutinio de sus políticas y prácticas. ¿Están los intereses y acciones reales de los empleados en línea con los objetivos clave de la compañía? ¿Responderán los empleados en forma positiva a ideas potencialmente útiles? ¿Se presentarán con tales ideas? ¿Acaso el miedo creado por los recortes ha afectado la alineación y, por tanto, la creatividad? Los grupos de encuestas y de estudios pueden proporcionar ideas claras sobre las percepciones y actitudes de los empleados. Las fuerzas de trabajo pueden examinar las políticas y las reglas. Y desenterrar los ejemplos de buenas ideas que fueron obstaculizadas puede revelar las fuentes de mala alineación que más directamente limitan la creatividad de la organización.

Eliminar la mala alineación es un comienzo. La alineación fuerte requiere tres cosas:

1. *Claridad sobre cuáles son los objetivos clave de la organización.* Para que surja la creatividad en cualquier empleado, una compañía tiene que asegurar que quienes entran en contacto con una idea potencialmente útil responderán en forma positiva. Una organización puede poner en claro en qué cree de muchas maneras. En American Airlines, cada vez que el *Pride of American* aterriza en diferentes ciudades, se recuerda a los empleados que se compró con los ahorros generados con sus ideas. Y cada vez que un IdeAAbogado reta a alguien a convertir una queja en idea, la alineación se extiende un poco más.

2. *Compromiso con las iniciativas que promueven los objetivos clave.* Cada organización elige cómo gastar su dinero e invertir su tiempo. En American Airlines, el programa IdeAAs en acción (que claramente lleva a la compañía a donde quiere ir) tiene un personal dedicado de tiempo completo de cuarenta y siete personas y se inauguró con una impresionante ceremonia en todo el mundo, que costó a la compañía más de 12.5 millones de dólares. Aunque el CEO Robert Crandall tiene muchas demandas de tiempo, IdeAAs en acción siempre tiene un lugar en su programación.

3. *Responsabilidad de las acciones que afectan los objetivos clave.* Las compañías deben responsabilizar a sus empleados y gerentes de las

decisiones que afecten los objetivos clave de la compañía. La acción correctiva tiene que llevarse a cabo cuando estas decisiones están fuera de alineación. En American, todos los que tienen contacto con una sugerencia de ahorro en costos saben que más les vale responder rápido. Si no lo hacen, la sugerencia acabará en el escritorio del CEO. Todos los cuarenta y siete miembros del personal de IdeAAs en acción tienen plena conciencia de que a su programa se le considera financieramente responsable: si los ahorros no están ahí, ellos tampoco estarán. Esto no es para decir que la acción correctiva siempre requerirá de un mazo; a menudo un recordatorio o una explicación serán suficientes.

Puntos principales

La alineación sumamente fuerte de American Airlines para ahorros en costos le ha permitido crear un sistema de sugerencias de alto desempeño.

En 1996, las 17,109 ideas de los empleados ahorraron a la compañía 43 millones de dólares.

La naturaleza de la alineación de una compañía influye fuertemente en los tipos de actos creativos que ocurrirán.

Un sistema de sugerencias para la creatividad corporativa en una compañía que está fuertemente alineada en aras de ahorros en costos tiene dos inconvenientes importantes:

1. *El ahorro en costos es un poderoso filtro para las ideas, y algunos emplea-dos están en mejor posición que otros para aportar tales ideas.*

    En American, el área de mantenimiento fue responsable del 47 por ciento del total de ahorros en costos del programa IdeAAs en acción en 1996. Algunos mecánicos ganaron más de 100 mil dólares del sistema.

2. *Un sistema basado en ahorros en costos camina hacia atrás, porque está buscando ahorros en cosas que la compañía ya hace. Hace muy poco por promover la innovación —actividad nunca antes realizada por la compañía.*

    American sí fue pionera del programa de viajero frecuente y del sistema SABRE, pero ambas innovaciones ocurrieron fuera del sistema de IdeAAs en acción. IdeAAs en acción es realmente un sistema gigante (y altamente eficaz) de acción correctiva.

La alineación fuerte requiere claridad sobre cuáles son los objetivos clave de la organización, compromiso hacia las iniciativas que los promuevan y responsabilidad por las acciones que los afectan.

Capítulo siete
ACTIVIDAD AUTOINICIADA

La curiosidad intelectual, el deseo de entender, se deriva de una urgencia tan básica como el hambre o el sexo: el impulso exploratorio.

ARTHUR KOESTLER[1]

Arthur Koestler tiene razón. Las personas tienen un impulso natural por explorar y crear, un impulso que los lleva a iniciar una actividad nueva. Y si bien las compañías pueden planear cosas nuevas y útiles, éstas llevan a una compañía sólo en direcciones que ya ha anticipado. No llevarán a una compañía a lugares no previstos. Los actos creativos inesperados: los que las compañías tienden a ignorar, serán resultado sólo de *actividad autoiniciada*. G. D. Searle se veía como una compañía farmacéutica y no había planeado cambiar al negocio de alimentos y bebidas con un revolucionario edulcorante nuevo. Massachusetts nunca esperó descubrir la forma diferente de interpretar las reglamentaciones federales del Medicaid que le traería una ganancia inesperada de mil millones de dólares. Ambos actos creativos inesperados fueron iniciados por personas. Nadie les pidió nunca que hicieran lo que hicieron; de hecho, nadie ni siquiera remotamente anticipaba lo que ocurrió. El segundo elemento de la creatividad corporativa es *actividad autoiniciada*, y ningún acto creativo no planeado puede suceder sin él. Comenzamos por contemplar un acto que ilustra lo fuerte que puede ser el deseo de una persona por iniciar algo nuevo. Ello dio como resultado algo con implicaciones de mucho mayor alcance de lo que nadie podía haber imaginado: el código de barras. No sólo no se planeó el código de barras, sino que es difícil pensar cómo se podría haber planeado la serie de circunstancias que lo produjo.

El código de barras: nació en una playa de Florida

En 1948, Joseph Woodland y su colega Bob Silver eran ambos instructores en la Universidad Drexel de Philadelphia; Woodland en el departamento de ingeniería mecánica y Silver en ingeniería eléctrica. Un día, Silver tenía una cita con el decano de ingeniería. Cuando llegó a la oficina del decano, éste estaba todavía ocupado con su cita anterior, así que Silver se sentó en la oficina exterior a esperar. Como la puerta de la oficina interior estaba abierta, Silver no pudo evitar escuchar la conversación. El decano estaba hablando con Sam Friedland, presidente de Food Fair, que se mantiene como una de las más grandes cadenas de supermercados en el área de Philadelphia. Friedland estaba tratando de convencer al decano para que iniciara un proyecto de investigación y desarrollara un sistema que pudiera capturar en forma automática el precio de la mercancía en el mostrador de la caja. Curiosamente, la razón por la que Friedland estaba buscando un sistema así no tenía nada que ver con reducir sus costos de mano de obra. Él tenía en mente un problema completamente distinto, un problema que había plagado a toda la industria de supermercados: errores de los cajeros, que tecleaban precios incorrectos por los artículos o que simplemente los ignoraban. En teoría, aparentemente, los efectos de los errores de los cajeros debían compensarse con el paso del tiempo. Sin embargo, en la práctica, era más probable que los clientes llamaran la atención por un cargo de más que por un cargo de menos. Y los supermercados han operado desde hace mucho con márgenes sumamente bajos. En verdad, sólo unos cuantos años después de la conversación de Friedland con el decano, un estudio mostraría que los errores de los cajeros estaban costando a la industria de abarrotes algo así como 0.7 por ciento de las ventas, una enorme cantidad de dinero considerando los grandes volúmenes y los bajos márgenes de utilidad implicados. Realmente no es sorprendente que Friedland estuviera buscando una forma de que el proceso de la caja no tuviera errores.

Desgraciadamente, la Universidad de Drexel no podía ayudarlo, cuando menos no oficialmente. Silver escuchó asombrado cuando el decano despidió a Friedland, aparentemente porque sentía que estos proyectos comerciales no eran parte de la misión de la universidad.[2] Cuando concluyó su asunto con el decano, Silver pasó por la oficina de Woodland y le contó lo que había pasado. Después de escuchar el relato de Silver, Woodland pensó por un momento. "El principal problema va a ser con la orientación", dijo. "No importa qué marca le pongas a un artículo, tienes que estar seguro de que el comprador o el cajero o quien sea lo oriente en forma apropiada hacia el aparato que va a leerlo." Platicaron por un rato. Woodland sugirió que los compradores podían poner sus abarrotes en una banda que los llevaría a través de un túnel donde un aparato especial podía iluminar y leer las marcas fosforescentes en ellos. La presencia o ausencia de una marca codificaría el precio en una secuencia binaria de ceros

y unos. Silver pudo encontrar tres diferentes colores de pintura fosforescente en una tienda de artículos para teatro. Woodland persuadió entonces a un técnico del departamento de física de Drexel para que les
construyera un espectrofotómetro ordinario. Tres meses después de la
conversación en la oficina del decano, Woodland y Silver habían construido un sistema prototipo y lo tenían funcionando. Con sólo tres colores de pintura fosforescente, su aparato podía leer precios de sólo hasta
ocho centavos. Woodland y Silver habían pasado rápidamente de pensar sobre el problema hacia la acción.

En este punto, los sucesos dieron un giro inesperado. Mientras estaba
en Drexel, Woodland había estado tomando algunos cursos en la maestría en
administración de negocios (MBA, *Master in Business Administration*), uno
de los cuales era en finanzas corporativas. El curso tenía el siguiente requisito de trabajo final: cada estudiante debía escoger una compañía y averiguar si sus acciones eran una buena compra. Woodland escogió Atlantic
City Electric, sólo porque sabía que su tesorero estaba en el mismo Club
Rotario que su padre. Cuando hizo el análisis de las acciones de la compañía, Woodland descubrió que estaban sumamente subvaluadas y llegó a
sospechar que pronto duplicarían su precio, quizá dentro de seis meses.
Cuando, a nombre de Woodland, su padre pidió al tesorero de la compañía su opinión sobre las acciones, éste le dijo, "Yo estoy comprando todas
las acciones que puedo". Así que Woodland pidió prestado todo el dinero
que pudo para comprar acciones de Atlantic City Electric, y más tarde averiguó que su padre y su abuelo habían invertido también en ella. Tal como
había pronosticado, las acciones duplicaron su precio. Cuando recibió una
A+ por su trabajo final, sospechó que su instructor podría también haberse unido al paseo. Cuando Woodland vendió, tuvo algo de dinero por
primera vez en su vida. Y cuando le dijo a Bob Silver que planeaba re-
nunciar a su puesto en Drexel y cambiarse al apartamento de su abuelo
en Florida por tres o cuatro semanas para pensar sobre una manera práctica de automatizar el proceso de caja del supermercado, Bob Silver le
dijo que estaba loco.

Woodland pasó su primer día en Florida sentado en la playa, tratando de
pensar en algún tipo de código que pudiera ponerse en el empaque de un
artículo. Años antes, cuando había estado interesado en obtener su licencia
de operador de radio para aficionados, había pasado la prueba de clave
Morse. De hecho, la clave Morse era el único código que sabía. Mientras
pensaba en su problema, en forma distraída metió sus dedos en la arena.
Cuando los sacó, volteó a ver y allí estaba: la idea de las barras verticales. En
ese momento, en una playa de Florida, nació el código de barras.

Sin embargo, quedaba un problema. ¿Cómo podía escanearse un código como éste? Casualmente, Woodland y Silver habían trabajado previamente en una idea para grabar sonido. En cierto momento, habían revisado la tecnología de bandas sonoras de películas y habían aprendido que consistía en una secuencia de parches más claros y más oscuros en el film, iluminados por un rayo de luz. Para un sistema de caja de cobro automatizado, Woodland ideó que podía hacer una simple caja que barriera el artículo con un punto móvil de luz en un modo similar, y detectar la presencia o ausencia de luz reflejada difusamente por barras fosforescentes anchas o angostas.

Pero antes de que el sistema pudiera patentarse, se necesitaba una cosa más: un aparato que pudiera hacer la decodificación automáticamente. Woodland regresó a la casa de sus padres en Nueva Jersey y comenzó a hacer borradores de dibujos y declaraciones de revelaciones para una patente. Al mismo tiempo, volvió a ponerse en contacto con Bob Silver. Le dijo a Silver que había ideado una manera de hacer lo que Sam Friedland quería. Sin embargo, lo que todavía necesitaba era algún tipo de sistema decodificador. Si Silver podía aportar algo, sugirió Woodland, podrían registrar la patente como coinventores. Silver aceptó el reto. Usando sólo tres componentes, diseñó y construyó un sistema sencillo y algo torpe. Sólo un año después de que Silver oyera accidentalmente la conversación de Friedland con el decano, ya lo habían logrado. Considere esto: si el decano hubiera decidido seguir adelante con el proyecto, ¿habría sucedido del mismo modo? ¿Habría pedido a Woodland o a Silver que trabajaran en él? ¿Habría siquiera sucedido?

En octubre de 1949, Woodland y Silver presentaron la solicitud para lo que sería la patente del código de barras básico. Sin embargo, cambiaron su esquema de codificación de líneas verticales a un ojo de buey de círculos concéntricos, de modo que pudiera explorarse desde cualquier dirección. Tres años después, en 1952, recibirían su patente, pero pasarían otros veinte frustrantes años antes de que el código de barras se hiciera realidad comercialmente. Mientras tanto, surgió una preocupación más inmediata para Woodland: encontrar trabajo. Trabajó para una firma de consultoría por varios años, asesorando a fabricantes de estructuras de avión en todo el país sobre hidráulica de estructuras de avión. Durante ese tiempo, se casó y, queriendo pasar más tiempo en casa, comenzó a buscar una compañía con la que pudiera quedarse en una base permanente, que lo ayudara a explotar su patente del código de barras. Después de considerar varias compañías de computadoras, finalmente se estableció en IBM como su mejor prospecto. En 1951 lo contrató el Laboratorio Endicott de la compañía, cerca de Binghamton en Nueva York. Desafortunadamente, tuvo que dejar sus planes sobre el código de barras en espera de un poco más de tiempo. Se había unido a la compañía en lo más fuerte de la Guerra de Corea. Thomas Watson, padre, presidente de IBM, había prometido al presidente Harry Truman todos los recursos de la compañía para el esfuerzo de guerra.[3] A Woodland lo asignaron a un proyecto para el cual él era el más adecuado según la administración: diseñar unidades de navegación electromecánicas aerotransportadas para bombarderos.

En enero de 1952, cuando a Thomas Watson, hijo, lo promovieron a la presidencia de IBM, Woodland dio el inusual paso de escribirle una carta. Después de felicitar a Watson por su promoción, describió su idea para un sistema de escaneo para un supermercado, explicando por qué pensaba que sería una buena oportunidad de negocios para IBM. De algún modo para su sorpresa, Tom Watson le contestó pronto. Su carta del 5 de febrero de 1952, decía así:

> *Querido Sr. Woodland,*
>
> *Gracias por su carta del 30 de enero. Aprecio sus buenos deseos por mi promoción.*
>
> *Estoy muy interesado en sus ideas con respecto a los supermercados. Hay una verdadera necesidad de algún medio automático para totalizar las compras en los supermercados y he pedido a Mr. W. W. McDowell, nuestro director de ingeniería, que se ponga en contacto con usted para comentar en detalle lo que usted piensa sobre este asunto.*
>
> *Sinceramente,*
> *Thomas Watson, Jr.*

Sin embargo, una vez más los sucesos fuera del control de Woodland, conspiraban para alejarlo de lo que él quería trabajar realmente. Cuando se reunió con McDowell, rápidamente tuvo el presentimiento de que el director de ingeniería de IBM estaba más interesado en Woodland mismo que en el código de barras. Su intuición, como resultó ser, era exacta.

Desde fines de los cuarenta, Thomas Watson, hijo, había estado tratando de que su padre alejara a la compañía de sus máquinas perforadoras que le "daban de comer" hacia la era de la computadora electrónica. Thomas Watson, padre, estaba muy renuente a creer que la era de las tarjetas perforadas, sobre las que había construido la compañía, estuviera llegando a su fin. En retrospectiva de esta coyuntura decisiva en la historia de la compañía, Thomas Watson, hijo, recordaba que, aun en 1949,

Yo no creía que fuera prudente correr hacia papá con la idea de que las tarjetas perforadas estaban muriendo. Me hubiera sacado de su oficina.[4]

Pero como comenzaron a llover quejas de los clientes de que necesitaban algo mejor que tarjetas perforadas, y como muchos de ellos comenzaron a cambiarse a compañías como Raytheon y RCA para cubrir sus necesidades de procesamiento de datos, el viejo comenzó a ceder. Desgraciadamente, en ese tiempo, IBM casi no tenía pericia en ingeniería eléctrica dentro de la empresa. Sintiendo que era su oportunidad, un día de 1950 en una junta en Endicott, Tom Watson hijo señaló a su padre al hombre que él pensaba sería el director de ingeniería ideal para encabezar este cambio: W. W. McDowell, graduado en el MIT (Massachusetts Institute of Technology). Con el permiso de su padre, se acercó al asombrado McDowell y le dio sus órdenes para el trabajo de varios años siguientes. Debería contratar a varios cientos de ingenieros eléctricos, quizá unos cuantos miles, y llevar a IBM hacia la era electrónica.

Cuando McDowell conoció a Woodland en 1952, su verdadero interés era reclutar otro ingeniero de primera para su grupo. Y así se dio que Woodland se encontró en un nuevo trabajo, esta vez en planificación a largo plazo. En este nuevo puesto tampoco pudo generar entusiasmo alguno por el código de barras, aunque siguió trabajando en él, extraoficialmente. Sin embargo, cuando menos una cosa buena salió del nuevo puesto: un cambio de localización de oficina que hizo que compartiera el auto con su vecino, Evon Greanias, un físico que se convertiría en su apoyo influyente en IBM. Greanias estaba trabajando en aparatos ópticos de reconocimiento de caracteres, y le enseñaría a Woodland mucho sobre ingeniería óptica. En 1959, se pidió a Greanias que comenzara un grupo de tecnología avanzada de sistemas en una división recientemente creada. Preguntó a Woodland si quería unirse a este grupo para dirigir un proyecto sobre tecnología para cajas de supermercados.[5] Finalmente, once años después de la conversación en la oficina del decano, el esfuerzo del código de barras tenía la condición de oficial.

Razonablemente rápido, IBM contrató al Instituto de Investigación de Stanford (SRI, Stanford Research Institute) para hacer un estudio de factibilidad de la idea. Aun cuando Woodland y Silver habían construido su

primer modelo de trabajo diez años antes, todavía estaba muy adelantado de la tecnología que le permitiría ser comercializado. Todavía estaban
por llegar tanto los circuitos integrados como los rayos lásers. Cubierto
con tela negra para evitar la luz, su aparato usaba un bulbo de luz incan-
descente de quinientos watts que no sólo creaba serios problemas de enfriamiento, sino que era tan brillante que podía causar daño a los ojos. El
estudio del SRI concluyó que aunque el sistema era factible, los beneficios que ofrecía no se acercaban a una justificación de su costo. Más aún,
el estudio no daba idea clara de ningún tipo sobre las otras ventajas del
código de barras, tales como información de ventas en tiempo real y control de inventarios. Los consultores del SRI recomendaron archivar el
proyecto por un tiempo y, con el renuente acuerdo de Woodland, así fue:
por diez años más. El proceso de planeación corporativa había llegado
a una decisión, que podría haber tenido sentido desde una perspectiva
oficial, pero que casi deja a IBM fuera de lo que se convertiría en un mercado muy lucrativo. Sin embargo, como iniciador de la idea, Woodland
tenía una perspectiva diferente: una perspectiva que IBM vendría a necesitar de nuevo.

Woodland había ofrecido varias veces vender su patente del código de
barras a IBM. Sin embargo, él y su compañía tenían diferentes puntos
de vista en cuanto a su valor. Aunque los dos lados sí negociaron, nunca
pudieron llegar a un acuerdo. En 1962, cuando Philco les ofreció a Woodland
y Silver el precio que pedían, decidieron vender. Ambos asumieron que Philco
quería la patente para un proyecto de clasificación automatizada de correspondencia en que estaba trabajando para la oficina de correos de los Estados Unidos. Sólo al cierre, les informó el abogado de la compañía que Philco
no tenía intención de usar la patente. La compañía se estaba vendiendo a
Ford en treinta días, y un componente del precio de venta era el valor de la
cartera de patentes de Philco, el cual la patente del código de barras reforza-
ría considerablemente. Ford nunca usó la patente tampoco, y más tarde la
vendió a RCA. Comenzando 1966, RCA no sólo hizo al código de barras un
proyecto oficial, sino que comenzó un esfuerzo intensivo de desarrollo que
lo llevaría adelante de IBM por siete años.[6]

Como resultaron las cosas, antes de que IBM pudiera volverse a poner
en marcha, tendría que redescubrir al iniciador de la idea del código de
barras dentro de sus propias filas y se necesitaría algo inesperado para
que esto sucediera. En 1969, la compañía comenzó a sentir presión de varios de sus más grandes clientes, que querían automatizar sus procesos de
pronósticos y resurtido de mercancía y estaban frustrados con la caja re-

gistradora electromecánica estándar de NCR. Esto apresuró a IBM a entrar al negocio de sistemas en el punto de venta y a establecer un grupo de transacciones de consumidores de cerca de treinta personas en Raleigh, Carolina del Norte. Por los primeros dos años, este grupo trabajó en hacer cajas registradoras más inteligentes, incorporándoles la electrónica.

En abril de 1971 (dos años después de que expiró la patente de Woodland), este grupo recibió noticias terribles e inesperadas. Un miembro del grupo, Alec Jablonover, asistió a una exhibición de comercio e industria en Cincinnati donde RCA causó una sensación al develar un escáner de caja funcionando. Al entrar las personas al piso de exhibición les daban una lata vacía con un código de barras en forma de ojo de buey estampado en cada extremo. Algunas de las latas tenían derecho a un premio, pero la única forma de averiguarlo era escaneándolas en el quiosco de RCA. La exhibición de RCA llamó la atención de todos los ejecutivos de supermercados, y los representantes de IBM encontraron que su quiosco estaba desierto. Alec Jablonover se acercó a investigar y se asombró de lo que vio. Se quedó en el quiosco un gran rato e hizo tantas preguntas que sus contrapartes de RCA pronto lo identificaron como "un IBM" y lo corrieron.

Tan pronto regresó a Carolina del Norte, Jablonover dio las noticias a su grupo, que ahora se daba cuenta de que el código de barras era la dirección en que IBM tenía que moverse, y *rápido*. Se asignó a Jablonover para averiguar lo que pudiera sobre códigos de barras. Su primera parada fue la biblioteca, donde se encontró con un artículo sobre el código de ojo de buey en una vieja publicación interna, y Joseph Woodland, de IBM, para su enorme sorpresa, figuraba de modo prominente en ella. Jablonover fue hacia su gerente y le mostró el artículo. Ambos hombres se dieron cuenta que tenían que tratar de localizar a Woodland. Un buen lugar para comenzar era averiguar si estaba todavía con IBM. Después de unas cuantas llamadas telefónicas, Woodland contestó el teléfono en su despacho de las oficinas generales de IBM, donde trabajaba entonces. ¿Era él la persona que había inventado el código de barras?, preguntó Jablonover. Sí, de hecho, era él. La administración de IBM actuó rápidamente y en forma decisiva, y para fines del verano, Woodland había sido transferido a Raleigh. Su llegada galvanizó al desmoralizado grupo de transacciones del consumidor. Jablonover lo recuerda bien:

Su orgullo de pertenencia era muy fuerte en todo momento. Realmente, él, de algún modo, vigorizó a todo el grupo, porque de pronto sentimos que realmente teníamos un recurso que podía traernos gran éxito.[7]

De este punto en adelante, IBM tuvo enormes utilidades con su código de barras. Pero primero, para que la nueva tecnología se usara ampliamente en la industria de supermercados y del menudeo, tenía que estandarizarse. Una de las primeras contribuciones de Woodland fue encabezar el equipo de IBM que diseñaría la participación de la compañía en la competencia para escoger el que se convertiría en el Código universal de productos estándar. Hubo doce diferentes participaciones, incluyendo la de IBM. La participación de RCA no fue muy diferente del modelo del ojo de buey que Woodland y Silver habían patentado en 1952. La participación de IBM se basó en el diseño de barras verticales anchas y angostas que Woodland había ideado más de veinte años antes en la playa de Florida, excepto que incorporaba varias mejoras decisivas. Aunque el comité del Código universal de productos rechazó todas las participaciones, el código que sí adoptó fue modelado muy de cerca con el de la presentación de IBM.[8] Cuando en 1973, este símbolo se volvió oficialmente el código de barras estándar, IBM avanzó al liderazgo definitivamente y ha dominado el mercado de sistemas para el punto de venta desde entonces. En 1992, después que Woodland se retiró de una larga y exitosa carrera en IBM, el presidente George Bush le concedió la Medalla nacional de tecnología. La dedicatoria decía:

por su invención y contribución a la comercialización de la tecnología del código de barras, que mejoró la productividad en todos los sectores industriales y dio lugar a la industria del código de barras.

Puede parecer que la actividad autoiniciada como la de Joseph Woodland es la excepción en la creatividad corporativa. Pero como hemos visto, la *mayoría* de los actos creativos en las compañías suceden de esta manera. ¿Por qué figura de manera tan prominente la actividad autoiniciada en la creatividad corporativa? Considere esto: ¿Habría alguna compañía asignado a Joseph Woodland para diseñar un escáner para supermercados? Él era un ingeniero mecánico, no un ingeniero eléctrico ni un científico en computación. Estaba bastante interesado en los negocios (recuerde que tomó clases en MBA en Drexel en su tiempo libre) como para apreciar las implicaciones de la petición de Friedland. Sus revelaciones decisivas surgirían de su antiguo pasatiempo como radioaficionado y de sus incursiones con sistemas de sonido en el cine. En retrospectiva, él era perfecto para el trabajo, pero ¿quién más podía haber percibido eso sino él? Woodland *se autoseleccionó* para el trabajo. Ni Woodland ni Silver, ni siquiera Friedland, soñaron en las más amplias implicaciones que un sistema de código de barras tendría para la industria, pero eso no es importante. La necesidad que ellos vieron fue suficiente para ellos. Nos hemos sorprendido por la frecuencia con que el punto de entrada de una persona a la creatividad corporativa es sólo una faceta menor de todo el potencial de la idea, tan menor, de hecho, como para parecer insignificante a todos excepto al iniciador. Un excelente ejemplo de esto puede verse en la excepcional historia del desarrollo de un producto de efectos impresionantes: el primer procesador práctico de palabras para caracteres japoneses.

El punto de entrada

En 1977, un ingeniero en aparatos eléctricos en Fujitsu llamado Yasunori Kanda acababa de empezar a aprender cómo escribir programas de computación.[9] Encontrando todas las frustraciones del inicio de un programador novato, notó algo que los programadores más experimentados podrían no haber notado. Los programas con los que trabajaba, que estaban escritos por norteamericanos, estaban llenos de enunciados de "observaciones" (comentarios útiles incorporados al código) que hacían mucho más fácil para otros entenderlos y usarlos. Los programadores japoneses, por otra parte, parecían usar pocos enunciados de observaciones en sus programas. Kanda comenzó a preguntarse por qué. Pronto llegó a pensar que el problema era con los teclados. Como todos estaban diseñados para el alfabeto inglés, no había manera práctica de capturar observaciones en japonés. No se trataba de pedir un teclado diferente, pues no existía un teclado así. Si se diseñara uno para el japonés, pensó Kanda, los programadores no estarían tan renuentes a incluir enunciados con observaciones en sus programas de computación. Sin embargo, hasta este punto, nadie se había imaginado una manera fácil de poner los miles de diferentes caracteres japoneses en un teclado sencillo. La solución directa de una tecla por cada carácter produciría un teclado del tamaño ¡de una gran mesa! Las rudimentarias máquinas de escribir japonesas entonces en existencia equivalían a poco más que eso.

Kanda comenzó a pensar en un nuevo tipo de teclado que permitiera la fácil entrada a los caracteres japoneses. Por su cuenta, emprendió lo que resultaría ser un exhaustivo estudio de la historia de la imprenta occidental y de la generación de caracteres, desde la invención de la máquina de escribir hasta el desarrollo del formato del Código americano estándar para el intercambio de información (ASCII, *American Standard Code for Information Interchange*) para las modernas computadoras. Tuvimos un destello de la impresionante amplitud de su investigación en la historia de la escritura a máquina y de la imprenta, cuando nos mostró las carpetas de hojas sueltas con notas que había compilado durante el proyecto. Se dio cuenta de que un punto importante en el desarrollo de la máquina de escribir occidental había sido la invención de la tecla de mayúsculas, que con un golpe duplicaba el número de caracteres del teclado. Junto con otro investigador de Fujitsu, Yoshiki Ikegami, Kanda experimentó con combinaciones de golpes de tecla para los caracteres alfabéticos *kana* del japonés que podían alimentarse como fundamentos para ayudar a seleccionar uno de los miles de posibles caracteres pictográficos *kanji*.

Siendo realistas, las máquinas de escribir mecánicas estaban limitadas a una tecla de mayúsculas, y eso bastaba para el inglés. Pero con una computadora, la capacidad multifuncional estaba disponible para cualquier tecla. En aproximadamente dos años, el trabajo de Kanda e Ikegami había llevado a Fujitsu a desarrollar un teclado completamente nuevo que se convertiría en el estándar para caracteres tanto japoneses como chinos. Pudo o no haber aumentado el número de observaciones escritas por los programadores japoneses, pero ¿a quién le importaba? Desencadenó las comunicaciones por toda Asia al abrir una nueva era de amplia disponibilidad en procesamiento de palabras a un bajo costo. A través de la actividad autoiniciada de Kanda, Fujitsu llegó a una posición dominante en el equipo de procesamiento de palabras.

Considere esto, sin embargo: si la administración hubiera tenido como meta el desarrollo de un nuevo procesador de palabras en japonés, probablemente no habría escogido a un programador de computadoras novato como Kanda para dirigir el esfuerzo. Si lo hubiera hecho, ¿podría haber pronosticado la pequeña faceta del problema, tratar de hacer más fácil a los programadores japoneses el uso de más observaciones, que despertaría su curiosidad y lo lanzaría en su odisea?

Los sistemas que dan continuidad a las ideas llegan lejos

Afortunadamente, como señaló Arthur Koestler, el deseo de iniciar actos creativos no sólo ya existe dentro de la mayoría de las personas sino que se deriva de una urgencia enraizada tan profundamente como el hambre o el sexo. Cualesquier acciones que las compañías emprendan para promover la actividad autoiniciada sólo tienen que liberar lo que ya está presente. Pero se necesita la acción, porque en un entorno corporativo la actividad autoiniciada consistente y con bases amplias no sucede por sí misma. En las pocas compañías donde encontramos altos niveles de actividad autoiniciada, no pudimos evitar notar algo que las distinguía: todas tenían un *sistema* de algún tipo que daba continuidad a las ideas de los empleados eficientemente. Hemos llegado a creer que casi cualquier sistema que responda eficientemente a las ideas liberará una considerable actividad autoiniciada. Puede parecer irónico que debamos estar comentando sobre *sistemas* en el contexto de algo tan personal como la curiosidad y motivación de una persona. Pero allí es donde nos ha llevado la evidencia. Un sistema esquiva todo problema; no importa de dónde viene una idea o qué motivó a la persona que la inició.

Consideremos la experiencia de la región oriental del Servicio Forestal de Estados Unidos. En 1985, el Departamento de Agricultura criticó al Servicio por su falta de creatividad y por sus modos burocráticos. La fuerte revisión apresuró al jefe del Servicio Forestal, Max Peterson, quien sabía que estas críticas eran exactas, a formular una nueva filosofía administrativa "orientada hacia las personas", dirigida a fomentar creatividad e innovación.[10] Se iniciaron pruebas piloto del nuevo sistema de administración en cuatro bosques nacionales, uno de los cuales era el bosque nacional Mark Twain en Missouri. El proyecto tuvo tanto éxito allí que Floyd Marita, el guardabosques de la región oriental, pidió que se aplicara como prueba para toda su jurisdicción de veinte estados. Cuando se aprobó, la iniciativa piloto de la región se llamó proyecto SPIRIT, con las dos "I" por *"innovation"* (innovación) e *"intrapreneurship"* (espíritu interno de empresa).

Una de las primeras iniciativas del proyecto SPIRIT fue infundir vida al moribundo sistema de sugerencias de la región oriental. Había sido burocrático e indiferente por pedir a los empleados del Servicio Forestal, por ejemplo, que llenaran un formulario de cuatro páginas, exactamente el mismo tamaño que los formularios de propuestas de racionalización en la antigua Unión Soviética. En los cuatro años anteriores, los dos mil quinientos empleados de la región habían enviado una cantidad ínfima de 252 ideas, una tasa equivalente a una idea de cada persona cada *cuarenta años*. ¡Seguramente el Servicio Forestal tenía más potencial creativo que ése! El sistema renovado requería sólo un formulario muy sencillo, que los empleados podían llenar en sus computadoras y presentar localmente o enviar por correo electrónico directamente a la oficina regional. Desde el principio, quedó claro para el personal de línea que esta vez el Servicio Forestal sí quería en realidad sus ideas y haría algo sobre ellas. Los gerentes de línea de las oficinas generales viajaron a todas las unidades en la región para conocer al personal de campo. Una nueva regla decía mucho sobre el nuevo compromiso de dar continuidad. Si se presentaba una idea y el proponente no recibía respuesta en treinta días, entonces, siempre y cuando la idea no quebrantase ninguna ley ni cayese dentro del dominio de actividad del Servicio Forestal, se aprobaba automáticamente y tenía que implantarse inmediatamente. La región nombró a Karl Mettke para el puesto de tiempo completo de "consultor en creatividad" y nombró coordinadores del proyecto SPIRIT (muy parecido a los IdeAAbogados de American Airlines) en cada área funcional y en cada uno de los dieciséis bosques nacionales de la región. No se ofrecieron premios por las ideas, pero a las que eran aprobadas se les concedía una estampa engomada con la imagen de una mofeta con la cola hacia abajo. Las ideas rechazadas también obtenían estampa de mofeta, con la cola *hacia arriba*.[11]

Inmediatamente, según Karl Mettke, "llegó una avalancha de nuevas ideas".[12] Tan sólo en el primer año, el Servicio Forestal recibió seis mil ideas, casi cien veces más que bajo el sistema antiguo. Durante los siguientes tres años, se enviarían más de doce mil ideas, de las cuales, se implantó más o menos 75 por ciento. Todo lo que había cambiado era el sistema: las personas seguían siendo las mismas. Su marejada de actividad autoiniciada se había desencadenado con un sistema que, por primera vez, tomaba en serio sus ideas.

Una avalancha de ideas puede siempre predecirse cuando una compañía implanta por primera vez un sistema efectivo para actos creativos inesperados. En verdad, puede abrumar a un sistema incipiente en su arranque. Hace varios años, actuamos como asesores para un gran minorista y fabricante de ropa. Por primera vez, en su historia de más de un siglo, la compañía decidió establecer un sistema para solicitar ideas de sus empleados. Antes de que el sistema se implantara en toda la compañía, se llevó a cabo una pequeña prueba piloto en una fábrica, en un departamento con unos treinta empleados. El CEO de la compañía y su vicepresidente de manufactura se reunieron con los empleados del área piloto y les dijeron que la compañía necesitaba sus ideas, que cualquier propuesta se contemplaría pronto y con seriedad, y que se darían premios por las ideas aceptadas. La única cosa que la compañía no hizo, pese a haber sido advertida, fue prepararse para la usual avalancha de ideas. La alta dirección simplemente no pudo hacerse a la idea de creer que sus empleados regulares, sin ningún historial de propuesta de ideas, de pronto idearían una erupción de ellas. Sólo se asignó a un gerente medio, de medio tiempo y sin ayuda, para responder a cualquier sugerencia que llegara del área piloto. A unos cuantos días de haber abierto el sistema para operación, ya estaba abrumado. En dos semanas su carga de casos había crecido a casi 130 ideas.

Tal como puede demostrar un rápido cálculo, el pobre hombre nunca se dio abasto.

Los gerentes de cuenta de IdeAAs en acción, un sistema maduro y altamente automatizado, con apoyo del personal, estimaban que cada idea se lleva aproximadamente cuatro horas de trabajo. Para un nuevo sistema, cuatro horas por idea es optimista, pero tomando éste como un estimado conservador, este gerente medio de medio tiempo había recibido más de *quinientas* horas de trabajo en diez días de negocios. Y esto sólo por ¡una pequeña área piloto! La situación degeneró rápidamente regresando a lo que ya existía antes. Muchos empleados en el área piloto nunca recibieron respuesta a sus ideas. Se corrió la voz rápidamente de que la administración no había sido sincera, y la administración, dándose cuenta de que los costos de arranque para la marejada de ideas a nivel corporativo comprometerían recursos importantes, perdió el ánimo y, en silencio, archivó todo el proyecto.

Creemos que un sistema estable, bien implantado, necesita cuando menos un empleado de tiempo completo por cada quinientos empleados, *si* el sistema es automatizado. Al inicio, se necesitan dos o tres veces más de esta cantidad de personal dedicado. La dirección de la compañía de ropa tenía bastante razón: se necesitan grandes recursos para arrancar un nuevo sistema. El deseo de actividad autoiniciada va mucho más a fondo de lo que mucha gente piensa. En nuestra experiencia, el aspecto más difícil para arrancar un sistema eficaz es persuadir a la compañía a que destine recursos adecuados para sobrevivir al arranque. En comparación con esto, el resto es fácil.

La avalancha característica de ideas se explica fácilmente. Consiste en todas las ideas que se les han ocurrido a las personas en el transcurso del tiempo, para las cuales no tenían antes ninguna salida práctica. Un fenómeno relacionado se observa a menudo en el campo de la calidad. Cuando un sistema eficaz de calidad se instala en una compañía por primera vez, el número de defectos realmente sube. No es que la calidad haya disminuido, sino más bien que el nuevo sistema está detectando problemas y defectos que pasaron desapercibidos antes. En el caso de la región oriental del Servicio Forestal de Estados Unidos, por ejemplo, muchas de las ideas iniciales tenían que ver con eliminar la burocracia contraproducente que había frustrado a los empleados durante años. Una de las ideas más exitosas de éstas se refería a los procedimientos kafkianos de compras del Servicio Forestal. Platicamos con Bill Millard, quien era el coordinador del proyecto SPIRIT para la función de abastecimiento y propiedades de la región oriental:

Como coordinador, fui a nuestras unidades de campo y les pedí que presenta-
ran cualquier idea que tuvieran que pudiera llevar a una simplificación de
nuestro proceso de abastecimiento y propiedades. A causa de esto, me llegaron
como trescientas ideas. Una de las comunes, que llegó de veinte o veinticinco
diferentes personas, era que el Servicio Forestal desarrollara algún tipo de
sistema de expedición de cheques para hacer más fácil las compras de mostra-
dor o partidas simplificadas.[13]

Antes, cuando los guardabosques compraban una lata de cera para el piso de su estación, la tienda tenía que presentar una factura al Servicio Forestal de Estados Unidos. Después de que la factura se procesaba allí pasando por varias capas de burocracia, se remitía al Centro nacional de Finanzas y, si se aprobaba allí, se enviaba al Departamento del tesoro para su pago. Era común que los vendedores esperaran seis meses para que se les pagara, una situación que estorbaba seriamente las operaciones del Servicio Forestal. Buena parte de las adquisiciones del Servicio se hace en tiendas de pueblos muy pequeños cuando, por ejemplo el Servicio tiene que montar campamentos contra incendios o comprar comida y otras mercancías para los bomberos. Naturalmente, los vendedores ya estaban renuentes a vender mercancía a una organización que se tomaba tanto tiempo para pagarles; algunas tiendas incluso se negaban a hacer algún negocio con el Servicio Forestal.

Como coordinador de proyecto SPIRIT, para abastecimiento y propiedades, Bill Millard dirigió un proyecto para mejorar la situación. Bajo el nuevo sistema "emisión por tercero", los empleados designados tienen ahora una autorización para gastos hasta de 2,500 dólares y pueden pagar en ese momento con un cheque emitido a la cuenta de una compañía privada, GELCO Payment System, que ganó el contrato para procesar e informar sobre los desembolsos (el Servicio Forestal simplemente no podía usar sus propios cheques a causa de la naturaleza de la autorización para gastos que le concede el Congreso). El nuevo plan tuvo también que ser aprobado por el Departamento del tesoro y el Departamento de agricultura, los cuales querían asegurarse de que fueran correctos los cheques y los saldos. Finalmente, se estima que ese sistema ahorró al Servicio Forestal unos 500,000 dólares por año. Bajo el antiguo sistema, procesar cada orden de compra costaba 142 dólares, mientras que cada emisión por tercero cuesta sólo dos o tres dólares. Bill Millard está ahora en un área de trabajo encargada de implantar el nuevo sistema en todo el Servicio Forestal. Otras propuestas, recibidas durante la marejada de ideas del proyecto SPIRIT, incluían la delegación de autoridad para muchos tipos de permisos en el nivel de guardabosques, eliminado los formularios por duplicado para informar sobre permisos anuales; y usar motocicletas de montaña para patrullar las áreas recreativas en vez de camiones de doble tracción.

Tristemente, la historia del Servicio Forestal no terminó con una nota feliz. El proyecto piloto en la región oriental no duró mucho. Desgastado por lo que Karl Mettke llamó "descuido benigno y resistencia pasiva", el ímpetu detrás del programa lentamente se consumió.[14] Para 1992, los "cuatro años mágicos" (tal como nos los describieron) se acabaron. En la misma forma en que aprendió el Servicio Forestal, a menos que al sistema se le dé mantenimiento, como al de American Airlines, la corriente de ideas creativas se secará.

El sistema en el Servicio Forestal de Estados Unidos era impresionante. Así es el de IdeAAs en acción en American Airlines. Ambos han dado como resultado grandes cantidades de ideas útiles. Sin embargo, ninguno de los dos ha estado cerca de obtener cien por ciento de participación. La meta de cualquier sistema para la creatividad corporativa debería ser desatar la actividad autoiniciada en *cada uno*. Ahora nos dirigimos hacia el que creemos es uno de los principales sistemas de *kaizen teian* en el mundo, el de Idemitsu Kosan, la segunda compañía más grande de petróleo en Japón. Interesantemente, la tasa de participación en Idemitsu alcanzó cien por ciento sólo después de que eliminó los premios por las ideas y se concentró en la motivación intrínseca. La historia del sistema sin premios de Idemitsu brinda aún más evidencia de que la motivación intrínseca es la clave para la creatividad corporativa. En su libro, *Crazy Times Call for Crazy Organizations*, Tom Peters escribió: "El empleado ideal (en todos los niveles) ejecutará proyectos de iniciativa propia."[15] Con cada uno de los empleados de Idemitsu justamente haciendo esto, ¿ha encontrado Idemitsu una herramienta mágica de reclutamiento? O, ¿hay algo más en juego? Aunque quedamos impresionados con todos los empleados de Idemitsu que conocimos, creemos que el secreto de la compañía estriba en ese "algo más": un excelente sistema que se basa en la motivación intrínseca.

El sistema sin premios de Idemitsu Kosan

Cuando Sazo Idemitsu, de veintiséis años de edad, inauguró una pequeña distribuidora de aceite lubricante de Nippon Oil en 1911, apenas podía haber previsto que crecería hasta hacerse la segunda compañía petrolera más grande del Japón. Sazo Idemitsu dirigió la compañía hasta 1966, antes de delegar la responsabilidad del liderazgo a su hermano más joven. En 1997, pese al rápido crecimiento de Idemitsu Kosan y a los extraordinarios cambios que han ocurrido tanto en Japón como en la industria del petróleo, la compañía ha permanecido fiel a los principios y filosofía de administración únicos del fundador.

Hoy, con más de nueve mil estaciones de gasolina por todo Japón, el nombre de Idemitsu es bien conocido para los japoneses. Idemitsu Kosan importa, refina, distribuye y vende productos de petróleo y carbón mediante su red doméstica de estaciones de servicio y sus seis mil expendios de gas líquido de petróleo (LPG, *liquefied petroleum gas*). En 1997, Idemitsu era el proveedor más grande en Japón de aceites lubricantes, LPG y combustible para motores de propulsión a chorro. En gasolina, la participación de 15 por ciento del mercado de Idemitsu era sólo la segunda junto al 16 por ciento de Nippon Oil. Además de sus operaciones de petróleo, Idemitsu posee cuatro minas de carbón en Australia, una mina de uranio en Canadá y una instalación de energía geotérmica de veinticinco megawatts en Japón, y tiene subsidiarias en todo el mundo de servicios de ingeniería, transportación, exploración, refinación, almacenamiento y, más recientemente, administración de marinas.

Antes de 1985, el sistema de Idemitsu de actividad para el mejoramiento del trabajo ofrecía un modesto esquema de premios. Los empleados que sometían ideas recibían certificados de regalo con valor de cinco dólares. En 1985, Youichirou Seki, quien administraba el sistema de actividad para el mejoramiento del trabajo en la refinería de Tokuyama, cuestionó la sabiduría de esta práctica, pues los premios no sólo estaban en conflicto con la filosofía de Idemitsu (que un salario es garantía de sustento y no el precio del trabajo fragmentario), sino que además administrarlos se había vuelto una pesadilla. En toda la compañía, llegaban propuestas *kaizen* a un ritmo de más o menos entre 2,000 a 4,000 por semana, y algunos empleados recibían certificados diariamente. Primero, Seki trató de simplificar el proceso administrativo cambiando el esquema de modo que los premios ya no fueran para empleados individuales, sino para sus secciones. Sin embargo, en poco tiempo se hizo obvio que el problema no había desaparecido. Se necesitaba una intervención más radical. Con el apoyo de su jefe, Seki decidió probar un experimento poco común en la refinería de Tokuyama. Quería ver qué pasaba si se eliminaban por completo los premios por las ideas.

Cuando hablamos con Seki, nos dijo que en ese tiempo él, como todos los demás, pensó que el número de propuestas para mejoras bajaría cuando se eliminaran los premios. Pero de todos modos los eliminó y, para la sorpresa de todos, sucedió lo contrario: el número realmente *se duplicó*. En 1988, cuando

Seki se cambió a la sección de *kaizen* en las oficinas generales de Idemitsu en Tokio, el sistema *kaizen* sin premios se implantó en toda la compañía. El sistema de Idemitsu continuaría hasta volverse uno de los mejores sistemas *kaizen teian* en Japón. En 1996, la Asociación de relaciones humanas del Japón lo clasificó entre los primeros cinco del país. Es más, las clasificaciones se basaron en el número total de ideas recolectadas en cada compañía, dando una gran ventaja a compañías mucho más grandes que Idemitsu. En retrospectiva, quitar el dinero de la ecuación de creatividad había forzado a Idemitsu a concentrarse en lo que quedaba: motivación intrínseca y la recompensa "espiritual" que una persona obtiene por hacer una mejora en su trabajo. Para lograr esto, Idemitsu tuvo que asegurarse que cada empleado sintiera que lo escuchaban y lo tomaban en serio.

A continuación, dos breves ejemplos de los tipos de ideas que Idemitsu recibe de su sistema *kaizen teian*. Una sugerida por una secretaria en las oficinas generales de Idemitsu en Tokio, se publicó en el número de marzo de 1995 de *Kaizen*, el boletín de actividad para el mejoramiento del trabajo.

Yo había estado enviando informes mensuales de Kaizen *por fax a aproximadamente 50 sucursales. Decidí mandarlos de noche cuando las tarifas eran más bajas. Los costos fueron como sigue:*

Antes: el costo del tiempo regular de fax era de 8 yenes por página

8 yenes × 20 páginas de fax × 50 destinatarios × 12 ejemplares por año = 96,000 yenes.

Después: con un 30 por ciento de descuento los costos de fax nocturno son de 5.6 yenes por página

5.6 yenes × 20 páginas de fax × 50 destinatarios × 12 ejemplares por año = 67,200 yenes.

La mejora se hizo efectiva en febrero y el total de ahorros anuales fue de 28,800 yenes (a 90 yenes por dólar en ese tiempo, esto era equivalente a 320 dólares).

Una segunda idea fue sometida en mayo de 1996 por un empleado en la sección de relaciones públicas de las oficinas generales de Idemitsu en Tokio. Idemitsu opera cinco refinerías en las principales islas de Japón. Cada una de las refinerías de Idemitsu regularmente recibe visitantes de fuera de la compañía, como periodistas y grupos locales de estudiantes o de negocios. Para ayudar a estos visitantes a entender sus operaciones, cada refinería estaba produciendo un folleto de información que contenía tablas de flujo de sus procesos, fotografías aéreas de la instalación y diversas estadísticas sobre su equipo y personal. Antes de mayo de 1996, cada refinería diseñaba y editaba su propio folleto y lo imprimía en forma local. Esto, no sólo significaba costos más altos de impresión para la compañía, sino que era una verdadera carga para los empleados de cada refinería. Las refinerías de Idemitsu, como las de muchas otras compañías petroleras y químicas, son altamente automatizadas y operan con un mínimo de empleados, cada uno de los cuales tiene muchas tareas. Sin embargo, tenía que asignarse a alguien en cada refinería la responsabilidad de elaborar un folleto y seguramente esta persona emplearía un tiempo considerable en ello.

La idea de mejoramiento fue introducir un formato común para el folleto con espacios en blanco, de modo que cada localidad pudiera simplemente dar los datos necesarios y dejar que las oficinas generales manejaran el resto. Como todos los folletos se envían ahora a las mismas compañías de imprenta o encuadernación, Idemitsu puede negociar un precio mucho mejor. Esta sugerencia también ahorró mucho tiempo, porque en vez de tener a un total de cinco empleados ocupándose de los folletos y duplicar buena parte del trabajo del otro, casi todo lo maneja una sola persona. Idemitsu estima los ahorros anuales por esta idea en unos cinco millones de yenes (más o menos cincuenta mil dólares).

Al final del formulario *kaizen* para esta idea, el supervisor del empleado había añadido el siguiente comentario:

Esta idea ha producido ahorros importantes en tiempo de edición y costos de impresión, ahorros que serán duraderos para la compañía. ¡Bien hecho!

Un planificador del departamento de *kaizen* agregó lo siguiente:

Ya que en este momento estamos muy preocupados por recortar costos, esa idea tiene gran potencial. Se basa en una buena comprensión de todo el sistema sobre cómo se hacen los folletos en el grupo Idemitsu, de manera integral. Si puede aplicarse a otras áreas donde hacemos folletos, podría significar grandes ahorros en costos para la compañía.

El sistema de Idemitsu tiene un alcance más amplio que un sistema como el de IdeAAs en acción, porque busca mejoramiento en todos los aspectos de las operaciones de la compañía, incluyendo aquellos que son menos tangibles, como el entorno de trabajo. Sin embargo, el sistema todavía tiende a enfocar la creatividad a través del espejo retrovisor. Se hacen mejoras a lo que una compañía ya hace. Es también verdad que la mayoría de los actos creativos en Idemitsu son relativamente pequeños, como el de la secretaria que redujo la cuenta del fax en 320 dólares por año. De hecho, se espera que cada idea quepa en una sola línea del formulario diseñado para doce propuestas. Pero al asegurar que todos tengan cierta experiencia con la actividad autoiniciada, sin importar lo pequeña que sea, Idemitsu ha incrementado la probabilidad de actos creativos de gran impacto, porque puede también esperar que los empleados inicien la actividad si alguna vez encuentran una oportunidad extraordinaria.

Cómo promover la actividad autoiniciada

Es sorprendentemente directo promover el tipo de actividad autoiniciada que lleva a los actos creativos. El deseo de ser creativo ya está presente en la mayoría de las personas, y las compañías sólo tienen que liberarlo. Todo lo que se necesita es un sistema eficaz para responder a las ideas de los empleados. No importa qué tipo de sistema sea, debe tener cinco importantes características:

1. *El sistema debe llegar a todos.* Ya que no hay modo de predecir quién estará implicado en un acto creativo, todos en su organización deben conocer el sistema y tener fácil acceso a él. Todos los sistemas de alto desempeño que conocemos tienen como mira una completa participación. Todos en American Airlines, Idemitsu o la planta de FoaMech de Johnson Controls conocen el sistema de su compañía y cómo funciona.
2. *El sistema debe ser fácil de usar.* Pocos empleados participarán en un sistema que es difícil de usar. La mayoría de los empleados en la antigua Unión Soviética y en el Servicio Forestal de Estados Unidos antes de 1985, tenía conocimiento de los sistemas de su organización. Sin embargo, los formularios de presentación de cuatro páginas que ambos sistemas usaban hacían el proceso tan sufrido que es sorprendente que recibieran alguna idea en absoluto. Cuando el Servicio Forestal renovó su sistema, simplificó grandemente el formulario de presentación e hizo posible llenarlo en computadora o aun mandarlo por correo electrónico. El formulario de Idemitsu está tan simplificado que doce ideas caben en una sola página.
3. *El sistema debe dar una firme continuidad a las ideas.* En la antigua Unión Soviética, el gobierno sintió necesario pasar una ley obligan-

do a que todas las ideas debían recibir una respuesta en un plazo de dos años de haberlas sometido. Claramente, las empresas soviéticas no tenían prisa por actuar sobre las ideas de sus emplea- dos. Es difícil imaginar algo más dañino para la creatividad. Pocas personas mandarán ideas a un sistema que no les presta una seria atención. Los sistemas eficaces tienen una propensión hacia la acción. Si el sistema renovado del Servicio Forestal de los Estados Unidos no respondía a una idea en treinta días, la idea era automáticamente aceptada siempre y cuando no quebrantara ninguna ley. En American Airlines, cualquier idea que no se proce- se por completo en 150 días se dirige al escritorio del CEO. En Idemitsu, se espera que los empleados inicien e implanten sus ideas y sólo entonces las escriban. Para que un sistema funcione, los empleados tienen que saber que sus ideas recibirán considera- ción razonable y oportuna.

4. *El sistema debe documentar las ideas.* Todos los sistemas de alto desempeño requieren que los empleados escriban sus ideas y que se lleven registros de lo que sucede con ellas. La razón más importante para esta documentación es la *responsabilidad*. Eso es lo que permite a American Airlines auditar IdeAAs en acción igual que cualquiera otra cuenta de presupuesto. La documenta- ción puede ayudar también a otros a investigar sobre las ideas, lo que puede llevar a la duplicación o elaboración de las mismas en otra parte de la organización. Finalmente, el acto de poner las ideas en papel obliga a las personas a clarificar su pensamiento y la presentación de sus propuestas. Desafortunadamente, demasia- das compañías cometen el error de dejar de solicitar documenta- ción adecuada en sus sistemas.

5. *El sistema debe basarse en la motivación intrínseca.* Cada uno de los sistemas que hemos descrito en este libro tiene su propio esquema de premios y reconocimiento. En general, cuanto menos use una compañía los premios por las ideas, mayor será su creatividad. Los premios son una característica importante del sistema de IdeAAs en acción en American Airlines, en algunos casos exce- diendo del salario de una persona. Aunque los empleados some- tieron 17,000 ideas para ahorrar costos que ahorraron 43 millones de dólares en 1996, 91 por ciento de los empleados no participó en el sistema, y el promedio fue de menos de una idea por cada cinco empleados. En la planta FoaMech de Johnson Controls, por otra parte, donde los premios son mucho más modestos, el promedio

fue de tres sugerencias por empleado en 1995 y cien por ciento de los empleados participó. En el mismo año, en Idemitsu, cuyo sistema no otorga premios, los empleados promediaron 118 ideas cada uno, y también participaron todos. Para mejores resultados, los sistemas deberían reforzar la motivación intrínseca y minimizar los premios.

Puntos principales

Los seres humanos tienen un impulso natural por explorar y crear, un impulso que deriva de una urgencia tan básica como el hambre o el sexo. Es esto lo que los lleva a querer iniciar una actividad creativa por su cuenta.

El primer año después que el Servicio Forestal renovó su sistema de sugerencias, la tasa de sugerencias dio un salto de cerca de sesenta por año a ¡seis mil!

Idemitsu Kosan en Japón y Johnson Controls en Estados Unidos son dos compañías que tienen cien por ciento de participación en sus sistemas para ideas. Ambos se apoyan en la motivación intrínseca más que en la extrínseca.

La mayoría de los actos creativos en las compañías son autoiniciados, lo que explica por qué la administración no puede anticiparlos.

Cuando un proyecto es autoiniciado, la persona implicada se autoselecciona para el trabajo. Frecuentemente su punto de entrada a la actividad es sólo una faceta menor de su potencial completo, tan menor, quizá, como para parecer insignificante a todos, excepto al iniciador.

Yasanori Kanda en Fujitsu inventó el primer teclado práctico para caracteres japoneses porque quería que los programadores japoneses usaran más observaciones en sus programas.

Para promover la actividad autoiniciada, las compañías sólo tienen que liberar lo que ya está presente. La clave es un programa efectivo para responder a las ideas de los empleados, el cual debe tener cinco características. El sistema debe:

1. *Llegar a todos*
2. *Ser fácil de usar.*
3. *Dar una firme continuidad a las ideas.*
4. *Documentar las ideas.*
5. *Basarse en la motivación intrínseca.*

Capítulo ocho
ACTIVIDAD EXTRAOFICIAL

Queremos algo nuevo y maravilloso, no esa cosa extraña y repulsiva que usted ofrece.

JACQUES BARZUN[1]

Por definición, cada acto creativo no previsto comienza con un periodo de actividad extraoficial, cuando se trabaja en él sin apoyo oficial directo. A veces, la actividad extraoficial de un acto creativo dura minutos y a veces, cuando la idea es particularmente extraña y repulsiva para la organización, puede durar años. Casi todos los actos creativos que examinamos que habían tenido un impacto importante en una compañía, estaban relacionados con un periodo apreciable de actividad extraoficial. A menos que la organización brinde el espacio para dicha actividad, tendrá poca oportunidad para que sea consistentemente creativa, como para traer consigo un flujo de cosas nuevas y útiles que no se hayan mostrado ni enseñado. Tal como lo mostrarán los ejemplos de este capítulo, la *actividad extraoficial*, el tercer elemento de la creatividad corporativa, tiene beneficios que no presentan las actividades de carácter oficial y permite a una compañía ir a donde nunca esperó ir.

¿Seiscientos cincuenta dólares por un cajón?

En 1987, American Airlines abrió un nuevo centro en Nashville, Tennessee, y estableció una aerolínea subsidiaria, Nashville Eagle (ahora parte de American Eagle) para atender todos los vuelos de transbordo desde Nashville. Bette Swatzell era la secretaria del presidente de la nueva aerolínea, un puesto que significaba que estaba bien informada sobre las operaciones y planes de la nueva compañía. En los primeros años, cuando la compañía estaba iniciando, todos cooperaban donde se necesitaba para terminar el trabajo. Cierto día de octubre de 1989, Swatzell estaba ayudando en el departamento de cuentas por pagar y notó por casualidad algunas facturas de las gavetas corredizas de los carros de cocina que se usan para servir comida y bebidas en los aviones, los llamados revestimientos de cajones. En la época en que descubrió estas facturas, Nashville Eagle ya había comprado diez flamantes naves Saab 340 de turbopropulsión y estaba planeando comprar cuarenta más. Cada avión nuevo venía equipado con un carro de cocina, y Nashville compraba uno más para repuesto. Cada uno de los carros de cocina tenía seis cajones. Swatzell sabía que los revestimientos de cajones eran artículos algo complicados, pero se sorprendió de encontrar que el fabricante suizo cobraba 650 dólares por cada cajón con revestimiento de los carros de cocina de repuesto. Así que Swatzell vio una oportunidad para ahorrarle algo de dinero a su compañía.

Trabajando extraoficialmente durante los siguientes ocho meses, hizo una considerable investigación por su cuenta para encontrar a un vendedor local que pudiera hacer los revestimientos de cajones a un precio más razonable. Sus antecedentes eran perfectos para el trabajo. Había vivido en Nashville toda su vida y tenía muchos amigos a quienes consultar. Más aún, antes de unirse a Nashville Eagle, había trabajado en el departamento de compras de DuPont por más de diecinueve años. Swatzell pidió al departamento de ingeniería que contactara al fabricante suizo de los carros y que obtuviera los dibujos para los revestimientos de cajones. Armada con estas especificaciones, contactó a quince potenciales proveedores, nueve de los cuales respondieron que no tenían el equipo para hacer ciertos pasos de su fabricación. Al final, obtuvo estimados de seis diferentes vendedores locales, y Nashville Eagle otorgó el contrato para los revestimientos de cajones al postor más bajo, a un precio de sólo 27.30 dólares por cajón.

Swatzell nos dijo que cuando comenzó a trabajar en su idea, no estaba muy enterada del sistema IdeAAs en acción, el cual todavía no estaba completamente establecido en Nashville Eagle. A principios de 1990, tres meses después de que ella había comenzado a trabajar en su idea y cuando ya había obtenido dos o tres cotizaciones de vendedores, un colega la alertó sobre IdeAAs en acción y le sugirió que debía presentar su idea. Lo hizo, y sin duda estuvo encantada de saber que iba a obtener un premio de 28,500 dólares por su idea, que había ahorrado a Nashville Eagle 188,000 mil dólares.

En el caso de Swatzell, Nashville Eagle estuvo muy feliz con lo que ella hizo. De hecho, su compañía estaba tan bien alineada para ahorros en costos que ella nunca dudó que su idea fuera bienvenida. Si la administración se hubiera dado cuenta de su actividad extraoficial, ciertamente la habrían alentado a continuarla. En resumen, tenía a toda la organización tras ella, y su idea nunca necesitó ninguna protección. Pero muchos actos creativos inesperados encuentran resistencia o hasta franca oposición al principio, y para estas ideas, la actividad extraoficial a menudo brinda la protección que necesitan.

Es difícil imaginar una idea que inicialmente se considerara más extraña y repulsiva que la de la historia que vamos a contar. La actividad extraoficial de Russell Marker fue clave para permitirle realizar su visión de encontrar una manera de sintetizar hormonas como la progesterona, el estrógeno y la testosterona. Su trabajo tuvo un inmenso impacto en nuestro mundo, particularmente en las vidas de las mujeres. Al descubrir una manera de producir en masa estas hormonas sexuales clave, en forma barata, Marker redujo la frecuencia de abortos, hizo mucho más seguros los partos, ayudó a las mujeres después de la menopausia y preparó el camino para el anticonceptivo oral comúnmente conocido como "la píldora".[2] Cuando Marker murió en 1995, un obituario señalaba (con algún subestimado de las cifras implicadas) que:

> *Está demostrado que el doctor Marker tuvo un impacto en el curso de los sucesos de la humanidad tan profundo como nadie que hoy día esté con vida. La población del mundo sería ahora más grande por literalmente decenas de millones, especialmente en los países más pobres como India, si no fuera por la píldora anticonceptiva que en estos días se produce gracias a la química esteroidal que él desarrolló.*[3]

El relato del acto creativo de Russell Marker ilustra muchos de los beneficios de la actividad extraoficial, y por qué a menudo da a una organización la oportunidad de ir a donde menos espera.

Creatividad detrás de las líneas enemigas

Russell Marker, hijo de un comunero, nació en una cabaña de troncos de una habitación cerca de Hagerstown, Maryland, en 1902. Sorprendentemente, para una persona cuyo trabajo científico cambiaría el curso de la historia, no tomó clases de ciencias en la escuela secundaria. Contra los deseos de su padre, que quería que se hiciera granjero, pero con el apoyo de su madre, decidió inscribirse en la Escuela de Química de la Universidad de

Maryland. Al final de su segundo año, un amigo le advirtió que el curso más difícil en su penúltimo año sería el de química orgánica. Marker compró una copia del texto para el curso y trabajó en él ese verano. Estaba fascinado por la materia, y le fue bien en el curso, particularmente en su trabajo de laboratorio. De ese punto en adelante, su principal interés sería la química orgánica experimental. Seguiría adelante hasta obtener su grado en licenciatura y maestría en química en Maryland, pero sorprendería a la escuela al no terminar su doctorado después de terminar con éxito su investigación, que más tarde fue publicada. La dificultad surgió cuando su asesor de tesis insistió en que Marker tomara un curso básico en química física para cumplir con los requisitos de la universidad para el doctorado.

Marker pensó que esto era ridículo, pues ya había dominado el contenido del curso por su cuenta. Repetirlo de nuevo en un curso formal, argumentó, era una pérdida de su tiempo, y se negó a hacerlo. Su asesor le dijo que sin su doctorado, lo mejor que Marker podía esperar era una carrera en análisis de orina.

En junio de 1925, un Marker sin doctorado dejó la Universidad de Maryland. Pronto fue a dar a Ethyl Gasoline Corporation.[4] Su primera encomienda fue mejorar el aditivo para gasolina "sin golpeteo" de la joven compañía. Con el tiempo, logró entender el fenómeno fundamental y pudo producir un aditivo que eliminara el golpeteo del motor completamente. También, fue mientras exploraba las diversas mezclas de compuestos que evitaban o agravaban el golpeteo cuando inventó el ahora ampliamente usado sistema de medición del octano para la gasolina. Se corrió la voz en la comunidad de químicos sobre su talento excepcional para sintetizar compuestos orgánicos, y esto le trajo muchas ofertas de trabajo.

Uno de los visitantes en su laboratorio fue el doctor Frank Whitmore, decano de física y química en Pennsylvania State College. Whitmore estaba tan impresionado con Marker que le pidió venir a Penn State, una oferta que Marker algún día aceptaría. Mientras tanto, también lo contactó el doctor Phoebus Levene, jefe del departamento de química en el Instituto Rockefeller, una de las organizaciones de investigación más prestigiadas del mundo. Levene le dijo a Marker que sus químicos tenían dificultades para sintetizar ciertos compuestos complicados que necesitaba para su investigación. ¿Estaría Marker interesado en unirse a su laboratorio para hacer este trabajo? Sí lo estaba, y en junio de 1928, se presentó a trabajar en Nueva York.

Marker prosperó en Rockefeller, enriqueciendo sus habilidades de laboratorio y su ya considerable reputación de trabajador dedicado (a veces se quedaba en el laboratorio hasta tres días seguidos). Durante los siguientes seis años, él y Levene publicaron treinta y dos trabajos juntos. En 1935, quedó intrigado por algunos artículos sobre esteroides, los alcoholes sólidos que son comunes tanto en animales como en plantas. Estaba deseoso de trabajar en un subgrupo particular de estos esteroides, hormonas, pero sabía que sería difícil obtener muestras con qué experimentar, porque eran escasas y costosas en grado prohibitivo. La que más interesaba a Marker era la progesterona.

Cuando lograba estar disponible, costaba más de mil dólares por gramo y sólo se usaba necesariamente en dosis pequeñas de uno a tres miligramos. Además de la investigación, la progesterona se usaba primordialmente para incrementar la fertilidad de los caballos de carrera de primera. El puñado de compañías farmacéuticas que la surtía estaba situado en Europa, y obtenía su progesterona extrayéndola de la orina de toros en cantidades mínimas. Una cosa era cierta en este proceso: nunca produciría suficiente para satisfacer la demanda mundial.

Marker comenzó a pensar en cómo, en lugar de extraerla, se podría sintetizar la hormona, lo cual permitiría que fuera disponible en grandes cantidades. Pidió al doctor Levene permiso de trabajar en esta área. Levene le dijo que no lo permitiría por dos razones. Primera, necesitaba a Marker para el otro trabajo de síntesis. Segunda, en el laboratorio adyacente en Rockefeller, un investigador de fama mundial, W. A. Jacobs, ya estaba activamente dedicado a la investigación de esteroides.

Cuando Marker amenazó con irse si no le permitía trabajar en su problema, ambos hombres llevaron su caso al presidente del Instituto, doctor Simon Flexner. La reunión salió mal, principalmente porque Flexner se ofendió por lo que consideró impertinencia de Marker al amenazar con irse y golpeó en su escritorio. Era un honor trabajar en Rockefeller, *el* lugar para investigar y nadie se iba a menos que su contrato expirara o lo despidieran, le dijo el enojado presidente a Marker.

Excepto Marker, por supuesto. Si no podía trabajar en el desarrollo de hormonas sintéticas en Rockefeller, se iría a algún lugar donde sí pudiera. Recordando la oferta del decano Whitmore en Penn State, Marker lo contactó y, para mucha consternación de su esposa, renunció a su puesto de 4,400 dólares al año en Rockefeller por una beca de 1,800 dólares en Penn State, con fondos de Parke Davis, una compañía farmacéutica. Su cambio llegó justo a mitad de la Depresión.

Aunque comenzó con 2,600 dólares anuales menos y sin ayudantes ni fondos para equipo, Marker por fin tuvo la libertad de investigar nuevos métodos para sintetizar hormonas. En su primer año en Penn State, sus esfuerzos parecían vindicar la predicción de su asesor de doctorado sobre una carrera en análisis de orina, ya que pasaba la mayor parte del tiempo extrayendo cantidades mínimas de hormonas de orina animal. Su hijo, Russell C. Marker, evocó para nosotros ese año en Penn State:

Recuerdo que correteaban a un perrito por todo el laboratorio y tomaban muestras de su orina. Obtenían orina de ovejas y de diferentes animales. Solía venir a casa apestando a orina y mi mamá se molestaba porque quería ir al cine, y aquí estaba él con toda su ropa apestando a orina.[5]

Cuando llegó a reconocer que la orina animal nunca rendiría cantidades suficientes de hormonas, Marker comenzó a centrar su atención en las plantas. Sabía que W. A. Jacobs en el Instituto Rockefeller, y otros, habían encontrado sapogenin (una variedad de colesterol químicamente similar a los esteroides) en las raíces de plantas silvestres. Tantas personas habían tratado y fracasado en la búsqueda de una manera de alterar la estructura química de los sapogenins para producir hormonas sintéticas, que la opinión científica dominante sostenía que no podía hacerse. Pero Marker pensó que él podía hacerlo.

Durante los siguientes cuatro años, trabajó intensamente en el laboratorio, a menudo toda la noche (su hijo recuerda bien este periodo por tantas veces que le llevó el desayuno al laboratorio). Finalmente, Marker encontró un proceso, ahora conocido como "degradación Marker", para convertir la sarsasapogenin (un tipo de sapogenin) en progesterona. Una variación de este proceso producía testosterona, que a su vez podía fácilmente convertirse en estrógeno. Todo lo que necesitaba ahora era una fuente abundante de sarsasapogenin.

Marker puso el mismo entusiasmo y persistencia que ponía en todo su trabajo para buscar plantas ricas en sapogenin. Al principio buscaba en el campo, cerca de Penn State. Al no tener suerte, amplió su búsqueda, realizando expediciones por todo Estados Unidos con botánicos que contrataba y botánicos retirados que ayudaban como voluntarios. Incluso viajó al norte, a los bosques canadienses (para obtener los fondos de esta actividad vendía a Parke Davis la progesterona que extraía de la orina de toros). Marker tenía correspondencia con botánicos de todo el mundo, pidiendo que enviaran cualesquier plantas que pudieran contener saponina. Ciertos investigadores japoneses le enviaron una muestra de una onza de sapogenin que habían extraído, llamada "diosgenina".

Cuando Marker trabajó con esta muestra, quedó sorprendido de lo fácil que era producir progesterona con ella y decidió centrar su búsqueda en plantas que contuvieran diosgenin. Pronto su laboratorio estaba rebosando de plantas de todo el mundo. Posteriormente, Marker estimó que durante ese tiempo había examinado más de cuarenta mil kilogramos de plantas que representaban más de cuatrocientas especies. Encontró una especie de yuca llamada "raíz *Beth*" en Carolina del Norte. La raíz *Beth*, que contenía un compuesto natural muy parecido al estrógeno, era el ingrediente secreto del Compuesto de Lydia Pinkham, una medicina de patente que se utilizaba mucho a principios del siglo y que todavía se usa hoy para mitigar los dolores menstruales.[6] La raíz *Beth* también contenía diosgenin, pero sólo en cantidades pequeñas.

De 1938 a 1942, continuó la búsqueda de una fuente de materia prima que permitiera la disponibilidad de las hormonas sintéticas en mayor cantidad y a un bajo precio. Quizá sin más qué hacer, Marker y su equipo de estudiantes graduados y de botánicos compilaron una lista muy completa de las plantas en Estados Unidos que contenían sapogenin.[7] Finalmente, vino el alivio.

En uno de sus afanosos viajes, pasó la noche en casa de un botánico retirado en Texas. Marker tomó un viejo libro de botánica y comenzó a hojearlo. Le llamó la atención la fotografía de un ñame silvestre de aspecto raro, la *cabeza de negro*. Tenía una enorme raíz, de más de 110 kilos al término de su crecimiento, y contenía diosgenin. Había sólo un problema. Únicamente crecía en la selva del estado de Veracruz, en México.

En noviembre de 1941, Marker fue a ver al decano Whitmore y le dijo que tenía que ir a México a encontrar la *cabeza de negro*. Primero, Whitmore hizo lo posible por desanimarlo. Europa ya estaba en guerra (eran sólo unas semanas antes de Pearl Harbor) y la embajada de Estados Unidos en la ciudad de México estaba aconsejando a los norteamericanos que permanecieran fuera del país, a causa del creciente sentimiento en favor de los alemanes allí. Quizá porque vio lo que el presidente del Rockefeller no había visto: que Marker se iría de todos modos, con o sin su permiso, Whitmore cedió y de forma renuente le dio su bendición (y un modesto apoyo económico) para el viaje. Marker partió inmediatamente pero pronto regresó con las manos vacías. No había podido obtener el permiso necesario de la Secretaría de Agricultura de México para la recolección de plantas.

Después de esperar dos meses para que terminara el papeleo, Marker regresó a México en enero de 1942, sólo para encontrar contratiempos adicionales. El botánico mexicano que Marker contrató se había arrepentido porque estaba intimidado por los sentimientos antiamericanos que la gente demostraba cuando se daban cuenta que Marker era de los Estados Unidos. Un funcionario de la embajada de Estados Unidos insistió una vez más a Marker para que se fuera a casa. Pero no lo iban a desanimar tan fácilmente. Pese a no hablar español, durante varios días se abrió paso a través del hostil país en autobuses locales para llegar al área que el viejo libro de botánica había descrito como hábitat de la *cabeza de negro*. Tan pronto llegó, fue a una tienda en un pueblo cercano y habló con el dueño. El hombre, no sólo conocía la planta, sino que le dijo a Marker que si regresaba en la mañana, le tendría listas dos plantas. Aunque a su regreso se las robaron, Marker recuperó una (después de sobornar a un policía) y logró hacerla llegar a salvo de vuelta a Penn State. Allí, arrancó un pedazo de la raíz, separó el diosgenin en ella, y lo convirtió en progesterona.

Su siguiente paso fue llevar el resto de la raíz a Detroit, donde demostró su nuevo proceso en Parke Davis, tanto a su director de investigación como a su presidente, Alexander Lescohier. Dijo a los dos hombres que con su proceso podrían producir cantidades casi ilimitadas de pro-gesterona. Pero cuando sugirió que los laboratorios de producción estarían mejor situados cerca de donde crecía la *cabeza de negro*, en México, involuntariamente tocó un punto sensible. El presidente Lescohier había estado recientemente en México, donde se había enfermado y había tenido una mala experiencia en una clínica médica. Por decir lo menos, no se había llevado una impresión positiva de México. Lescohier no pudo hacerse a la idea de creer que una instalación farmacéutica moderna pudiera manejarse en un país que él consideraba tan atrasado. No sólo se negó a siquiera patentar el proceso allí, sino que rehusó la siguiente petición de Marker: el uso de una pequeña área en una planta empacadora que Parke Davis había abierto recientemente cerca de la ciudad de México, donde Marker propuso establecer el proceso él mismo. Parke Davis simplemente no estaba interesada, le dijo el presidente a Marker. Se rumora que haber rechazado la tremenda oportunidad que Marker le había presentado tuvo mucha relación con su salida de la compañía poco después. Marker pasó el resto de 1942 y 1943 tratando de interesar a otras compañías farmacéuticas importantes en el potencial comercial de su proceso pero, increíblemente, no pudo. Se dio cuenta de que si la progesterona había de estar ampliamente disponible, probablemente tendría que lograr esto por sí mismo.

En septiembre de 1943, Marker renunció a su puesto en Penn State, sacó del banco la mitad de los ahorros de toda su vida, y salió para la ciudad de México. Después de fracasar al tratar de interesar a varias compañías mexicanas de medicamentos, en un momento de desesperación, tomó el directorio de teléfonos y comenzó a hojearlo. Vio una compañía con un nombre prometedor, Laboratorios Hormona, S. A. Llamó y lo invitaron a visitarlos. Allí conoció al gerente de producción, Federico Lehmann, quien se asombró de que, en tan sólo el tiempo que Marker había pasado en México ese año, sin dinero y con equipo sumamente pobre, hubiera podido producir *tres kilogramos* de progesterona, con valor de 150,000 dólares al precio existente de 50 dólares por gramo. Lehmann rápidamente reconoció el valor comercial del proceso de Marker y contactó al dueño de la compañía, Emerik Somlo, un húngaro que había emigrado a México en 1928. Somlo, también, apreció inmediatamente la importancia de lo que Marker le había traído. Laboratorios Hormona tenía la capacidad para producir grandes cantidades de progesterona, y en poco tiempo, los tres hombres (Marker, Somlo y Lehmann) acordaron formar una nueva compañía llamada Syntex, una combinación de las palabras *synthesis* (síntesis) y *México*. Syntex se constituyó legalmente en marzo de 1944 y poco después comenzó la producción comercial a gran escala de progesterona. Pero las aventuras de Marker todavía no acababan.

Después de un año de operaciones, Marker y sus socios tuvieron un desacuerdo sobre la distribución de utilidades y el futuro de la compañía. Al no poder resolver estas diferencias, Marker dejó Syntex en mayo de 1945, devolviendo su 40 por ciento de acciones a Somlo, y en dos meses inició con Botánica Mex como competidor, lo cual bajó el precio de la progesterona, primero a diez dólares por gramo, y luego a cinco dólares por gramo. Sin embargo, estaba claro que alguien no quería que la nueva compañía tuviera éxito. Se robaron muchas de las raíces que recolectaba, a una de las mujeres mexicanas que trabajaba para Marker la golpearon y la estrangularon, a uno de sus veladores lo mataron a tiros, y a un hombre que recolectaba raíces para él lo asesinaron. A causa de esta campaña de intimidación, Botánica-Mex paró la producción en marzo de 1946 y vendió su equipo e inventario de raíces *cabeza de negro* a una compañía europea de medicamentos. En su corta vida de ocho meses, Botánica Mex había producido más de treinta kilogramos de progesterona. Syntex seguiría adelante hasta inventar la píldora para control de la natalidad y convertirse en una de las compañías farmacéuticas más grandes del mundo. Muchas otras compañías importantes de medicamentos serían excluidas de la acción, incluyendo a G. D. Searle, donde en 1965 Jim Schlatter se lamería el dedo y descubriría NutraSweet.[8]

Poco tiempo después de la publicación de su artículo número 213, y último, en el que describía una manera de sintetizar la cortisona de ciertas plantas, Marker se retiró por completo del campo de la química, cortando todos sus lazos profesionales y aun destruyendo sus notas de laboratorio. Por veinte años, pareció haber desaparecido. Algunos pensaron que lo habían matado los indígenas mexicanos o que quizá se había vuelto loco. Realmente, había comenzado una nueva vida en México, colaborando con un platero mexicano para reproducir artefactos de plata franceses e ingleses del siglo dieciocho. Finalmente, en 1969, Pedro Lehmann, hijo de Federico Lehmann y también químico, siguió la pista a Marker y lo persuadió de que asistiera a un banquete de la Sociedad Mexicana de Química en su honor. En una carta a Lehmann en ese tiempo, Marker escribió lo siguiente:

> *Cuando me retiré de la química en 1949, después de cinco años de producción e investigación en México, sentí que había logrado lo que me había propuesto hacer. Había encontrado fuentes para la producción de hormonas esteroides en masa y a precios bajos, había desarrollado el proceso para su manufactura y las había producido. Ayudé al establecimiento de muchas compañías competitivas para asegurar un precio razonable al público y sin protección de patente de los productores.*
>
> *Nunca volví a la química o la consultoría, y no tengo acciones en ninguna compañía de hormonas o algo relacionado.[9]*

El descubrimiento de Russell Marker se hizo casi completamente sin apoyo oficial. Dio a muchas organizaciones la oportunidad de hacer oficial su idea y de beneficiarse con ella: el Instituto Rockefeller, Parke Davis, las principales compañías de medicamentos norteamericanas y mexicanas de ese tiempo, y aun a Penn State. Todos ellos decidieron no aceptarle la oferta, y es una fortuna que la falta de apoyo no lo detuviera. Una compañía debería siempre alentar más actividad extraoficial de la que pueda posiblemente hacer oficial. Al dar cabida a lo extraoficial, una organización incrementa grandemente la probabilidad de creatividad no prevista. Pero sólo legitimar la actividad extraoficial no es suficiente. Hemos examinado muchos actos creativos no previstos que requerían de recursos sustanciales o de riesgo para implantarlos, y casi todos tuvieron una difícil transición de carácter extraoficial a oficial, aunque pocos fueron tan traumáticos como el de Marker. De hecho, en la mayoría de los casos, las fuerzas formadas contra las ideas durante la fase de transición fueron tan fuertes que casi no se logran. Y si bien puede ser difícil decidir qué ideas deberían hacerse oficiales y cuándo, las compañías pueden llevar a cabo alguna acción específica para asegurar que se tomen mejores decisiones durante el proceso de transición.

Para ilustrar cómo ocurre este proceso de transición en las compañías, veremos ahora una idea que, pese a considerable resistencia, llevó a cabo con éxito la transición de condición extraoficial a oficial, y en el tiempo perfecto. Dio como resultado uno de los productos más exitosos en la historia de Hewlett Packard (HP): la impresora de inyección de tinta. Cuando se introdujo en 1984, las impresoras de bajo costo usaban tecnología de matriz de puntos, y las compañías japonesas dominaban este segmento del mercado. HP, que entonces no era conocida por hacer nada de bajo costo (como chiste se decía que las iniciales HP eran por "*high priced*", precio alto), no estaba siquiera en esta parte del negocio. Trece años después, en 1997, HP dominaba la industria de impresión de bajo costo, ahora con base en la tecnología de inyección de tinta, con alrededor del 50 por ciento del mercado. De hecho, con cinco mil millones de dólares en ventas, el negocio de HP relativo a la inyección de tinta se había vuelto tan grande que si fuera una compañía separada, estaría entre los 500 de *Fortune*. Tan exitosa como ha sido la impresora de inyección de tinta, pocos (aun en HP) saben de sus modestos comienzos, o que, como mero germen de una idea, casi no sobrevivió.

Cuando la tinta explota

En la víspera de la navidad de 1978, tuvo lugar una conversación casual tomando café en el laboratorio de investigación de HP en Palo Alto (California), la que, involuntariamente, lanzaría a la compañía por un camino nuevo y altamente rentable. Dos ingenieros de laboratorio, John Vaught y Dave Donald, y unos cuantos ingenieros de las instalaciones de HP en Boise, Idaho, acababan de terminar el diseño del motor para la nueva impresora láser de HP, la primera que sería capaz de la entonces alta resolución de 180 puntos por pulgada. Mientras estaban de pie en el pasillo tomando una taza de café, los miembros del grupo comenzaron a platicar sobre qué tipo de impresora les gustaría tener si pudieran tener lo que quisieran. El consenso fue una impresora a color de inyección de tinta capaz de una alta resolución, de cuando menos doscientas gotas por pulgada. En el tiempo de esta conversación, una impresora así sólo podía soñarse. Era verdad que ya existían aparatos que podían expulsar finos chorros de gotas de tinta en el papel. Sin embargo, eran notoriamente sucios, poco confiables y caros.

El concepto de una impresora que controle el flujo de tinta mediante pequeños tubos tiene realmente más de un siglo. En 1867, Lord Kelvin había desarrollado un método para controlar en forma electrostática la salida de gotas de tinta en uno de sus instrumentos de registro.[10] A mediados de los sesenta, cien años después, el interés en la idea de la inyección de tinta se reviviría cuando Richard Sweet de Stanford University desarrolló un instrumento para registros de alta frecuencia que funcionaba al encender o apagar rápidamente un flujo de alta velocidad de gotas de tinta (más de 100,000 por segundo) y desviando electrostáticamente cada gota sobre su trayectoria deseada , como había hecho Lord Kelvin.[11] Aunque IBM sí introdujo una impresora comercial con base en el método de Sweet, era tan difícil de operar y de mantener que realmente nunca tuvo éxito, excepto en laboratorios de investigación.

Durante las vacaciones navideñas de 1978, John Vaught comenzó a pensar en cómo hacer realidad lo que habían imaginado en la reunión del café, una impresora de inyección de tinta que funcionara. Como a él y a Donald los habían asignado a un proyecto que parecía no tener futuro, comenzaron el nuevo año experimentando por su cuenta con la impresión de inyección de tinta. Al aumentar su entusiasmo, se encontraron empleando todo su tiempo en su nuevo proyecto. Sus primeros esfuerzos siguieron las mismas líneas que los de todos los demás: trataron de usar material muy pequeño activado piezoeléctricamente para exprimir un tubo capilar delgado que contenía tinta y lanzarla sobre el papel.

En unas cuantas semanas, las limitaciones del enfoque piezoeléctrico se habían vuelto evidentes, y los dos hombres sabían que tendrían que probar algo diferente. Pensando en la forma en que funcionaban los antiguos percoladores de café, Vaught propuso lo que resultaría ser el primer avance en la nueva tecnología de impresión con inyección de tinta: ¿por qué no tratar de calentar la tinta? Su primer intento fue pasarle electricidad, usando la resistencia eléctrica de la tinta para producir calor. Hicieron un aparato sencillo con dos electrodos. Cuando se energetizaban éstos, la tinta sí se calentaba, pero no salían las gotitas por el extremo del tubo. Tal como resultó, la tinta no tiene una resistividad suficientemente baja para producir el calor necesario para la formación rápida de gotas. También, se produjeron burbujas de hidrógeno y oxígeno en los electrodos, causando que se erosionaran rápidamente. Vaught y Donald trataron de poner estas burbujas a su favor, inflamando la mezcla explosiva de gases dentro de ellos al producir una pequeña chispa entre los electrodos. Aunque esto tuvo éxito, no pudieron encontrar una forma de generar la explosiva mezcla de gases con la rapidez necesaria para lograr la velocidad de goteo en la boquilla de dos mil gotas por segundo.[12]

Tanto Vaught como Donald nos hablaron de sus gratos recuerdos de esos meses iniciales en 1979. Se divertían tremendamente; como niños jugando, estaban llenos de entusiasmo, probando primero una cosa y luego otra. Siguieron buscando una manera de incrementar la velocidad de goteo y de reducir la erosión de los electrodos, pero sin suerte. Con el tiempo, Vaught, recordando su percolador de café, sugirió eliminar los electrodos y tratar de calentar la tinta con un resistor. Esto resultó ser su segundo avance. Cuando montaron un pequeño resistor justamente dentro del extremo del tubo y rápidamente prendieron y apagaron la electricidad, lograron producir lo que pareció ser pequeñas explosiones de tinta.

Vaught y Donald habían descubierto una manera completamente nueva de poner tinta en el papel. Más que exprimirla de un tubo, la estaban disparando hacia afuera en estallidos controlados. Era rápido, y no era sucio. Sin embargo, aunque el método funcionó, pasaría un tiempo antes de que ellos, o alguien más en HP, realmente entendieran por qué. En parte por esto, la idea de la impresora de inyección de tinta comenzaría ahora a encontrar resistencia. Ni para Vaught ni para Donald era tan divertido trabajar en el proyecto de inyección de tinta después de esto; de hecho, las cosas se pondrían muy mal antes de poder mejorar un poco.

El problema era que los experimentos de Vaught y Donald habían puesto en evidencia su capacidad, o la de cualquiera a su alrededor, para explicar el fenómeno fundamental. Más aún, una de las razones de que estuvieran en evidencia eran los antecedentes poco ortodoxos de Vaught para el entorno en que trabajaba. Era un ingeniero autodidacta sin un grado universitario, trabajando en una cultura en la que las credenciales académicas se consideraban muy importantes. Estaba acostumbrado a trabajar de manera muy distinta a aquéllos con instrucción académica: él era un experimentalista que a menudo comenzaba a trabajar en una nueva área sin leer las patentes o trabajos que lo sustentarían en la teoría o práctica pertinentes. Siendo éste el caso, Vaught estaba muy acostumbrado a escuchar de otros investigadores del laboratorio que sus aparatos no funcionarían, y ésta era la reacción inicial a la idea de la inyección de tinta. Emocionado por su obvio potencial económico, Vaught mostraba el aparato a cualquiera que se tomara el tiempo para verlo. Desafortunadamente, ni su gerente ni ninguna de las demás personas que lo vieron, compartieron su entusiasmo. Porque sus funcionamientos más internos no se comprendían, aun varias personas que realmente lo vieron operando le dijeron que su propuesta no podría funcionar. La respuesta de Vaught fue, "pero *está* funcionando". La resolución a este curioso callejón sin salida tendría que esperar hasta que el fenómeno fundamental se explicara.

Éste no fue el único caso que nos encontramos donde un enfoque experimental llevó a las personas implicadas a algo que nadie a su alrededor podía explicar. Recuerde a Tomoshige Hori, cuyos experimentos en Snow Brand sobre la conductividad térmica de la leche le llevaron a descubrir su relación previamente desconocida con la cuajadura. En una de nuestras entrevistas con él, Hori señaló:

> *Es especialmente importante procesar los datos primero y desarrollar la explicación o teoría más tarde.*

Es inevitable que este enfoque experimental a veces lleve a diferencias de opinión con los que usan más el enfoque de "teoría primero". Según Thomas Hughes, en su estudio de los grandes inventores de la Época de Oro de Estados Unidos:

> *Los científicos no familiarizados con la invención y el desarrollo a menudo denigraban este enfoque empírico, sin darse cuenta de que cazar y probar era hipotetizar y experimentar en ausencia de teoría.*[13]

Pasaría cierto tiempo antes de que los investigadores de HP aprendieran que lo que realmente estaba pasando dentro de los tubos capilares de la inyección de tinta era un fenómeno conocido como explosión de vapor. El líquido no necesariamente hierve y se vuelve gas en su punto de ebullición. Si se calienta con suficiente rapidez (las impresoras modernas de inyección de tinta calientan cada gota de tinta en *dos millonésimas* de segundo), permanecerá líquido por un breve instante a temperaturas más altas que su punto de ebullición, antes de explotar en forma de vapor. La explosión de vapor es diferente de la ebullición. Sucede, por ejemplo, cuando se vierte agua en una sartén caliente llena de grasa, y la sartén chisporrotea furiosamente y salpica pequeñas gotas de grasa (no de agua) en quien la esté sosteniendo. Al sumirse las gotas de agua bajo la superficie de la grasa hacia el fondo de la sartén, instantáneamente se calientan más allá del punto de ebullición. Por una fracción de segundo permanecen líquidas, pero luego explotan en vapor tan violentamente que mandan gotitas de grasa volando fuera de la sartén. Sin que Vaught y Donald lo supieran, su aparato estaba disparando pequeños puntos de tinta en el papel usando explosiones de vapor en una forma similar, pero controlable.

Sin embargo, en 1979, nadie se explicaba esto, y nadie parecía interesado en la nueva tecnología. Peor aún, en mayo de ese año, justo en el momento en que Vaught y Donald habían construido un aparato que funcionaba, el gerente de Vaught le ordenó que dejara de trabajar en su idea de la inyección de tinta y lo asignó, contra sus deseos, a ayudar al doctor Kanti Jain con el diseño mecánico de su láser de vapor de metal. Donald ya se había cambiado a otro proyecto para entonces, desanimado por la falta de interés oficial en la idea de la inyección de tinta. Cuando hablamos con Vaught, describió todos esos meses que siguieron a su nueva asignación como el peor periodo de su vida (también su esposa lo recordaba bien). El problema no era Jain, sino más bien que Vaught no podía trabajar en lo que él quería. Podía ver el tremendo potencial de la nueva tecnología de inyección de tinta y quería asegurarse de que la idea se transfiriera de los laboratorios de investigación a una división de HP que la usara. Pero, repentinamente, su suerte cambió. A fines de julio, Jain anunció que se iba a IBM, y con el campeón de rayos láser de vapor de metal trabajando ahora para otra compañía, el proyecto se detuvo estrepitosamente. Como nos dijo Vaught, si hubieran avanzado mucho más, podría haber quedado condenado a trabajar en rayos láser de vapor de metal por mucho tiempo. Ahora podía regresar a su trabajo extraoficial sobre la idea de la inyección de tinta, donde pronto se le unió John Meyer, otro investigador que estaba emocionado por el potencial de la nueva tecnología, y cuyo proyecto asignado también llegó casualmente a un callejón sin salida.

Poco sabían que, pese a la continua resistencia a la idea de la inyección de tinta, los hechos la impulsarían pronto al centro del escenario. Por varios meses, Larry LaBarre, un pionero respetado en HP, había estado trabajando detrás de escena en el reclutamiento de apoyo para la idea de Vaught. Los laboratorios de HP celebraban revisiones periódicas, en las que se analizaban entre diez y quince proyectos. En una de estas revisiones, el de la inyección de tinta consiguió un apoyo valioso. Barney Oliver había sido amigo cercano de David Packard y Bill Hewlett desde sus días de estudios juntos en Stanford University y por poco entra a HP muy al principio. Años después, Hewlett y Packard pudieron atraer a Oliver para que saliera de Bell Labs y encabezara la investigación y el desarrollo de HP. En la revisión, Vaught y Meyer hicieron más propaganda para obtener recursos y continuar su trabajo en inyección de tinta. Oliver, con quien LaBarre había hablado antes sobre la idea, escuchó atentamente, se puso de pie al final de la presentación y dijo: "Este concepto de la inyección de tinta es una obra importante de propiedad intelectual, y debemos tratarlo muy cuidadosamente." Ahora, por fin, cerca de un año después de la conversación casual en el café, el proyecto de la inyección de tinta superó la transición para tener un carácter oficial. Los dos investigadores obtuvieron aproximadamente 250,000 dólares, unas cinco veces más de lo que habían pedido.[14] Y obtuvieron algo más también. Después de la revisión, Barney Oliver sugirió a John Meyer que se pusiera en contacto con algunos físicos en alta temperatura del Instituto de Tecnología de California. Así fue como HP supo por primera vez que estaba tratando con explosión de vapor. Con los recursos adicionales y varias personas nuevas asignadas al proyecto, el grupo ahora podía tener un avance rápido.

Al igual que Russell Marker, cuya visión no iba más lejos que hacer las hormonas sintéticas ampliamente disponibles, John Vaught había siempre intentado pasar la tecnología de la inyección de tinta a una división de HP que pudiera llevarla al mercado. Él sabía muy bien que el fin de la investigación corporativa eran las utilidades, y que no se ganaba dinero guardando una idea en el laboratorio. El dinero llega sólo cuando una idea se tranofiere en forma exitosa a una división operativa. Pero aun así, Vaught tenía una razón personal para sacar sus ideas del laboratorio:

Porque una vez que la transfieres, no tienes que trabajar ya en ella. Puedes irte y hacer otra cosa. Cuando trabajas en los laboratorios, esa es la idea. O fracasa y te sales y haces otra cosa, o la transfieres a una división que esté dispuesta a aceptarla, y entonces puedes trabajar en algo más.[15]

Aunque una división se hizo cargo de la nueva tecnología, a John Vaught le fue difícil alejarse de la impresora de inyección de tinta mientras trabajó en HP. Unos meses antes de la revisión de Barney Oliver, Frank Cloutier, un gerente de sección de las oficinas de HP en Corvallis, Oregon, visitó Palo Alto para observar la idea de la inyección de tinta.[16] El proyecto en el que el grupo de Cloutier había estado trabajando se había terminado abruptamente. En busca de un nuevo proyecto, se emocionó mucho cuando vio el sencillo aparato de inyección de tinta en Palo Alto. Se dio cuenta que las mismas personas que habían quedado libres cuando se terminó su proyecto estaban especialmente bien equipadas para asumir el reto de llevar una impresora de inyección de tinta al mercado. Cuando regresó a Corvallis y echó a andar las cosas, el inyector de tinta era todavía una curiosidad de laboratorio.

Durante los siguientes cuatro años, se conjuntaron los esfuerzos extraordinarios de cientos de personas en diferentes divisiones para resolver los problemas que tenían que superarse para hacer una impresora comercialmente viable. Justo al inicio del proyecto, tuvo que tomarse una decisión particularmente trascendente cuando el equipo de Corvallis propuso la radical idea de hacer la unidad completa de la cabeza de impresión independiente y desechable, eliminando de un golpe los problemas de repuestos de tinta sucios y de longevidad de la cabeza de impresión. Al principio hubo burlas para esta idea pero con el tiempo se adoptó como una característica central del diseño. En 1996, tan sólo las ventas mundiales de estos cartuchos desechables de inyección de tinta excedieron los cinco mil millones de dólares.

Durante el periodo de 1980 a 1984, John Vaught renuentemente permaneció en el equipo de laboratorio de HP encargado de apoyar el desarrollo de la impresora de inyección de tinta. A él y a Dave Donald (quien había regresado al proyecto por un año) se les encomendó el trabajo de diseñar y probar la vida de las cabezas de impresión. Después de poco, Vaught se dio cuenta de que como inventor de la tecnología de inyección de tinta, era improbable que alguna vez más se le permitiera trabajar en otro proyecto de su propia elección en HP. Como resultado, sólo un mes antes de la introducción comercial de la primera impresora HP de inyección de tinta en marzo de 1984, Vaught renunció.

Años después, cuando la tecnología de inyección de tinta había llegado a dominar el mercado de impresoras de bajo costo, Vaught recibió varios reconocimientos por su participación en el desarrollo. Cada uno de ellos (Kosar Memorial Award en 1991, Johann Gutenberg Prize en 1991 y Edwin H. Land Medal en 1995) lo compartió con Ichiro Endo, un investigador de Canon que, independientemente, había desarrollado el mismo enfoque sobre la impresora de inyección de tinta unos dieciocho meses antes que Vaught. Sin que nadie en HP se diera cuenta, un equipo de investigadores de Canon habían estado trabajando en tecnología térmica de inyección de tinta (conocida como "chorro de burbuja" en Canon) desde el verano de 1977. La historia de Canon fue de algún modo diferente de la de HP. Casi dos años antes de que Vaught comenzara a trabajar en la inyección de tinta en HP, Canon había asignado a unos cuarenta investigadores para buscar maneras en que la compañía pudiera romper con los enfoques convencionales xerográficos para la impresión. Endo estaba en un grupo investigando la impresión con inyección de tinta, y este grupo había comenzado a experimentar con todas las tecnologías tradicionales de inyección de tinta.

Un día, ocurrió un accidente afortunado. Alguien que estaba rellenando una bomba de tinta en una de las impresoras de inyección de tinta de la antigua generación, dejó la jeringa de tinta en un banco de trabajo, muy cerca de un cautín de soldadura caliente. De algún modo, el cautín se cayó, y su punta caliente tocó brevemente el cuello de la jeringa de tinta. Endo vio esto por casualidad y notó que salpicó una pequeña cantidad de tinta. Se quedó intrigado y se propuso recrear el fenómeno, usando una cámara especial de alta velocidad para registrar lo que sucediera. A partir de ahí, las cosas transcurrieron muy rápidamente. En tres días, el grupo de Endo había construido un aparato sencillo que funcionaba. Cuatro años más tarde, en septiembre de 1981, HP se sorprendió de saber que Canon estaba realmente más adelantada que ellos en la misma tecnología en la que HP pensaba que era pionera. Sin embargo, después de una serie de reuniones, las dos compañías decidieron cooperar para desarrollar la nueva tecnología. En 1997, comparten la mayor parte del mercado de 11 mil millones de dólares por impresoras de inyección de tinta: una nueva tecnología que ninguna de las dos compañías planeó directamente.

Cosechando los beneficios de la actividad extraoficial

La importancia de la actividad extraoficial para los actos creativos no previstos también puede demostrarse en el estudio de la Asociación de Administración de Japón (JMA) descrito en la introducción. Recuerde que parte de este estudio comparaba proyectos que habían ganado reconocimientos nacionales por creatividad con otros que habían tenido éxito comercial pero sin ser particularmente creativos. Ya hemos comentado cómo era más probable que los proyectos ganadores de reconocimientos se hubieran autoiniciado, mientras que era mucho más probable que los que no fueron particularmente creativos hubieran sido iniciados por la administración. Pero las dos clases de proyectos tenían también otra diferencia sobresaliente entre sí: la duración de sus periodos extraoficiales. Los proyectos ganadores de reconocimientos promediaban trece meses, algo así como un 60 por ciento más largos que sus contrapartes no tan creativas. Claramente, la actividad extraoficial juega un papel importante en la creatividad corporativa. Ahora veamos algunos de sus beneficios más importantes.

Un refugio seguro para lo extraño y repelente

Cualquier organización debería buscar un equilibrio apropiado entre *explotar* lo que hace actualmente y *explorar* nuevas oportunidades. Desafortunadamente, este equilibrio se inclina contra la exploración, a causa de la oposición que suelen encontrar las nuevas ideas. Cuando una nueva idea se somete a consideración para tener un carácter oficial, puede aumentar fuertemente la resistencia a ella. Antes de esto, aun si confronta fuertemente al pensamiento o práctica establecidos, la actividad extraoficial es mucho menos amenazadora, y así a menudo está mucho más libre de resistencia. Mientras está en el refugio seguro del carácter extraoficial, una idea tiene la oportunidad de desarrollarse a partir de un mero embrión a algo cuyo potencial es claro.

Considere el nuevo proceso para hacer queso desarrollado por Tomoshige Hori que difería tan dramáticamente de la práctica bien establecida. Cuando Hori se acercó por primera vez a su gerente con su idea todavía por desarrollar, el gerente le dio pocos ánimos, señalando que el mundo había estado haciendo queso en la misma forma durante siglos. Si, en vez de eso, Snow Brand hubiera declarado que seguiría la idea de Hori oficialmente a partir de ese momento, la resistencia de los maestros fabricantes de queso y de otros dentro de la compañía habría abrumado a la idea. Pero extraoficialmente, durante un periodo de varios años, Hori pudo desarrollar la idea y, mediante la publicación de su artículo, ganar reconocimiento internacional. El tiempo permitió suficiente ímpetu para desarrollarlo de modo que su proyecto sobreviviera a la transición decisiva para tener carácter oficial. Aunque a Hori nunca lo alentaron activamente a perseguir su idea, la tolerancia de Snow Brand para su actividad extraoficial le dio el espacio que necesitaba para desarrollarla hasta que pudiera sostenerse por sí sola.

Según uno de sus colegas en los laboratorios de HP, la idea de inyección de tinta de Vaught y Donald fue "tan diferente que probablemente habría activado el sistema de autoinmunidad de cualquier compañía".[17] Ciertamente le pareció extraña a su gerente y los desanimó de trabajar en ella. Pero con un año de actividad extraoficial, la idea se hizo bastante fuerte para capturar la atención de la alta dirección. También vale la pena destacar que en varios de los actos creativos que hemos descrito hasta aquí, la condición extraoficial se necesitaba para *proteger* las ideas contra la alta dirección. Por ejemplo, aunque el decano de ingeniería de Drexel University vio el código de barras como inapropiadamente comercial para su escuela, dos instructores de su organización pudieron trabajar en ella extraoficialmente.

Obtener de los empleados más de lo que razonablemente puede pedirse

Hay límites para lo que una compañía puede pedir a sus empleados, pero muchos menos límites para lo que las personas pueden pedirse a sí mismas. La creatividad, especialmente la que no se planea, a menudo requiere extraordinaria dedicación y esfuerzo. ¿Qué compañía podía haberle pedido a Russell Marker que repetidamente trabajara toda la noche por varios días seguidos, o meterse a la selva mexicana en medio de la Segunda Guerra Mundial? La intensidad de la dedicación de Marker a su problema creció constantemente durante el periodo extraoficial, al grado que consumía todas sus horas de vigilia (recuerde que un avance decisivo se dio cuando por casualidad tomó un viejo libro de botánica mientras pasaba la noche en casa de un amigo). En resumen, la actividad extraoficial a menudo se asocia con un compromiso tan profundo hacia un proyecto que los implicados no sólo poseen el problema, sino que el problema los posee a ellos.

NutraSweet, el descubrimiento que llevó a G.D. Searle en una dirección completamente nueva y no prevista, tuvo un periodo extraoficial muy breve, cuestión de sólo unas horas. Pero lo que pasó en ese periodo fue crucial: primero, Jim Schlatter y luego Robert Mazur probaron una sustancia que su sentido común les decía que lo más probable era que fuese inocua. Aunque era improbable que estuvieran en peligro real, su compañía nunca pudo haberles pedido que hicieran esto, porque hubiera sido realizar experimentos no autorizados en seres humanos. Extraoficialmente, sin embargo, Schlatter y Mazur fueron capaces de romper las reglas inteligentemente.

Capacidad para cruzar las fronteras oficiales

La actividad corporativa a menudo implica combinar ideas, conocimiento y habilidades en formas que son nuevas y no previstas para la organización. Las fronteras que pueden seriamente obstaculizar la actividad oficial a veces apenas importan para la actividad extraoficial. No es de sorprender que en la mayoría de los actos creativos que hemos visto, los momentos clave en que se cruzaron las fronteras ocurrieron durante el periodo extraoficial, en el cual:

- Russell Marker, un químico, pensando que el reino vegetal tenía la clave para su problema, aprendió sobre botánica y se lanzó a expediciones afanosas por toda Norteamérica.
- Tomoshige Hori asistió a una conferencia sobre un tema que nada tenía que ver con su trabajo y quedó tan cautivado por la idea de la conductividad térmica que comenzó a jugar con ella en el laboratorio, usando leche.
- John Vaught y David Donald pasaron de diseño mecánico y electrónica a química y, más aún, a explosiones de vapor, un área muy difícil de la física.
- Un trabajador de mantenimiento de JR Este en el túnel del Monte Tanigawa probó el agua que de ahí emanaba y comenzó a pensar muy por fuera de su descripción de puesto.
- Bette Swatzell, una secretaria, al descubrir que Nashville Eagle estaba pagando 650 dólares por revestimientos de cajones para sus carros de cocina, comenzó a pedir ofertas de vendedores externos, un trabajo normalmente del departamento de compras.

Con la condición oficial, también, vienen objetivos de algún tipo, y éstos por sí solos pueden reforzar las fronteras existentes o crear unas enteramente nuevas. Considere lo que podría haber pasado si HP hubiera tenido como meta el desarrollo de una impresora de inyección de tinta demasiado pronto, antes de la revelación decisiva de calentar la tinta. En ese entonces, la impresión por inyección de tinta significaba exprimir gotas de tinta de los tubos. Si HP hubiera montado un equipo de especialistas representando toda la miríada de aspectos de esta tecnología, ¿habría podido este equipo dejar atrás todo lo que ya sabían a favor de algo sobre lo que no sabían nada: hacer que la tinta explotara? La condición oficial sólo hace más difícil cruzar las fronteras que se interponen en el camino de la creatividad. Extraoficialmente, la mayoría de las fronteras existen sólo en las mentes de los que las ven.

Mejoramiento de la toma de decisiones para nuevas oportunidades

Por mucho tiempo recordaremos al investigador de una prominente compañía de los Estados Unidos que se acercó a nosotros durante un descanso en uno de nuestros seminarios. Nos dijo que durante su carrera de veinte años había trabajado en una variedad de proyectos oficiales, ninguno de los cuales había tenido éxito. Desafortunadamente, él no es la única persona con una historia como ésta. Las compañías constantemente se enfrentan a decisiones respecto a qué nuevos proyectos subsidiar, pero tienen que tomar estas decisiones sin poseer toda la información que quisieran. Sólo puede esperarse un alto índice de fracasos. En nuestro trabajo, desde el principio nos dimos cuenta de un patrón interesante: las compañías que tienen poca actividad extraoficial en relación con la actividad oficial son particularmente propensas a tomar estas malas decisiones. Las compañías que mantienen niveles más altos de actividad extraoficial tienden a tomar mejores decisiones.

La razón de esto, creemos, es que la actividad extraoficial más extensa proporciona a estas compañías mejor información. Como la actividad extraoficial es mucho más intensa en recursos que la actividad oficial, puede apoyarse el trabajo en muchas más ideas extraoficialmente que oficialmente. A cada idea del conjunto se le da una oportunidad de desarrollo hasta el momento en que su utilidad potencial se hace más clara, y el resultado son mejores decisiones. Si el investigador que asistió a nuestro seminario hubiera trabajado en una compañía con una base más grande de proyectos extraoficiales, su historia bien podría haber sido diferente. Lejos de ser una redundancia inútil, un conjunto mayor de ideas ayudará a una compañía a evitar desperdiciar recursos sustanciales en proyectos sin sentido.

En HP, la decisión de volver la impresora de inyección de tinta un negocio comercial fue oportuna y exitosa. Que HP pudiera tomar una buena decisión como ésta no es accidental. Como muchas compañías, HP quiere tener mucha más actividad extraoficial en su laboratorio central de investigación que la que alguna vez se hará oficial. La idea de John Vaught y David Donald era sólo una de muchas a considerar para darle fondos en la revisión de laboratorio de Barney Oliver. Cuando tomó la decisión, sin embargo, la administración no estaba especulando en promesas vanas sino que podía visualizar el potencial de la impresora más exactamente, gracias al trabajo extraoficial de los dos investigadores.

Algunas compañías, reconociendo la importancia de la actividad extraoficial, han establecido políticas que alientan a ciertos empleados a dedicar un determinado porcentaje de su tiempo a proyectos extraoficiales. La política de HP es del 10 por ciento, pero compañías como Toshiba y 3M van aún más alto, al 15 por ciento. Sin embargo, como señaló una vez Lewis Lehr, antiguo presidente y CEO de 3M:

> En realidad sólo un pequeño porcentaje usa esta opción del 15 por ciento en un tiempo dado.[18]

Si estas políticas tienen la intención de hacer algo más que legitimar la actividad extraoficial, las consideramos absurdas, porque interpretadas literalmente no guardan relación con la forma en que la creatividad corporativa realmente ocurre. Antes que nada, a menudo violan el Principio de no prejuicios, ya que están generalmente limitadas a un grupo selecto de personas (más a menudo en investigación y desarrollo), las que se piensa que darán ideas. Muchos de los actos creativos descritos en este libro, como los de Kathy Betts (con valor de más de mil cuatrocientos millones de dólares) y el del trabajador de mantenimiento de JR Este (con valor de más de 150 millones), requirieron actividad extraoficial de una persona que normalmente estaría fuera de dicho grupo predeterminado. Segundo, nadie puede predecir nunca *cuándo* una persona en particular necesitará tiempo para actividad extraoficial, y cuánto necesitará. El código de barras necesitó treinta años; NutraSwwet requirió sólo dos o tres horas. Además, la mayor parte de las personas están implicadas en un acto creativo importante sólo una vez, si es el caso, en sus carreras.

Es más, mucho del beneficio de la actividad extraoficial viene de que la *persona* tenga que dedicarle tiempo. Hori nos comentó una vez que varios jóvenes investigadores de su compañía le habían subrayado que podían ser más creativos si tuvieran más tiempo. La respuesta de Hori fue que sería un error de Snow Brand simplemente darles más tiempo libre. *Encuentren* ustedes el tiempo para sus actividades extraoficiales, les dijo; *dárselo,* no les ayudará a ser más creativos. Creemos que Hori tiene razón. Alentar la actividad extraoficial a escala corporativa no es suficiente. Lo que realmente importa es que cuando cada empleado vea la necesidad de ella, la lleve a cabo.

Cómo promover la actividad extraoficial

A menos que una organización dé un espacio para la actividad extraoficial, relativamente pocos actos creativos ocurrirán. Sólo las personas más obstinadas perseguirán proyectos sin el apoyo oficial. Es importante, por lo tanto, para una compañía legitimar la actividad extraoficial, de modo que la actividad oficial no la elimine. La mayoría de las políticas que especifican el porcentaje de tiempo que los empleados deben invertir en actividad extraoficial, tienen de hecho la intención de justamente este fin. Le preguntamos a un alto ejecutivo de 3M cómo había llegado su compañía a la cifra del 15 por ciento. Su respuesta fue que si 3M hubiera escogido un porcentaje demasiado pequeño (digamos 5 por ciento), habría mandado el mensaje de que la actividad extraoficial no merecía que se le prestara atención. Por otra parte, una cifra demasiado alta (25 por ciento, por ejemplo) habría vuelto la actividad extraoficial algo que tenía que ser administrado.

Cualquier compañía que hace una política así de "porcentaje de tiempo" para la actividad extraoficial debe tener cuidado en enfatizar su naturaleza simbólica.

Las políticas de porcentaje de tiempo no son la única forma en que una compañía puede dejar claro que se alienta la actividad extraoficial. Además de su regla del 10 por ciento, Hewlett Packard tiene una política establecida desde hace tiempo de que los suministros de laboratorio pueden usarse libremente para actividad extraoficial, y se esfuerza en darles a los investigadores acceso a los laboratorios y a cualquier equipo que necesiten. La planta de FoaMech de Johnson Controls da a sus equipos de participación de empleados la libertad y apoyo que necesiten para proseguir e implantar las ideas que inicien, como el tablero indicador iluminado que se describe en el capítulo tres. American Airlines alienta a sus empleados a trabajar en ideas de mejoramiento fuera de las horas de trabajo, pero a menudo se hace de la vista gorda ante este trabajo extraoficial cuando se realiza en tiempo de la compañía. No importa cómo exprese el mensaje una compañía, lo importante es que cada empleado sepa que la compañía quiere que trabaje extraoficialmente cuando surge una oportunidad de hacer algo nuevo y potencialmente útil.

Puede hacerse mucho para incrementar la conciencia general sobre la importancia de la actividad extraoficial para el mejoramiento y la innovación. Cuando las publicaciones internas describen los actos creativos de los empleados, deberían subrayar el papel que jugó la actividad extraoficial en ellos. Es desafortunado que este papel se pase por alto tan seguido, porque las conexiones esenciales para la mayoría de los actos creativos se hacen durante este periodo. Recuerde que en el estudio de JMA, los proyectos que ganaron reconocimientos por creatividad tuvieron periodos extraoficiales 60 por ciento más largos que sus contrapartes no tan creativas. La mayor parte de la creatividad en las compañías no sucedería sin actividad extraoficial. A menos que una compañía exprese este mensaje, es improbable que cada empleado, o su gerente, se dé el tiempo para la actividad extraoficial.

Es también importante asegurar que la actividad extraoficial no se oculte. Los empleados deben enterarse de la actividad extraoficial de sus colegas, y los gerentes deberían saber sobre la actividad extraoficial de los que trabajan para ellos. Esto, no sólo legitimará aun más la actividad extraoficial cuando las personas la ven sucediendo a su alrededor, sino que otros que sepan de un acto creativo en gestación podrían estar en posición de ayudar. A este respecto, Barney Oliver, el jefe de los laboratorios de investigación de HP, jugó un papel clave en el desarrollo de la idea de inyección de tinta cuando estableció la conexión de Vaught y Meyer con los físicos del Instituto de Tecnología de California, donde descubrieron que estaban tratando con un fenómeno del que no habían sabido antes: la explosión de vapor. Pero cuando la administración se entera de la actividad extraoficial existe un peligro. En su entusiasmo, los gerentes pueden estar tentados a quitar a una idea su condición extraoficial antes de que esté suficientemente desarrollada. Si Russell Marker hubiera contactado al presidente de Parke Davis en el momento de su primer pequeño éxito con la raíz *Beth* en Carolina del Norte, y si el presidente hubiera aprobado inmediatamente un espléndido fondo para que Marker construyera una planta de progesterona en Carolina del Norte y comprara todas las cosechas de raíz *Beth*, ¿habría surgido alguna vez la pastilla para el control de la natalidad?

Idealmente, una compañía debería tener mucha más actividad extraoficial en marcha que la que pudiera posiblemente apoyarse oficialmente. Determinar qué actividad hacer oficial es determinante para el futuro de cualquier compañía, porque las malas decisiones provocan que se pierdan oportunidades y se desperdicien recursos. Las ideas que necesitan recursos extensos para desarrollarse, que implican un riesgo importante o que las personas no pueden implantar por sí mismas, deberán revisarse independientemente por diferentes personas en diferentes momentos y formas. Recuerde que HP casi pierde la idea de la impresora de inyección de tinta porque el gerente de Vaught y Donald no la apoyó. Afortunadamente, otros consideraron la idea y pudo obtener la condición oficial. Las cosas no resultaron tan bien para Parke Davis. La idea de Russell Marker para un proceso de producción de hormonas sintéticas realmente tuvo sólo una oportunidad en la compañía. A causa de tan sólo una mala experiencia como turista en México, el presidente mismo la rechazó enseguida, sin dejar cabida para que otros en su compañía le dieran una seria consideración. Es improbable que una sola persona vea todas las posibilidades de una idea. Es obligatorio que se hagan múltiples revisiones. Los costos adicionales de estas revisiones palidecen en comparación con el dinero que se desperdicia en proyectos condenados al fracaso antes de comenzar.

Puntos principales

La actividad extraoficial, trabajo hecho sin apoyo oficial directo, es lo que permite a una compañía ir a donde nunca esperó ir.

Ni HP ni Canon, las dos compañías que comparten la mayor parte del mercado mundial de 11 mil millones de dólares por impresoras de inyección de tinta, planearon nunca este revolucionario producto nuevo: llegó a ellos por medio de actividad extraoficial.

Cada acto creativo inesperado comienza con un periodo de actividad extraoficial, que podría ser cuestión de minutos o de años.

La condición extraoficial trae algunos beneficios importantes que a menudo se pierden con la condición oficial:

Proporciona un refugio seguro para lo extraño y repulsivo, en el cual las ideas tienen la oportunidad de desarrollarse hacia algo con un claro potencial.

Permite a una compañía obtener más de sus empleados de lo que razonablemente podría pedir. Hay límites para lo que una compañía puede pedir a sus empleados, pero hay pocos límites para lo que las personas pedirán de sí mismas.

La actividad extraoficial no reconoce fronteras oficiales. Las fronteras oficiales a menudo evitan la combinación no prevista de ideas, conocimiento y habilidad, que es tan importante para la creatividad. Para un proyecto extraoficial estas fronteras no existen.

La actividad extraoficial genera el mejoramiento de la toma de decisiones sobre nuevas oportunidades. Porque la actividad extraoficial es mucho menos intensiva en recursos que la actividad oficial; muchas más ideas pueden apoyarse extraoficialmente que oficialmente. El resultado es que las compañías que mantienen más altos niveles de actividad extraoficial tienden a tomar mejores decisiones sobre la selección de proyectos a subsidiar.

Capítulo nueve
SERENDIPITY

Ningún descubrimiento de algo que estás buscando, cae bajo esta descripción.

HORACE WALPOLE[1]

Aunque la palabra *serendipity* es ampliamente usada, pocas personas saben de dónde vino o qué significa realmente. La palabra se introdujo al idioma inglés en 1754 por Horace Walpole.* Indudablemente, desde entonces, forma parte del idioma, pero se ha perdido un aspecto importante de su significado. Hoy, un suceso imprevisto que resulta ser afortunado (como cuando dos personas se tropiezan en la calle) a menudo se describe equivocadamente como "serendipitoso" (accidentalmente afortunado). Tal como se usa ahora, la palabra significa algo muy distinto de lo que Walpole se proponía. Sólo cuando el significado pleno y original de *serendipity* se restaura, es que las acciones que las compañías puedan emprender para promoverla quedan claras. *Serendipity,* el cuarto elemento de la creatividad corporativa, está presente en todo acto creativo ya sea evidente o no. Antes de que comentemos el verdadero significado de la palabra y su fascinante historia, veamos primero un ejemplo real de ella.

Finalmente, algo en qué poner un disolvente universal

Cuando se inventó el teflón en Du Pont en 1938, el chiste dentro de la compañía era que "si Du Pont inventaba alguna vez el disolvente universal, ahora ya tenía algo en donde ponerlo".[2] El teflón es, en verdad, una sustancia rara: no se quema, ni se derrite, ni se disuelve con ningún disolvente conocido, y se conserva sin que los ácidos ni otros elementos corrosivos lo afecten. Porque su resistencia extraordinariamente alta lo hace uno de los mejores

* N. E. *"Serendipity: acuñada (1754) por Horace Walpole en honor a* The Three Princes of Serendip *(es decir Sri Lanka), cuento de hadas persa en el que los príncipes hacen tales descubrimientos."* Fuente: *Webster's New World College Dictionary. Ohio, MacMillan USA, 1996.*

aislantes eléctricos conocidos, el teflón se ha vuelto un elemento esencial de la industria de cables y telecomunicaciones, un producto altamente rentable para Du Pont.

El teflón se descubrió en el laboratorio Jackson de Du Pont en Wilmington, Delaware, en el curso de las investigaciones sobre nuevos refrigerantes.[3] Roy Plunkett fue uno de los investigadores implicados en este trabajo. En un momento dado, estaba tratando de encontrar cómo sintetizar un cierto compuesto de freón. Para sus experimentos en esta área, pensó que necesitaría más o menos cincuenta kilos de un producto intermedio, gas tetrafluoroetileno, el cual empezaron a hacer él y su asistente Jack Rebok. Al producir el gas, lo embotellaban en cilindros que almacenaban en hielo seco. Cada cilindro tenía exactamente un kilogramo de tetrafluoroetileno, y Plunkett planeaba ir tomándolo de esta provisión según se necesitara. La mañana del 6 de abril de 1938, mientras se preparaba para un experimento, Rebok tomó uno de los cilindros parcialmente usados y lo enganchó al aparato de laboratorio. Pero cuando abrió la válvula del cilindro, no salió nada. Rebok se sorprendió de que parecía estar vacío y pidió a Plunkett que viniera y echara un vistazo. Los dos hombres estaban seguros de que no habían usado ni remotamente un kilogramo de tetrafluoroetileno de ese cilindro y al principio sospecharon que el problema tenía que ver con la válvula del cilindro: quizá estaba atascada o bloqueada. Después de estarla moviendo un rato, finalmente abrieron la válvula por completo y metieron un pedazo de alambre al cilindro. Aun así, no salió nada de gas. Plunkett estaba intrigado. Por el peso del cilindro, Plunkett podía decir que no estaba vacío. Sin embargo, lo que fuera que había dentro del cilindro, claramente no era gas tetrafluoroetileno. Plunkett quitó la válvula al cilindro, y cuando volteó el cilindro de cabeza, cayó un poco de polvo blanco, como cera. Insertó entonces un pedazo de alambre en el cuello del cilindro, lo raspó por dentro y salió más polvo. Pero Plunkett todavía no tenía suficiente material para justificar el peso del cilindro. Curioso, mandó el tanque al taller de máquinas con una orden de trabajo para que lo abrieran con una sierra.[4]

Una vez que lo abrieron, Plunkett y Rebok encontraron el mismo polvo blanco compactado en el fondo y los costados del cilindro. Plunkett se dio cuenta inmediatamente de lo que había pasado: el tetrafluoroetileno se había polimerizado espontáneamente para formar un sólido. Cuando un gas se polimeriza, sus moléculas se enlazan, generalmente en forma irreversible, en cadenas sumamente largas. Hasta ese momento, se había pensado que el tetrafluoroetileno no podía polimerizarse. Sin embargo, Plunkett había demostrado que no sólo sí se polimerizaba el gas, sino que lo hace *espontáneamente*. La razón resultó ser la implicación de dos factores que nadie había considerado previamente: la alta presión en el tanque y la ayuda catalizadora que dieron las paredes de metal dentro del cilindro. De hecho, las presiones extremadamente altas, necesarias para fabricar politetrafluoroetileno, al que en 1944 se daría el nombre de marca registrada de "teflón", la harían para siempre una operación riesgosa. El teflón no sólo era difícil de hacer, hasta muy recientemente sólo una compañía distinta a Du Pont tenía las instalaciones para hacerlo, sino que también era una sustancia tan difícil de trabajar que resultaba aún más difícil encontrar algún uso para él.

Se llevó un tiempo considerable desarrollar las aplicaciones para el teflón. En 1945, llegó a Du Pont una figura que vendría a ser fundamental en la historia del teflón: Wilbert L. Gore. En los siguientes diez años más o menos, trabajó en un área de trabajo de Du Pont encargada de concebir productos útiles para el teflón. Pero cuando otro grupo dentro de la compañía encontró una forma de hacer una versión termoplástica del teflón (permitiendo que fuera moldeado en máquinas), "Du Pont pensó que eso era bastante bueno, y nuestro grupo se deshizo", como Gore dice.[5] Pero él siguió creyendo que el teflón tenía un potencial real y en su tiempo libre trabajaba en él en el sótano de su casa. En el otoño de 1957, casi veinte años después del descubrimiento de Plunkett, el hijo de Gore, Bob, un ingeniero químico por graduarse en la Universidad de Delaware, bajó y encontró a su padre muy frustrado. Conociendo las propiedades únicas del teflón como aislante eléctrico, Bill Gore había estado intentando encontrar una forma de cubrir alambre con él, pero nada parecía funcionar. Desanimado, Gore mostró a su hijo algunos de sus esfuerzos fallidos. Al hacerlo, Bob Gore casualmente notó un rollo de cinta selladora de 3M hecha de teflón. Le preguntó a su padre si, en vez de cubrir el alambre con teflón, el alambre no podía emparedarse entre dos pedazos de cinta. Poco después, Bob le dio las buenas noches a su padre y subió a dormir.

A las cuatro de la mañana, un emocionado Bill Gore sacudió a su hijo para despertarlo. ¡La idea había funcionado! La siguiente noche, usando el método de emparedado, padre e hijo pudieron hacer buen cable de cinta. Durante los siguientes cuatro meses, Bill Gore trató de convencer a Du Pont de entrar al negocio de alambres, pero la política de la compañía permaneció firme. Aunque estaba lista para fabricar teflón, su negocio era suministrar materias primas, no artículos para el consumidor final, ya que nunca quiso estar en competencia con ninguno de sus clientes. Cuando Gore pidió permiso para establecer su propia compañía de alambres, proponiendo obtener sus suministros de teflón de Du Pont, la compañía se lo dio con gusto. El primero de enero de 1958, después de hipotecar su casa y de sacar cuatro mil dólares de sus ahorros, Bill y su esposa Vieve formaron su nueva compañía, W. L. Gore and Associates. Al principio, producían cable de cinta aislado con teflón en el sótano de la casa de Gore en Newark, Delaware. Pero durante las siguientes dos décadas, la compañía creció rápidamente y se extendió hacia otras aplicaciones del teflón, más notablemente cuando introdujo GoreTex en 1973. Hoy el material GoreTex, a prueba de agua, con una delgada membrana de teflón, se utiliza ampliamente para ropa deportiva y exterior. Para 1986, cuando Bill Gore murió, su compañía tenía ventas anuales de más de 300 millones de dólares y tenía plantas en los Estados Unidos, Japón, India y Europa. Y todo esto fue construido sobre el "serendipitoso" descubrimiento de Roy Plunkett, allá en 1938.

¿Qué significa realmente *serendipity*?

"*Serendipity*" de Walpole tiene una larga historia. Para él, todo comenzó con un cuento de hadas de la niñez. En 1557, el editor veneciano Michele Tramezzino publicó *Peregrinaggio di tre giovani figliuoli del re di Serendippo: Tradotto dalla lingua persiana in lingua italiana da M. Christoforo Armeno* (Peregrinaciones de los tres jóvenes hijos del rey de Serendippo: Traducido de la lengua persa a la lengua italiana por Christoforo Armeno).[6] Casi dos siglos después, Horace Walpole siendo niño, leyó el cuento en su versión en inglés: *The Travels and Adventures of the Three Princes of Serendip* (Los viajes y aventuras de los tres príncipes de Serendipo). Años después, cuando estaba buscando una palabra para describir la forma en que a menudo llegaba a revelaciones útiles, recordó esta historia. Un amigo suyo ya había encontrado un nombre para el especial proceso de descubrimiento de Walpole: lo llamaba *sortes Walpolianae* (accidentes Walpolianos).

Walpole era un prolífico escritor de cartas, cuya correspondencia de toda la vida llegaba a más de nueve mil cartas. Su amplia gama de intereses, su conocimiento, su espíritu mundano y sus poderes agudos de observación destinaron su correspondencia a convertirse en una parte importante del registro literario e histórico de Inglaterra. Fue al principio de una larga carta a un amigo, fechada el 28 de enero de 1754, cuando Walpole inventó la palabra *serendipity* para describir la forma en que había descubierto algo interesante sobre el escudo de armas de los Médicis:

> *En verdad, este descubrimiento es casi lo que yo llamo* serendipity, *una palabra muy expresiva, la cual como no tengo nada mejor que decirte, me esforzaré en explicarte: la entenderás mejor por la derivación que por la definición. Una vez leí un cuento de hadas bobo, llamado* Los tres príncipes de Serendipo: *al ir viajando sus altezas, siempre estaban haciendo descubrimientos, por accidente y sagacidad, de cosas que no andaban buscando: por ejemplo, uno de ellos descubrió que una mula ciega del ojo derecho había viajado por el mismo camino hacía poco, porque el pasto estaba comido sólo del lado izquierdo, donde el pasto era peor que en el derecho, ¿entiendes ahora lo que es* serendipity?[7]

Serendipo, el escenario del cuento de hadas, es el antiguo nombre para la isla de Sri Lanka (anteriormente también conocida como Ceylán), derivado de la palabra en sánscrito *Sinhaladvipa* (isla de la gente Sinhalesa). En la historia, el rey de Serendipo, decidiendo poner a prueba a sus tres hijos y darles alguna experiencia del mundo, maquinó una forma de enojarse con ellos, de modo que pudiera desaparecerlos de su reino. Sus subsecuentes aventuras son el tema del cuento. Irónicamente, al dejar de darle en su carta todo el contexto del ejemplo que usó de la historia, Walpole inicialmente desvió a su amigo en cuanto al significado de la nueva palabra, ya que quitó énfasis a los "accidentes" que propiciaban sus descubrimientos y dio sólo un ejemplo de "sagacidad". En una doble ironía, en los 240 años posteriores a la invención de la palabra, el uso popular ha revertido este error. De acuerdo al *Oxford English Dictionary*, *serendipity* se usa ahora para significar

> *la facultad de hacer descubrimientos felices e inesperados por accidente.*

Esta moderna definición pone el énfasis casi totalmente en accidentes y deja fuera la sagacidad, el otro aspecto de *serendipity* como Walpole la definió. Sagacidad se deriva del nombre en latín *sagicitas* ("agudeza de percepción") y significa, también de acuerdo al *Oxford English Dictionary*:

> *dotado con agudeza de discernimiento mental; con aptitudes especiales para el descubrimiento de la verdad; penetrante y juicioso en la estimación de carácter y motivos, y la ideación de medios para el logro de fines.*

Parte de la atracción del cuento de hadas es la exagerada sagacidad de los tres príncipes, y en el episodio a que se refiere Walpole en su carta, hacen una memorable exhibición. La escena crucial sucede en los inicios de la historia, cuando los hermanos se encuentran con un camellero que ha perdido su camello. En su recorrido los príncipes habían visto señales de que el camello había pasado por su camino y decidieron divertirse un poco viendo si podían engañar al camellero para que pensara que realmente habían visto a su camello. "¿Estaba ciego de un ojo?" —preguntó el más grande. "¿No le faltaba también un diente?" —preguntó el hermano mediano. El tercer hermano entonces observó que el camello había estado cojo. Al oírlos describir a su camello tan exactamente, el camellero no pudo evitar creer que los hermanos lo habían visto realmente y, siguiendo su consejo, se regresó más de treinta kilómetros por el camino que habían tomado los hermanos. Al no tener suerte, regresó al día siguiente para encontrar a los tres hermanos comiendo no lejos de donde los había dejado. Acusó a los hermanos de haberle mentido. "Puedes juzgar por nuestra información sobre tu camello si nos burlamos de ti o no", dijo el primer hermano, quien añadió que el camello llevaba una carga de miel en un lado y una carga de mantequilla en el otro.[8]

El segundo príncipe agregó que el camello llevaba cargando a una mujer. Y estaba embarazada, agregó el tercer hermano. Esta vez los hermanos habían ido demasiado lejos. Desafortunadamente para ellos, involuntariamente habían logrado convencer al camellero de que ellos realmente habían robado su camello. El camellero acudió a un juez, quien mandó a la cárcel a los tres hermanos.

Su arresto y condena fue informada al emperador, quien conducía una campaña para reducir los robos y el bandidaje en las carreteras de su país. Intrigado por el hecho de que los hermanos firmemente mantenían su inocencia, el emperador los convocó para oír su historia por sí mismo. Él, también, encontró difícil de creer su explicación y los devolvió a prisión. Pero, pronto, el camellero encontró su camello perdido y fue bastante honorable para pedir una audiencia con el emperador y admitir su error. Inmediatamente liberaron a los hermanos y los llevaron en presencia del emperador.

Si no habían visto el camello, preguntó el emperador, ¿cómo sabían tanto sobre él? El siguiente pasaje del *Peregrinaggio*, en el que los príncipes explican sus primeras tres observaciones, es el que Walpole recordaría tan claramente décadas después de haberlo leído cuando niño. El primer hermano dijo:

"Yo adiviné que el animal perdido debía haber tenido sólo un ojo, porque en el camino que había cubierto noté que en un lado se había comido el pasto a pesar de que era muy malo, pero no era así del otro lado del camino, donde el pasto era muy bueno. Así que pensé que el camello debía haber estado ciego del ojo del lado del camino donde el pasto estaba bueno, y no lo había comido porque no podía verlo, mientras que había comido el pasto malo que había visto del otro lado."

El segundo hermano dijo: "Yo adiviné, señor, que el camello no tenía un diente, porque vi en el camino muchos bocados de pasto masticado de tal tamaño que podrían haber salido sólo del espacio vacío por falta de un diente."

"Y yo, señor", dijo el tercero, "adiviné que el camello perdido debe haber estado cojo porque vi claramente las huellas de sólo tres patas de camello, mientras que al mismo tiempo noté la huella de una pata que se arrastraba."

Las palabras de los tres jóvenes hermanos inspiraron infinita admiración de parte del emperador, así que él sintió la mayor estima por su inteligencia y decidió que los favorecería y honraría como se merecían.[9]

Si bien es cierto que los tres príncipes sí tienen accidentes afortunados: como el de su encuentro con el camellero y su subsecuente broma que se vuelve amarga y que atrajo la atención del emperador, el *Peregrinaggio* enfatiza mucho más su sagacidad. Ciertamente, Walpole, al referirse a su propia característica de hacer descubrimientos de esta manera, era menos probable que lo viera con el significado de "propenso a accidentes" que como "sagaz". Accidentes les suceden a todos. Si, en el primer ejemplo de su carta, Walpole desvió a su amigo al no mencionarle explícitamente un accidente, su segundo ejemplo fue más equilibrado:

*Uno de los ejemplos más notables de esta **sagacidad accidental** (pues debes observar que **ningún** descubrimiento de algo que **estás** buscando, cae bajo esta descripción) fue el de mi Lord Shaftsbury, quien mientras cenaba en casa de Lord Chancellor Clarendon, descubrió el matrimonio del Duque de York y Mrs. Hyde, por el respeto con que la madre de ella la trataba en la mesa.*[10]

Para la creatividad corporativa, el rico significado de Walpole para *serendipity* es mucho más útil que su versión facilitada. La palabra "serendipitoso" no se aplica a una persona o a un suceso: es un adjetivo que califica la naturaleza de un descubrimiento. *Serendipity* siempre combina algo de las personas implicadas y algo de la situación en que trabajan. El problema ha sido que las personas que observan los actos creativos atribuyen demasiado ya sea al accidente o demasiado a la sagacidad. En la realidad, los dos dependen uno del otro: un accidente sólo puede ser "afortunado" si las personas implicadas son capaces de ver algo de valor en él. Los tres príncipes del cuento de hadas parecían ser sagaces sobre absolutamente todo. En la vida real, sin embargo, una persona es sagaz en dominios particulares en los cuales puede convertir un accidente en afortunado. El dominio de sagacidad de una persona es el resultado de su conocimiento especializado, su vida y sus experiencias de trabajo, sus características personales e intereses. El hecho de que Jim Schlatter fue capaz de hacer que su sagacidad afectara los sucesos inesperados que le sucedieron fue lo que permitió que se volvieran accidentes afortunados. Muy afortunados, de hecho, ya que el resultado fue NutraSweet.

Podría parecer que una compañía no puede hacer mucho para promover *serendipity*. Realmente, como veremos, éste está lejos de ser el caso. Aun los accidentes mismos no son ocurrencias mágicas. Reflejan un espectro de probabilidades subyacentes de sucesos que pasarán, pero no pueden ser predichos individualmente, cuando las personas interactúan con los fenómenos que no entienden completamente. En retrospectiva, a menudo es claro que el accidente "afortunado" casi tenía que pasar en algún momento.

Miremos más de cerca el suceso inesperado en el centro de la historia del teflón: el cilindro que parecía estar vacío mucho antes de lo que se esperaba. De hecho, hasta varias décadas después del descubrimiento de Plunkett, los proveedores de gas tetrafluoroetileno tuvieron problemas para asegurarse de que llegara a sus clientes realmente en forma gaseosa, sin polimerizarse en los cilindros espontáneamente antes de llegar. No fue sino hasta la llegada de inhibidores especiales para *evitar* la polimerización cuando se resolvió el problema finalmente.[11] El gas de tetrafluoroetileno es notablemente inestable bajo presión. *Necesita* polimerizarse y lo ha hecho muchas veces antes y desde que Roy Plunkett lo notó por primera vez. Gracias a que Plunkett produjo más de cuarenta y cinco cilindros de gas, fue posible que la polimerización, un proceso irreversible, de hecho haya ocurrido en muchos de ellos. Plunkett, por supuesto, añadió el otro ingrediente de *serendipity:* sagacidad.

Hoy, si un químico encontrara un cilindro de tetrafluoroetileno prematuramente vacío, es probable que lo primero en que pensaría sería la polimerización espontánea. Pero para Plunkett, que en 1938 *sabía* que el tetrafluoroetileno no se polimerizaba, fue una completa sorpresa. A menudo se supone que un descubrimiento como el del teflón es simplemente un asunto de casualidad. Pero la percepción de que un suceso ha ocurrido por casualidad meramente refleja el estado de conocimiento de una persona en su momento, y la impredecibilidad de ese suceso para ella. Cuando los accidentes se atribuyen a la casualidad, no hay más que concluir que nada puede hacerse para incrementar la frecuencia de descubrimientos "serendipitosos".

Pero la verdad es que los accidentes sí tienen causas definidas, y aunque no podemos predecirlos individualmente, sabemos que sucederán y así podemos hacer algo de planeación para ellos. Considere, por ejemplo, el departamento de policía en una ciudad importante. Muchas personas manejan automóviles en su jurisdicción, así que la policía espera que ocurran accidentes con cierta regularidad, aunque el departamento no pueda predecir cuándo, dónde y cómo sucederá cada uno de ellos. Los accidentes son causados por los fenómenos fundamentales que siempre entran en juego cuando muchas personas manejan autos en un sistema de tráfico. Cada accidente individual de automóvil tiene causas específicas. En el sitio de trabajo, puede esperarse que los sucesos imprevistos (afortunados, esperamos) surjan de manera similar al interactuar las personas entre sí y con su trabajo.

Algunos de los accidentes afortunados que se provocan de esta manera, como la polimerización del tetrafluoroetileno en su cilindro (¡trate de detenerlo!), ocurren frecuentemente, mientras que otros ocurren con sólo una frecuencia baja o moderada. A veces los accidentes ocurren aun en una especie de "llovizna" de sucesos menores, cada uno tan pequeño que hasta el observador más interesado y motivado falla en darse cuenta. Quizá esto pasó a Roy Plunkett: quizá, por mucho tiempo, había estado ocurriendo una leve polimerización en los cilindros con los que trabajaba. Miremos ahora otro ejemplo de *serendipity*, en el que a la persona implicada la "rociaron" con accidentes durante años, pero no vio nada hasta que llegó un "chubasco".

Todo comenzó con un pollo muerto

En octubre de 1992, la publicación *Genetic Engineering News* anunció que Jason Shih, un profesor de ciencias avícolas en North Carolina State University, había hecho un descubrimiento con un impacto potencialmente importante para el ambiente. Cada año, tan sólo los Estados Unidos generan más de un millón de toneladas de plumas de ave. Sin un uso práctico importante para ellas, la mayoría va directamente a tiraderos. Antes del descubrimiento de Shih, de un método para separar la queratina (la proteína que conforma las plumas), la industria avícola había tomado como un hecho que las plumas no eran más que desperdicio. Pero Shih ahora abría la puerta para usarlas como una fuente barata y abundante de proteína para alimento animal.

Los investigadores bioquímicos habían soñado durante años en encontrar una "queratinasa", una enzima que hidrolizara la queratina, es decir, que la descompusiera en sus aminoácidos constituyentes. La industria había estado tratando hacía tiempo de hidrolizar las plumas usando ácido o vapor, pero el proceso era burdo y tenía un serio inconveniente: destruía muchos de los aminoácidos de la queratina, y los animales sólo podían digerir 70% de lo que quedaba. Curiosamente, en el momento de su descubrimiento, Shih había sostenido por más de *dieciocho años* la idea de que podría existir una queratinasa. En 1974, como becario de posdoctorado en Cornell University, preguntó a su profesor, Milton Scott: "¿Por qué no pueden convertirse las plumas en aminoácidos?" El profesor Scott se rió. Su respuesta era la opinión de la mayoría de los científicos de la época: "Encontrar una manera de hacerlo requeriría una tarea masiva, como lanzar un hombre a la Luna."[12]

Como lanzar un hombre a la Luna. La frase se quedaría fija en Shih por muchos años. Sin ella, quizá nunca habría hecho su importante descubrimiento. Once años después Shih se encontraba en la facultad del departamento de ciencia avícola en North Carolina State University, buscando formas de convertir el excremento en productos útiles como el metano, suplementos alimenticios para animales y fertilizantes, ninguno de los cuales tenía nada que ver con la queratinasa. En los viejos tiempos, cuando las granjas se operaban familiarmente y eran más pequeñas, los granjeros habían considerado el excremento como una bendición, porque podía regarse en la tierra como fertilizante. Pero con el advenimiento de las granjas comerciales a gran escala, el excremento se volvió un problema importante. Aun la más pequeña granja avícola o porcina produce más excremento que el que puede regarse localmente sin ahogar completamente toda vida vegetal. Los miles de puercos o decenas de miles de gallinas de las granjas más grandes generan toneladas de excremento diariamente. En otros países, con aún menos tierra en donde regar el excremento, el problema de desecho se ha vuelto muy agudo.[13] De hecho, el problema de deshacerse de altos volúmenes de desperdicio animal es probablemente el reto individual más importante al que se enfrenta la industria de productos animales a nivel mundial.

En 1984, Jason Shih estaba desarrollando un nuevo tipo de proceso de "digestión" para el excremento animal. La mayoría de los digestores comerciales en ese tiempo, incluyendo plantas de tratamiento de aguas residuales para desperdicios humanos, operaban con bacterias aeróbicas, o sea, bacterias que necesitan oxígeno para hacer su trabajo. Aunque son muy rápidos, los digestores aeróbicos también consumen tremendas cantidades de energía, haciéndolos inaccesiblemente caros para los granjeros. El grupo de Shih estaba trabajando en un digestor *anaeróbico*, en el cual las bacterias degradan el excremento en ausencia de oxígeno, usando mucho menos energía. Los digestores anaeróbicos no eran nuevos; se habían usado ampliamente en China desde el inicio de siglo. Pero sus tasas de biorreacción eran tan lentas como para impedir su uso en volúmenes altos de desperdicio. Sin embargo, en el laboratorio cuando menos, Shih había logrado incrementar sustancialmente la eficiencia de un digestor anaeróbico al aumentar su temperatura de reacción normal de 35 grados centígrados a cincuenta grados centígrados, y sustituyendo con bacterias "termofílicas" especiales que medraban en temperaturas más altas que las normales. El proceso resultante prometía descomponer en forma eficiente el excremento en metano (valioso porque podía quemarse para energía) y dióxido de carbono, con subproductos sólidos útiles como alimento para animales y subproductos líquidos útiles como nutrientes para cultivos acuáticos.

Un digestor anaeróbico termofílico piloto se instaló en la granja de investigación de North Carolina State University para ver cómo podía manejar el excremento de cuatro mil gallinas ponedoras. Ya que estas granjas están diseñadas para usar la gravedad siempre que sea posible para mover tanto los huevos como el excremento, las gallinas se guardan en jaulas elevadas. Sus huevos ruedan por un ingenioso sistema de canaletas, que los depositan suavemente en un sistema de banda transportadora. Sus excrementos caen directamente por el fondo de las jaulas de alambre al piso duro, donde un sistema de escrepas raspadoras empuja los desperdicios a un canal. Allí, un barrenador (tornillo grande de rotación lenta que recorre todo el canal) los mete al digestor. Fue este sistema el que precipitaría el descubrimiento "serendipitoso" de Shih.

Durante algún tiempo, Shih y su equipo habían notado cierta llovizna de sucesos pequeños pero interesantes: las pocas plumas que también caían por la malla de las jaulas y se mezclaban con los excrementos siempre parecían desaparecer en el digestor. Aunque Shih se había dado cuenta de esto hacía mucho, de algún modo no había pensado más en ello sino hasta que un día un pollo escapó de su jaula, quedó atrapado y fue triturado en la escrepa raspadora y el sistema barrenador. Pese a los esfuerzos de los trabajadores de la granja por sacarlo a tiempo, el pollo muerto cayó al digestor. Entonces no vino una llovizna, sino un chubasco: ¡el pollo muerto desapareció por completo, con plumas y todo! Ahora Shih se dio cuenta de que algo dentro del digestor tenía que estar descomponiendo las plumas y se propuso encontrarlo.

Desde ese punto en adelante, sólo fue cuestión de tiempo antes de que Shih pudiera aislar la bacteria responsable: *bacillus licheniformis*, cepa PWD 1 (PWD por *"poultry waste digester"*, digestor de desperdicios de ave). ¿Cómo descomponen las bacterias la queratina? Produciendo una enzima: precisamente la queratinasa que el profesor de Shih había sugerido que nunca podría encontrarse. Este punto se había señalado en una forma tan memorable, de hecho, que dejó a Shih curioso y motivado durante dieciocho años. Aunque Shih nunca trabajó específicamente en el problema antes del incidente del pollo muerto, su sagacidad derivó de su intenso interés en él.

Serendipity puede ayudarle a encontrar lo que busca

Serendipity lanzó a Roy Plunkett y Jason Shih en una dirección inesperada, pero también puede ayudar a los que ya tienen un problema específico en mente. La sagacidad se intensifica al quedarse una persona más absorta en un problema. El proceso de estudiar un problema desde todos los ángulos, de obstaculizarse y bloquearse por él, de pensar en él todo el tiempo, puede agudizar la sensibilidad de una persona al punto que, *para el dominio de sólo ese problema*, encuentra significado en los sucesos que otros ni siquiera notan. También, cuanto más tiempo investigue alguien un fenómeno, más probable es que su interacción con él produzca un accidente afortunado. En tales casos, más que iniciar actividad completamente nueva, *serendipity* señala el camino a una solución diferente del problema. Un ejemplo citado a menudo es el de Charles Goodyear, quien después de casi dos décadas de frustración en su búsqueda de una forma útil de hule, descubrió la respuesta a su problema: vulcanización, cuando accidentalmente tiró una mezcla de hule y azufre en una estufa caliente. En ese instante, probablemente era la única persona en el mundo que podría haber apreciado la importancia de la desagradable porquería que estaba mirando. Dado lo extraordinario de su duración y sus esfuerzos en la investigación, él era probablemente también la única persona en el mundo a quien un accidente tan terrible podía haberle pasado, en primer lugar.[14] Un segundo ejemplo donde *serendipity* redefinió el enfoque a un problema existente ocurrió en Du Pont. Aunque es mucho menos conocido ampliamente, condujo hacia un importante mejoramiento de un producto que todos usamos todos los días.

Comúnmente se piensa que el primer producto comercial que se hizo del nylon fueron las medias. No es así. El nylon se usó primero para cerdas de cepillos de dientes. En 1936, el cepillo de dientes (que había cambiado poco desde su invención en China a fines del siglo quince) era esencialmente el mismo que es hoy excepto por una cosa.[15] Las cerdas eran de puercos criados especialmente para este fin en China y Siberia. Cuando, en mayo de 1934, Wallace Carothers descubrió el nylon, la primera fibra sintética práctica, Du Pont inmediatamente fijó como meta cerdas sintéticas como una potencial aplicación. Pero, como resultó, Carothers apenas intervendría en esta empresa, o en ningún otro trabajo en Du Pont en tal caso. Durante dos años, después de su histórico descubrimiento, sufrió de grave depresión, al grado que tuvo que buscar ayuda psiquiátrica. Con el tiempo, en el verano de 1936, se suicidó. Mientras tanto, a principios de 1936, Du Pont había contratado a Alan Smith, un doctor en filosofía recién graduado de la Universidad de Illinois, para trabajar con Carothers en técnicas de difracción de rayos X para polímeros. Pero cuando Smith se presentó a trabajar, Carothers estaba en Europa en un viaje de descanso. Mientras se esperaba su regreso, se le asignó temporalmente a Smith encontrar cómo producir filamentos de nylon de gran diámetro. Alguien más ya había trabajado en el problema antes que él y había ideado un enfoque altamente impráctico que implicaba tratar de estirar el nylon en una banda de movimiento lento. Aparte de ser demasiado lento, el proceso requería polímeros muy altos, cuyas moléculas tuvieran cadenas extra largas, el doble de largo de las que Du Pont estaba planeando usar en fibras ordinarias. No sólo sería caro producir tal material, sino que era sumamente viscoso y muy difícil de manejar.

Varios de los primeros meses, Smith trató de trabajar sobre las mismas líneas que su antecesor y quedó muy frustrado. Pero una noche, mientras trabajaba hasta tarde en el laboratorio, necesitaba vaciar una muestra de nylon de una autoclave. Miró alrededor buscando un bote de basura pero no pudo encontrar ninguno. Finalmente notó una cubeta en el rincón y fue a vaciar su autoclave allí. Sucedió que la cubeta tenía un poco de agua en ella. Al verter Smith el contenido de la autoclave en ella, notó que el polímero líquido, después de golpear el agua, inmediatamente se congelaba en un revoltijo fibroso. Smith metió la mano a la cubeta para sacar algo de aquello.

Pudo estirarlo en sus manos, algo que era natural que él probara, porque sabía que el nylon tenía que tensarse para desarrollar su fuerza, igual que el acero es forjado martillándolo. Al tirar su material en un lugar inusual y al estar bastante alerta para ver el resultado, Smith se había topado con el proceso de enfriamiento por inmersión para el nylon, un proceso que inmediatamente hizo posible a Du Pont fabricar filamentos de nylon de cualquier diámetro deseado, y a una respetable velocidad. En el enfriamiento por inmersión, la fibra se enrolla alrededor de una hiladera para sacarla de su solución, luego se estira en un baño de agua, después del cual puede fácilmente tensarse. Según Smith, aun el proceso piloto fue rentable. *Serendipity* había solucionado un problema para DuPont.[16]

Redundancia y azar: la materia prima de la creación

Mucho antes de que las corporaciones se interesaran en cómo administrar la creatividad, de hecho antes de que las corporaciones siquiera existieran, la Madre Naturaleza administraba la creatividad mediante el proceso de la evolución biológica. Una comprensión de la evolución no necesariamente ayudará a las compañías con los actos creativos planeados y establecidos como objetivos, pero sí las ayuda a administrar lo no planeado. De hecho, es difícil pensar en algo que sea *menos planeado* que la evolución. Los seres humanos podrían desear que la evolución fuera la historia de millones de años de constante y predecible progreso hacia el *Homo sapiens*, pero la opinión científica predominante no apoya este punto de vista. Irónicamente, si la evolución hubiera sido realmente un proceso con una meta y lineal, la vida probablemente no hubiera evolucionado mucho más allá de la amiba unicelular. ¿Por qué es esto? Según el biólogo evolucionista Stephen Jay Gould:

> *Si cada paso en una secuencia (evolutiva) fuera adaptativo y llevara a una forma óptima y un ajuste óptimo de la morfología a un entorno inmediato, entonces no quedaría flexibilidad para un cambio futuro para la adaptación a aquella alteración ambiental que acabaría con un linaje que es demasiado especializado, demasiado bien adaptado, demasiado comprometido con un ambiente previo. Los organismos deben permanecer imperfectos, llenos de potencial no usado para el cambio.*[17]

Un ejemplo muy citado de tal potencial no usado para el cambio es el de las alas de la garza real. La garza real usa sus alas no sólo para volar, sino también para hacer sombra sobre un trozo de agua, contra el sol, para ver mejor el pez que está tratando de atrapar. La cuestión es: ¿cómo evolucionó el ala de la garza real? Un ala es inútil, parece, hasta que se desarrolla plenamente. Las alas diminutas son demasiado pequeñas para volar o para servir mucho como cubierta para el sol. ¿Cómo llevó a los pájaros la evolución desde *nada* de alas hasta alas *completas*, con cada etapa de desarrollo otorgando aún más ventaja que la última? Darwin mismo sugirió una respuesta. Como una fracción de ala no sirve para volar, originalmente debe haber brotado para algún otro fin. La teoría predominante es que las plumas ayudan a retener el calor. Además, la necesidad de calor era muy grande para los dinosaurios pequeños que evolucionarían a pájaros, porque tenían la proporción más grande de área de superficie a volumen, así que estaban más propensos a pérdida de calor. Durante millones de años, conforme las plumas fueron cubriendo las alas y se agrandaron pasando por etapas de avance evolutivo, surgieron usos nuevos y no anticipados. Una vez que el ala alcanzó cierto tamaño, las garzas pudieron volar y hacer sombra en el agua para atrapar más peces. Pero al principio, las plumas seguramente tenían un potencial no usado para el cambio. Y aún lo tienen, pero, ¿quién sabe cuál es?

La evolución ha resultado ser creativa, y el motor de su creatividad es el azar y la redundancia. La creatividad corporativa no es diferente. Si las compañías no tuvieran ninguna redundancia en absoluto, se optimizarían para su entorno presente y se limitarían a sí mismas a hacer sólo lo que pudiera planearse. Para las especies que están sujetas a la selección natural, cero redundancia tampoco es una receta para la supervivencia. Como subrayó Roger Kimmel, quien participó en el desarrollo de las imágenes de 3D en Kodak (las que comentaremos en el capítulo once):

A veces una compañía puede estar tan concentrada que puede dejar pasar la oportunidad que está justo en seguida.[18]

En algún momento, toda compañía debe poder alejarse de lo que ya hace. Es valioso poder mirar y moverse en direcciones que no sean de frente. Cuando una compañía usa el azar y la redundancia de manera estratégica, se abre a *serendipity*.

Cómo promover *serendipity*

Serendipity ocurre cuando los accidentes afortunados les suceden a personas sagaces. Para promover *serendipity*, hay tres enfoques que puede tomar una campaña:

1. Incrementar la frecuencia de accidentes que puedan volverse afortunados.
2. Incrementar la conciencia de los accidentes que sí ocurren.
3. Incrementar el dominio de sagacidad de la compañía para hacer que más accidentes se vuelvan afortunados.

Una manera de incrementar la frecuencia de accidentes es promover una propensión a la acción, hacia la experimentación, hacia el trabajo empírico de investigación. Jason Shih tal vez nunca habría hecho su descubrimiento si hubiera trabajado sólo con lápiz y papel en su escritorio, fue necesario un accidente que sólo podía haber ocurrido en un proceso real en marcha. Roy Plunkett, intrigado, no dudó en hacer que serrucharan a la mitad el cilindro vacío de tetrafluoroetileno. Para una persona, actuar es exponerse a una llovizna de accidentes potencialmente afortunados.

El segundo enfoque para promover *serendipity* es incrementar la conciencia sobre los accidentes que sí ocurren. Los sucesos "serendipitosos" suceden en las compañías más a menudo de lo que la gente se da cuenta. Quizá haya una tendencia a restarle importancia porque las personas se sienten incómodas al depender de accidentes que vienen de una fuente que se sienten impotentes de controlar: el ambiente. ¿Cómo se sienten los empleados de NutraSweet con el hecho de que su compañía, y sus trabajos, no existirían si no fuera por un accidente afortunado (el que Jim Schlatter se lamiera el dedo)? Es importante para todos saber que cuando suceden los accidentes, son impulsados por fenómenos fundamentales que vale la pena entender más. Un principio general es "no pase por alto las excepciones". Cuando Ichiro Endo de Canon vio que el cautín de soldar tocó la jeringa y la tinta explotó, rápidamente instaló una cámara de alta velocidad para saber qué había pasado. Una excepción, por pequeña que sea, puede ser el accidente afortunado que encienda un descubrimiento "serendipitoso".

Pero para promover *serendipity* una compañía puede hacer más que sólo provocar y pescar accidentes. Puede también tomar medidas para aumentar las posibilidades de que estos accidentes se vuelvan afortunados, es decir, que coincidan con la sagacidad. Para hacer esto, una organización debe aumentar el campo de conocimiento en el que tiene sagacidad y crear deliberadamente un potencial no usado para el cambio, o sea, capacidad redundante en potencial humano para el cambio. Algunas compañías creen en capacitar a las personas sólo con lo que necesitan saber para hacer su trabajo actual. Esto se resume en optimizar para una situación *existente* o *predeterminada*. Una organización debería alentar a sus empleados a tomar clases que no sean directamente relacionadas con su trabajo, ir a conferencias donde no hagan una presentación, tomar permisos para estudiar o sabáticos con el fin de aprender algo diferente. Uno no puede saber nunca cuándo será útil el nuevo conocimiento. Hasta que resulta útil, como el ala de la garza real, representa una capacidad no usada para el cambio. Una idea adicional para incrementar la sagacidad de una compañía viene de la lista comentada en el capítulo tres, la lista de todos los empleados y las cosas que cada uno sabe sobre las operaciones de la compañía que nadie más sabe. Aunque siempre habrá algo junto a cada nombre, mientras más corta sea la lista mejor, porque entonces un accidente dado caerá en áreas de sagacidad de más personas. ¿Cómo puede una compañía reducir la lista? Un camino es la rotación frecuente de trabajos, aun en funciones cruzadas; otro es que a los clientes y proveedores los visiten personas que no siempre tratan con ellos. Sin algo de redundancia, hay poco espacio para *serendipity*.

Puntos principales

Tal como la definió originalmente Horace Walpole en 1754, *serendipity* combina un accidente afortunado con la sagacidad.

Un Roy Plunkett alerta descubrió el teflón mientras trataba de explicarse por qué un cilindro de gas tetrafluoroetileno parecía estar vacío antes de lo esperado.

Los accidentes afortunados son rara vez sucesos de "un golpe". Surgen cuando las personas interactúan entre sí y con su trabajo. A menudo son una llovizna continua de sucesos pequeños, casi imperceptibles, que pueden escapar de la atención de todos excepto de los más alertas y motivados observadores. Ocasionalmente llega un chubasco y permite ver estos sucesos más fácilmente.

Durante años, las plumas habían estado desapareciendo en el diges-tor de excremento en la granja experimental de North Carolina State University, y realmente nadie pensaba mucho en ello. Pero cuando cayó un pollo muerto, y desapareció por completo, se mostró el camino a una nueva enzima, que podía resolver un problema impor-tante de disposición de desperdicios en la industria avícola.

Los accidentes afortunados (la primera mitad de la ecuación de *serendipity*) pueden promoverse mediante estrategias que provoquen y saquen provecho de los accidentes.

Una propensión a la acción provocará que ocurran más accidentes potencialmente afortunados; y correr la voz de no pasar por alto las excepciones hará más conscientes a los empleados sobre éstas cuando sí sucedan.

La sagacidad (la segunda mitad de la ecuación) puede promoverse expandiendo el potencial humano de la compañía más allá de sus necesidades inmediatas.

Si las compañías no tienen azar ni redundancia están optimizadas para su entorno presente, así que están limitadas a sólo lo que pueden anticipar y planear.

Capítulo diez
DIVERSIDAD DE ESTÍMULOS

El genio, según (Henry) James, tiene una enorme capacidad para percibir similitudes entre objetos dispares; su mente salta por los surcos que abrió la experiencia común. La suya es también una mente sensible; cada estímulo inicia múltiples sucesiones de pensamiento, asociaciones intensamente libres. "En tales mentes", dice James, "los temas se forman y florecen y crecen".

JACQUES BARZUN[1]

Una razón por la que nadie puede predecir quién estará implicado en un acto creativo, qué será, o cuándo o cómo sucederá, es que es imposible saber por adelantado qué tipo de estímulo llevará a una persona en particular a iniciar uno. Recuerde que fue una conversación casual a la hora del café la que desencadenó la serie de sucesos que resultaron en la impresora de inyección de tinta de Hewlett Packard, y que fueron las constantes preguntas de los pasajeros de primera clase sobre las etiquetas amarillas y negras, las que llevaron a British Airways al servicio de equipaje "Primero y rápido". El quinto elemento de la creatividad corporativa es *diversidad de estímulos*, las chispas para las ideas creativas. Un estímulo puede dar a una persona una revelación fresca sobre algo que ya se ha lanzado a hacer, o empujar a esa persona en una dirección completamente nueva. Si bien las compañías pueden hacer algo para identificar diversos estímulos y proporcionarlos a sus empleados, el impacto de dichos esfuerzos sobre la creatividad será limitado, por dos razones. Primera, la mayoría de los estímulos surgen en conexión con el trabajo mismo. Segunda, lo que sirve como estímulo poderoso para una persona puede ni siquiera ser *notado* por otra. Esta impredecibilidad significa que los esfuerzos por *dar* estímulos a las personas, necesariamente tendrán una tasa de poco éxito. La ventaja real estriba en ayudar a los empleados a *obtener* los estímulos, y en crear oportunidades para que ellos devuelvan estos estímulos a la organización donde puedan utilizarse.

Antes de comentar las acciones que las organizaciones pueden emprender para dar estímulos diversos a sus empleados, y por qué la mayoría de estos estímulos surgen en conexión con el trabajo, primero echaremos un vistazo más de cerca a cuán diversos y específicos pueden ser tales estímulos para las personas. Considere, por ejemplo, lo que llevó a George Miller, el director y productor australiano de las películas *Mad Max* y *Road Warrior* (estelarizadas por Mel Gibson), a emprender un nuevo proyecto: la película *Babe*, un gran éxito de taquilla que trata sobre un cerdo que quería ser perro ovejero.

Si los cerdos pudieran hablar

En un largo vuelo de British Airways de Sydney, Australia, a Londres, en 1986, George Miller estaba escuchando en sus audífonos un canal de audio para niños. Casualmente en el programa participaba una mujer dando una serie de reseñas de libros; Miller la describió como una señora con estilo de maestra de escuela cuyos modos y cuyo inglés demasiado perfecto le trajeron a la mente a la más refinada nana británica. Uno de los libros que comentó para su joven audiencia fue *The Sheep Pig*, del autor británico para niños Dick King-Smith. Dijo a sus escuchas que el libro había ganado un premio y luego empezó a contar el cuento. Era sobre un joven cerdo huérfano llamado Babe, que vivía en una granja y quería volverse un perro ovejero. Pero la mujer no pudo terminar el cuento sin romper en risa en varios momentos, lo que hizo que Miller pensara que no estaba sólo leyendo los comentarios de alguien más, sino que había realmente leído el cuento. Su reacción intrigó a Miller, quien anotó el título para comprarlo cuando llegara a Londres. Cuando lo hizo, estaba absolutamente encantado:

> *Me encanta el cuento tanto por su subtexto como por su argumento superficial. Trata sobre el prejuicio en una granja donde cada animal tiene su plan preordenado. A este mundo tan predispuesto llega un cerdo con un corazón desprejuiciado que considera a todas las otras criaturas por su pura presencia, y al tratar a las ovejas y a todos los otros animales como iguales, irrevocablemente cambia sus vidas y se vuelve campeón mundial de los perros ovejeros en el proceso.*[2]

A King-Smith sólo le llevó tres semanas escribir el libro en 1983, pese a su enfoque, de algún modo poco técnico, de escribir a mano con lápiz en la mañana y por la tarde de escribir a máquina los resultados, en una antigua máquina de escribir portátil con un dedo. Durante veinte años, antes de que se dedicara a escribir a la edad de cincuenta y cinco, King-Smith había sido granjero. La inspiración para *The Sheep Pig* había llegado durante una feria local del pueblo, donde cada año, según la tradición, se regala un pequeño lechón como premio a la persona que más exactamente adivine su peso. Para King-Smith, esto le había sugerido la idea de que alguien ganara un cerdo en esa feria, pero que entonces decidiera que el cerdito no estaba destinado para el congelador sino para cosas más altas.[3] El libro resultante, vendido en Gran Bretaña como *The Sheep Pig* y en Estados Unidos como *Babe the Gallant Pig,* ganó una serie de reconocimientos, entre los que se encuentran el *Guardian Children's Fiction Award* en Gran Bretaña en 1984, y el *Horn Book Award* del *Boston Globe* en 1985.

Unos meses después de aquel vuelo en British Airways, George Miller se había puesto en contacto con los agentes de Dick King-Smith en Londres, y había negociado una opción para comprar los derechos cinematográficos mundiales del libro. Ya que el argumento abarcaba a muchos animales que hablaban, no hubo competencia para la opción y Miller pudo adquirirlo a un precio muy razonable. Por varias razones, quería evitar hacer una película de dibujos animados con el libro. Por un lado, los personajes de animales eran tan realistas que sintió que la historia funcionaría mucho mejor con animales vivos. Además, un filme animado se etiquetaría enseguida como una película para niños, reduciendo así, drásticamente, su audiencia potencial. Como Miller creía que la historia conmovería a los adultos también, quería que la película fuera un atractivo para ellos también. Sin embargo, evitar la animación creó un problema, pues como él sabía bien, la tecnología de gráficos de computadora que pudiera hacer que los animales parecieran estar hablando no existía todavía y, de hecho, probablemente no existiría en otros diez años, más o menos. Peor aún, según averiguó Miller, la mayoría de las personas dudaban que *alguna vez* existiera:

Bien, allí estaba, 1986, y yo tenía este maravilloso libro y todos, me refiero a todos, me decían que nunca podría hacerse en cine. . . . Pero ese cerdito, la historia de este pequeño personaje tratando de hacer algo desde la bondad de su corazón pero siendo burla de los animales prejuiciosos y de las personas que no le dejaban hacer cosas de perro; vaya, el extraordinario espíritu del asunto me movía de algún modo.[4]

Presintiendo que la película, si alguna vez se hiciera con animales vivos, necesitaría un director especialmente talentoso, alguien dotado con vastas reservas de paciencia (más, según Miller, que la que él mismo poseía) y un ojo para el detalle, Miller se puso en contacto con Chris Noonan, un director australiano con quien había trabajado antes. En poco tiempo, Noonan también quedó enganchado en el proyecto:

Me llevé el libro, lo leí y la historia me conmovió. Me reí mucho mientras lo leía, y cuando lo terminé tenía lágrimas en los ojos. Y eso me parecía un poco absurdo: que una extraña historia sobre un cerdo hiciera llorar a un hombre ya crecido. Yo leo en promedio un guión cada día, y cuando uno lee tanto material se vuelve muy resistente, y se necesita que algo de veras se meta bajo la piel para que uno lo trate seriamente. Cuando se genera esto, resalta muy fuertemente. Así que fui más profundo en la historia y vi que era más que sólo la exitosa historia de un héroe sencillo: tenía muchas capas de significado en ella.

Después de platicar sobre el libro con George, comentamos los prospectos de hacer una película con él. Él estaba muy a favor de usar animación digital como la única técnica, pero ésa era una industria muy incipiente en ese tiempo. Las técnicas eran rudimentarias, y no había garantías de que la película pudiera hacerse con ellas. Estábamos muy intrigados con la idea de hacer que los animales hablaran de verdad en la pantalla y sentíamos que esto realmente crearía una inquietud. De algún modo, la mera imposibilidad de todo ello hizo que me sintiera muy atraído.[5]

Ésta fue la dificultad que Miller y Noonan enfrentaban. El filme no funcionaría a menos que los animales *realmente* parecieran estar hablando e interactuando entre sí. Tendrían que pasar seis años más, antes de que existieran las dos tecnologías determinantes para ello. La primera era *animatronics*, en la que se simulan animales reales con títeres dobles de hule, controlados por computadora. Los *animatronics* eran necesarios cuando los personajes de animales tenían que hacer expresiones faciales que los animales reales no podían hacer, para escenas donde la cámara se alejaba de los animales y sus entrenadores no podían acercarse bastante para controlarlos, y para varias escenas donde los animales reales podrían resultar lastimados o morir. La segunda tecnología era la *fotografía digital y el procesamiento de imágenes,* en las que, después de que se filmaba un animal de verdad, los artistas de efectos especiales podían borrar la boca del animal y crear digitalmente una nueva que hablaría sincronizada con la voz del actor de doblaje y estaría "conformada" sin marcas en la cara del animal. Los ojos y cejas también se modificarían para imitar los ojos y cejas de los seres humanos cuando hablan.

Sin embargo, en 1988, el primer paso para Miller y Noonan fue escribir un guión. Primero, se reunían todos los días y platicaban sobre todos los aspectos de la historia y sus personajes. Se añadieron dos nuevos personajes de animales: Ferdinando el Pato, para un relevo cómico, y Rex el Perro Ovejero, para añadir un poco de tensión. Después de casi tres meses, los dos hombres habían desarrollado un desglose tentativo, escena por escena, de la película en una gran gráfica en la pared. En este momento, Noonan se fue y escribió el primer borrador de un guión. Cuando hubo terminado, él y Miller se reunieron y lo elaboraron una vez más, considerando cuidadosamente lo que no funcionaría y lo que sí. Entonces Noonan volvió a irse y escribió el segundo borrador. Este proceso siguió en forma continua por cerca de cuatro años; se necesitaron como veinte borradores antes de que él y Miller estuvieran satisfechos. A mediados de 1989, la pareja comenzó a acercarse a los estudios en busca de financiamiento. Sabían que la película era demasiado cara para que encontraran el financiamiento en Australia. Tendrían que conseguir fondos de uno de los grandes estudios norteamericanos. Aunque todos estos estudios expresaron interés inicial en el proyecto, su interés bajaba rápidamente durante el proceso de evaluación, al descubrir que esta película sería una aventura de negocios muy incierta. Chris Noonan nos explicó por qué:

> *Era un concepto bastante radical, y un proyecto sumamente arriesgado en cuanto a que tenía todos los ingredientes conocidos para que una película fracasara. Tenía animales, efectos especiales y toda la filmación era en exteriores, y por lo tanto, sujeta al clima y a las estaciones.*[6]

Al final, sólo quedó Universal Pictures. Y casi se arrepienten justo antes de comenzar la filmación.

Aun con fondos y la tecnología apropiada, la película todavía representaba un reto formidable. Se requerían sesenta entrenadores de animales para los 970 animales implicados. Tan sólo al papel estelar no lo interpretaba un cerdo, sino *cuarenta y ocho*, cada uno criado desde el nacimiento por los entrenadores de la película. La razón de esto era que los cerdos hoy en día se crían para crecer tan aprisa que sólo podía filmárseles a la edad de dieciséis a dieciocho semanas. El régimen de entrenamiento de trece semanas para las actrices porcinas (las partes privadas de los cerdos machos eran demasiado visibles) comenzaba cuando tenían dos semanas. Para las dieciocho semanas ya se habían pasado de su etapa "graciosa". Además, cada cerdo tenía diferentes fortalezas en su actuación: algunos eran mejores para quedarse quietos y otros para pararse o correr, así que tenían que criarse en grupos de seis, cada tres semanas. Pero con todo, el productor George Miller y el director Chris Noonan lograron sacar la más grande producción australiana de todos los tiempos. Para abril de 1996, la película había tenido entradas de más de 63 millones de dólares en taquilla. *Babe* ganó también un premio Golden Globe por la mejor comedia, fue nombrada la mejor película de 1995 por la Sociedad Nacional de Críticos de Cine de Estados Unidos, y fue nominada para siete premios de la Academia. Dick King-Smith, quien había rehusado participar en la película porque su miedo a los aviones le impedía efectivamente viajar a Australia, vio la película por primera vez en un estreno en Londres, en agosto de 1995, con su esposa. Y a ambos les pareció convincente:

> *El punto crucial de todo el asunto, por supuesto, era conseguir que estos animales abrieran sus hocicos y hablaran, o que aparentemente hablaran. Aunque sabíamos la realidad sobre el asunto, sólo pasaron unos cuantos minutos desde que mi esposa y yo nos sentamos para sentirnos persuadidos por la idea surrealista de que así como le enseñaron a todos estos animales a hacer todos los hábiles trucos y movimientos que hacían, también les habían enseñado a hablar realmente.*[7]

Nueve años antes, había sido la risa y las inflexiones en el habla de una comentarista anónima del canal de entretenimiento del vuelo de British Airways lo que había atrapado la atención de George Miller. Lo había alertado sobre una historia que capturó su imaginación y lo lanzó a un viaje largo y arriesgado para producir una película excepcional. La pregunta reveladora, sin embargo, es ésta. ¿Si hubiera sido otro productor de cine el que escuchara el mismo canal en ese vuelo, la voz de la comentarista habría tenido el mismo efecto en él?

¿Treinta y cuatro días para pintar un Cadillac?

A George Miller lo provocaron para hacer algo enteramente nuevo. Pero un estímulo también puede ser importante para una compañía que ya sabe lo que está buscando, porque puede provocar a una persona y llevarla hacia un enfoque diferente y más exitoso para un problema existente.

A principios de los años veinte, General Motors (GM) ciertamente tenía un problema: necesitaba desesperadamente cambiar la forma en que pintaba los autos.[8] Realmente, todas las compañías de automóviles estaban en el mismo aprieto: se necesitaba un tiempo increíblemente largo para pintar un auto de cualquier color que no fuera negro. En GM, el tiempo promedio era de tres semanas. Un Cadillac podía llevarse hasta treinta y cuatro días. Los problemas resultantes tan sólo con el inventario de trabajo en proceso eran asombrosos. En su libro *My Years with General Motors*, el CEO (director ejecutivo; del inglés *Chief Executive Officer*) Alfred Sloan escribió que a pesar de la tasa relativamente lenta de producción de esos días, cerca de mil automóviles por día, GM tenía que mantener unos 80,000 metros cuadrados de espacio interior cubierto para pintura.[9] Pero este cuello de botella no era realmente el peor de los problemas que tenía GM con la pintura. Aun con aplicación cuidadosa, sus pinturas se comenzaban a desprender rápidamente, a veces a unas semanas de haber salido de fábrica. En cuanto a los clientes, un trabajo de pintura de mala calidad era igual de deficiente que un mal motor o problemas mecánicos. Las quejas de los clientes llovieron, y parecía que la compañía no podía hacer nada.

La causa raíz del problema era que cuando llegaron los automóviles, los fabricantes simplemente siguieron pintándolos exactamente en la misma forma en que se había pintado siempre los carruajes de caballo. Desafortunadamente, lo que había funcionado para los carruajes ya no funcionaba para los autos. La pintura no podía aguantar los cambios de temperatura causados por el calor del motor. Además, el trabajo de pintura de un automóvil soportaba más mal trato que el de un carruaje. Para el alto volumen y los autos más baratos, como el Chevrolet, los fabricantes usaban esmalte negro horneado, el único acabado barato y moderadamente durable entonces disponible (este hecho es lo que ocasionó la famosa observación de Henry Ford de que sus clientes podían tener el color de carro que quisieran siempre que fuera negro). Alfred Sloan estaba convencido de que si General Motors pudiera encontrar una manera de pintar sus automóviles en forma económica con pintura de color que durara, los clientes harían fila para comprarlos. El problema era que un trabajo de pintura así requería la aplicación a mano de cinco capas durante un periodo de semanas, así como retoques adicionales, también a mano, y aún entonces, al color le faltaba brillo y la pintura comenzaba pronto a desprenderse. Además, Sloan quería seguir una estrategia muy diferente de la de Henry Ford. Quería una manera de sacar muchos modelos de carro que fueran esencialmente el mismo, pero con estilos y acabados diferentes, y su estrategia dependía del uso del color.

Como si esto no fuera suficiente, GM tenía una razón más que obligaba a resolver el problema de pintura. Los carruajes normalmente se guardaban en garajes para protegerlos de los elementos naturales. Muchas personas en GM se estaban dando cuenta que un "carro sin garaje", revolucionaría el mercado. Tal como Pierre Du Pont (cuya compañía poseía el 33 por ciento de GM en este tiempo) le planteó a Charles Kettering, jefe de investigación y desarrollo de GM:

> *Un auto cerrado cubierto con material a prueba del clima... podría dejarse a la puerta en cualquier momento, resultando así ser mucho más útil para el dueño promedio de un auto pequeño que el aparato que debe guardarse cuidadosamente para protegerlo del clima.*[10]

A lo que Kettering contestó que el reto real para fabricar un automóvil así era "principalmente una cuestión de pinturas".

Por todas estas razones, la presión estaba sobre GM para encontrar una manera de pintar los vehículos en forma rápida y durable en diversos colores que fueran atractivos. Lo que pasó después en GM se volvió una de las historias favoritas de Charles Kettering sobre creatividad.[11] Según lo platica, Kettering convocó a una junta a la que invitó a varios proveedores de pintura, algunos químicos en pinturas y algunos de los propios pintores de GM. Preguntó al grupo qué podía hacerse para reducir el tiempo que llevaba pintar un automóvil. Muy poco, fue el consenso de los expertos, ya que tenía que darse tiempo a la pintura para secar.

¿No hay alguna manera de pintar más rápidamente?" —preguntó Kettering.

"No sin arruinar la pintura." Sin embargo, después de hablar sobre el tema, el grupo decidió que podría ser posible reducir el tiempo uno o dos días.

Alguien preguntó a Kettering: "¿Cuánto tiempo cree que deba llevarse pintar un automóvil?"

Su respuesta asombró al grupo: "Una hora estaría más o menos bien... bueno, ¿por qué no podrían?"

"Porque la pintura no se secará."

"¿No puede hacerse algo para que la pintura seque más rápido?"

"Nada en el mundo", fue la respuesta. "La naturaleza se encarga de eso."

Al salir Kettering de la junta oyó a alguien murmurar que deberían ponerlo en el rincón donde pertenecía, y dejarlo allí. Pero eso no lo detuvo. GM tenía que pintar sus autos, y Kettering necesitaba encontrar una forma de hacerlo en forma apropiada.

No mucho después, Kettering se encontraba en Nueva York. Como tenía un poco de tiempo libre, se fue a mirar aparadores por la quinta avenida. En el aparador de una joyería vio una pequeña charola para broches pintada con una nueva clase de laca. Compró una y preguntó dónde la habían hecho. Fue a ver a la persona que la había hecho y le preguntó dónde había obtenido la laca. Le dieron el nombre de alguien en Nueva Jersey. Kettering fue allá y lo encontró haciendo laca en un cobertizo de su patio. Preguntó si podía comprar un litro.

"Válgame, nunca he hecho un litro de laca antes. ¿Qué quiere hacer con ella?"

"Quiero pintar la puerta de un automóvil."

"No puede hacer eso. Esta laca se seca casi al instante. Si la pone en una de sus pistolas rociadoras se secará y volará como polvo antes de que siquiera llegue a la puerta del carro."

"¿No puede hacer algo para retardar el secado?", preguntó Kettering.

"Nada en el mundo", replicó el fabricante de laca.

Y allí, tal como lo planteaba Kettering, tenía los dos extremos. Pero ahora cuando menos, el camino era claro. Necesitarían dos años y medio de intensa experimentación para que los investigadores de GM y de Du Pont pudieran formular una laca que realmente funcionara. Esta laca llamada "Duco", llegó a dominar rápidamente el mercado de acabados para automóviles. En 1925, el primer año que Du Pont la puso en el mercado, la compañía vendió más de un millón de galones a cinco dólares por galón. Las ventas se duplicaron en 1926, generando a Du Pont una utilidad de 3 millones de dólares. Para 1929, Duco se acreditaba más o menos el 12 por ciento de las utilidades de la compañía. En *My Years with General Motors*, Alfred Sloan resumió lo que la nueva laca había hecho por su industria:

> *Duco, al reducir el costo de los acabados de color y al incrementar enormemente la gama de colores que podían aplicarse en forma económica a los autos, hizo posible la moderna era de color y estilo. Además, su secado rápido eliminó el cuello de botella más importante que quedaba en la producción en masa, e hizo posible una tasa enormemente acelerada de producción de carrocerías de automóviles.*[12]

Por su parte, Charles Kettering no pudo resistir la tentación de jugarle una broma práctica a uno de los proveedores de pintura que habían dado sólo negativas en la junta original. Poco después que Duco se probó con éxito, ese hombre vino a tomar el almuerzo con Kettering. Cuando entró a la oficina, Kettering tenía casualmente una tarjeta de colores en su escritorio, con muestras de todos los diferentes colores disponibles en el prototipo Duco.

"Joe", dijo Kettering, "si fueras a darle nuevos acabados a tu auto, qué color escogerías?" Después de pensar un momento, el hombre escogió un color, y él y Kettering se fueron a almorzar.

Cuando regresaron los dos, platicaron un rato en la oficina de Kettering. Al levantarse Joe para irse, miró por la ventana. "¡Alguien se llevó mi auto! ¡No está!"

"Nadie se llevó tu auto", dijo Kettering. "Sólo le dimos un nuevo acabado mientras estabas almorzando. Dijiste que era el color que querías, ¿no?"

Cuando las compañías identifican los estímulos

Muchas compañías tienen programas formales para brindar diversos estímulos a sus empleados. Una que ha hecho más que muchas es Hallmark, la compañía de tarjetas de felicitación más grande del mundo. Mucho de lo que Hallmark hace no es tan excepcional y sucede en otras compañías también. Por ejemplo, el centro de recursos creativos de la compañía mantiene una biblioteca de unos veinte mil libros sobre una amplia gama de temas y 150 revistas que van desde *Architectural Digest* a *Wired*. Su serie de conferencias de visitantes ofrece una selección interesante de conferencistas de todo tipo de temas. Y un boletín interno mensual del centro de recursos creativos de la compañía mantiene informados a los empleados de Hallmark sobre exposiciones de arte, exhibiciones y nuevos libros.

Sin embargo, Hallmark hace otras cosas que la distinguen de la mayoría de las compañías en cuanto a estímulos diversos se refiere. Ofrece un programa de sabáticos dentro de su división creativa, cuyo personal de más de setecientos artistas y escritores crean unas treinta mil tarjetas nuevas y productos relacionados cada año. Los sabáticos son comunes en los colegios y universidades, pero son relativamente raros en el mundo corporativo. Donde sí existen, generalmente tienen la intención de dar a los empleados tiempo para servicio comunitario o renovación personal.[13] Por otra parte, los sabáticos en Hallmark primordialmente tienen la intención de la *renovación creativa*. Un tipo de sabático da a los artistas y diseñadores seleccionados la oportunidad de pasar cuatro meses explorando una nueva habilidad artística. Dejando atrás su trabajo regular, los miembros del equipo se reubican en uno de tantos estudios del Centro Rice de Innovación de Hallmark. Ya sea que sus exploraciones de áreas nuevas como cerámica, manufactura de papel o gráficas de computadora, lleven o no a nuevos productos, los participantes sí regresan a su trabajo regular no sólo sintiéndose renovados sino con una fresca perspectiva creativa.

Otro tipo de sabático es el del grupo de asesoría creativa de la compañía. La misión de este grupo es identificar y seguir las tendencias sociológicas, psicológicas y técnicas que podrían tener un impacto en el futuro de la compañía, y traer estas tendencias a la atención de la administración y del personal creativo en una forma tan eficaz como sea posible. Dos veces al año, los tres o cuatro miembros del personal que son seleccionados para este programa sabático dejan sus unidades regulares de trabajo y se unen al grupo de asesoría creativa, donde permanecen seis meses. Aquí, trabajan en un proyecto de grupo y en uno personal. El proyecto de grupo consiste en estudiar un tema o tendencia particular y hacer un vídeo de sus implicaciones para la compañía. Finalmente, este vídeo se exhibe a cientos de miembros del personal creativo así como a la alta dirección.

Le preguntamos a Clar Evans, directora del grupo de asesoría creativa, cómo se inició este tipo de sabáticos. Nos dijo que comenzó en 1990, cuando estuvo confinada en cama con neumonía por varias semanas. Por curiosidad, un día, sintonizó el canal de MTV, un canal que nunca había visto antes. Quizá un veinteañero no se habría sorprendido de lo que ella vio, pero Evans no tenía veinte años, estaba a finales de sus cincuenta. MTV la puso a pensar en la *generación X*, sobre sus implicaciones para el negocio de Hallmark, y sobre cómo podría comunicar esto en la mejor forma a su compañía. Se dio cuenta de que la respuesta a esta última pregunta era obvia: un vídeo. El vídeo resultante sobre la generación X fue muy exitoso y se volvió el primero de nueve que se producirían entre 1991 y 1996. Otros temas incluían ángeles, enfermedades largas, masculinidad, espiritualidad y etnicidad, cada uno de los cuales tenía implicaciones para la compañía. Como parte del proyecto sobre etnicidad, por ejemplo, los cuatro miembros del equipo leyeron libros y artículos, entrevistaron a expertos, asistieron a festivales folklóricos e hicieron visitas de campo a barrios étnicos en diferentes ciudades.

En los sabáticos del grupo de asesoría creativa cada miembro selecciona su proyecto personal. Por ejemplo, una miembro del grupo de etnicidad decidió estudiar algo de lo que ella sabía poco: colchas afroamericanas. Evans nos dijo que ella, en privado, tenía sus dudas de que este tema sirviera para algo. Pero cuando la miembro del equipo visitó a coleccionistas, museos y personas que hacían estas colchas, aprendió que las colchas afroamericanas eran muy diferentes de sus mejor conocidas contrapartes europeas, que tendían a usar motivos apretados y altamente repetitivos. Lejos de no tener un propósito, nos dijo Evans, este proyecto descubrió cómo el uso del color y del motivo en las colchas afroamericanas estaba

vivo con la inspiración de personas que tenían pocos recursos.[14]

Tanto este proyecto personal como el proyecto de equipo sobre etnicidad, tuvieron un efecto directo en el negocio de tarjetas de felicitación de Hallmark. De acuerdo a un escritor creativo de la compañía, los proyectos claramente indicaron que Hallmark no necesitaba

una línea especial para estadounidenses y otra para laosianos. Darle un enfo-que multicultural a las líneas existentes, siempre y cuando no las agotáramos demasiado, serviría para lo que queríamos.[15]

Estos proyectos sabáticos también llevaron a la introducción de una nueva línea de productos, joyería *"Symbolic Notions"* basada en los símbolos étnicos y multiculturales descubiertos por el equipo durante su sabático.[16] Hallmark puede mostrar claramente algunos resultados creativos provocados por sus programas sabáticos.

Los estímulos surgen del trabajo mismo

Si bien las compañías deberían hacer todo lo que puedan para identificar y proporcionar diversidad de estímulos a sus empleados, deben reconocer que dichos esfuerzos tienen sus limitaciones. Ciertamente, programas como los de Hallmark son refrescantes y crean un clima positivo para la creatividad. Sin embargo, tienen un inconveniente obvio: no hay manera de saber por adelantado cómo responderá una persona particular a un estímulo dado. El solo hecho de estimular a una persona no significa que entonces hará algo creativo. ¿Cómo es posible que las compañías adivinen qué estímulos funcionarán? El verdadero reto está en relacionar los estímulos con el trabajo de la organización.

Si bien los sabáticos pueden ser efectivos para desarrollar la capacidad para el cambio, es importante reconocer que necesariamente tienen un alcance limitado. Aun Hallmark puede proporcionarlos sólo a 10 por ciento de su fuerza de trabajo; con mayor frecuencia a personas de su división creativa. Además, durante sus sabáticos, estas personas salen de su entorno regular de trabajo y entran a un entorno que la compañía cree que probablemente les proporcionará diversidad de estímulos. Piense de nuevo en Roy Plunkett y la forma en que descubrió el teflón. Es probable que el gas de tetrafluoroetileno se hubiera polimerizado en muchos de sus cilindros. Dado su estado de alerta, si no hubiera hecho su descubrimiento con ese cilindro particular, lo habría hecho con otro. No pudo *alejarse* de los estímulos que lo llevaron a su acto creativo. ¿Pero habría descubierto el teflón si se hubiera alejado del lugar de trabajo y se hubiera sentado frente a un pizarrón ponderando el futuro de los materiales inertes? El verdadero reto enfrentado por los programas diseñados para ofrecer estímulos a los empleados es relacionar dichos estímulos con el trabajo real de forma significativa.

Creemos que más que *idear* y *ofrecer* estímulos a unos cuantos empleados selectos fuera de su trabajo normal, es más importante para una compañía reconocer que los empleados mismos encontrarán la mayoría de los estímulos que lleva a actos creativos. Y cuando los encuentren, es importante que los empleados tengan la oportunidad de traer estos estímulos a la organización y aplicarlos. Tanto George Miller como Charles Kettering tenían influencia en sus organizaciones. Se dio el estímulo "correcto", y ellos estaban claramente en una posición para hacer que sucedieran cosas, y ambos hombres lo hicieron. Pero la mayor parte de los estímulos la reciben empleados de línea que no tienen tanto poder. El problema real para una compañía es estar igualmente abierta a estos estímulos y explotarlos siempre y dondequiera que ocurran. A menos que se actúe sobre los estímulos, no tienen aplicabilidad para la compañía. Los empleados pueden recibir estímulos de los clientes o, aun si nunca ven a un cliente, directamente del trabajo mismo. Veamos ahora ejemplos de estos dos tipos de diversidad de estímulos. Es difícil pensar cómo un programa corporativo de cualquier tipo puede proporcionar cualquiera de los dos. Sin embargo, ambas organizaciones implicadas tenían un momento y un lugar donde los empleados que recibieron el estímulo pudieron traerlo para hacer comentarios informales con otros y describir las posibilidades que sugería.

Banquetes en el Imperial

Desde que se abrió en 1890 para dar alojamiento de lujo al estilo occidental a los extranjeros, el hotel Imperial de Tokio se ha convertido en uno de los más prestigiados hoteles en el mundo. Ubicado junto al Palacio Imperial, ha estado en el centro de varios sucesos históricos. Su segundo edificio (diseñado por Frank Lloyd Wright) se abrió el 1o. de septiembre de 1923, el día que el gran terremoto *Kanto* destruyó la mayor parte de Tokio. Excepto, muy afortunadamente, el recién inaugurado hotel Imperial. Los reporteros de todo el mundo que se precipitaron a Tokio para cubrir el terremoto no tenían otro lugar donde quedarse. Para el nuevo hotel esto trajo como resultado una publicidad sin paralelo. Todos los despachos de los reporteros extranjeros tenían la dirección del hotel y muchos de sus artículos mencionaban que el Imperial era "el único lugar" para quedarse en Tokio, lo cual, literalmente, era cierto.[17] Durante la Ocupación de posguerra, los altos oficiales del general MacArthur vivían en el hotel. Hoy, cuando sucesos históricos (como el funeral del emperador Hiroito) traen a líderes extranjeros a Tokio, lo más probable es que se queden en el Imperial. Y la calidad del servicio en el hotel está principalmente determinada por sus más o menos dos mil empleados de línea. Desde el portero hasta las camareras, estos empleados interactúan con los clientes diariamente y tienen una posición única para conocer sus necesidades y deseos. Su trabajo cobra vida con los estímulos que pueden llevar a actos creativos y el hotel nunca puede predecir qué empleado recibirá uno.

Un mesero del hotel Imperial que servía en un banquete, se encontraba justamente en su puesto cuando casualmente escuchó una conversación entre dos huéspedes, que estaban hablando de una próxima reunión de su escuela. A diferencia de Estados Unidos, donde dichas reuniones se llevan a cabo sólo en aniversarios importantes (como los diez o veinte años), en Japón, las reuniones se realizan anualmente y por lo general tienen buena asistencia. Escuchar esta conversación puso a pensar al mesero en que dichas reuniones podrían ser una nueva actividad de negocios que valiera la pena para el Imperial. Tuvo la oportunidad de presentar su idea en la junta semanal de su sección. Ya que un voluntario de la generación es quien organiza la mayoría de las reuniones estudiantiles, la cuestión era proponer una forma de hacer el proceso lo menos difícil posible para el organizador. El mesero sugirió una solución inteligente. Si el hotel cobrara nueve mil yens por persona (como noventa dólares), facilitaría el trabajo al organizador: todo lo que éste tendría que hacer sería cobrar una cuenta de diez mil yens a cada asistente, y después de pagar al Imperial por el servicio, quedaría justamente la cantidad exacta para gastos incidentales. El hotel Imperial introdujo el nuevo servicio en julio de 1993, y fue un éxito instantáneo. Tan sólo en los dos primeros meses, la respuesta fue casi *cuatro veces* mayor de lo esperado, produciendo unos 600,000 dólares en ingresos.

El trabajo del mesero en el hotel Imperial era interactuar con los clientes, pero diversos estímulos pueden surgir en conexión con cualquier aspecto del trabajo. Considere este ejemplo de la planta FoaMech de Johnson Controls, la planta descrita en el capítulo tres, cuyo programa *kaizen* tuvo una participación del cien por ciento en 1996.

¿En realidad podemos estar desperdiciando todo esto?

Como es común en las grandes operaciones estadounidenses de manufactura, FoaMech alentaba a sus empleados a formar "equipos de participación de empleados" que trabajaran en oportunidades para el mejoramiento. En octubre de 1995, seis empleadas del tercer turno del departamento de empaque decidieron formar su propio equipo: las "lechuzas nocturnas". El equipo eligió a Michelle Johnson como su presidenta, lo cual, visto en retrospectiva, fue adecuado porque ella tendría la iniciativa de la primera idea del equipo. Temprano, una mañana de diciembre, mientras Johnson barría al final de su turno, se encontró varias tuercas y pernos en el suelo junto a una máquina. Esto la puso a pensar. Sabía que eran caros y que si no los hubiera levantado habrían terminado en la basura más tarde. Se dio cuenta de que a menudo muchas cosas útiles quedaban tiradas por la planta o simplemente se arrojaban a la basura al retirarse las personas al final del día. Comenzó a preguntarse precisamente cuánto estaban costando a su compañía estas cosas sueltas desperdiciadas.

En la primera reunión de las Lechuzas nocturnas después del descanso de navidad, Johnson dijo a sus colegas lo que había estado pensando. Después de algunos comentarios, el grupo decidió llevar a cabo un experimento sencillo. Durante un mes, las Lechuzas nocturnas recogerían todas las cosas sueltas útiles abandonadas que se encontraran en su propio departamento, los baños y los vestidores, y en los pasillos de dentro y fuera de la planta. En equipo, darían seguimiento a los resultados y verían si la oportunidad valía la pena de seguir adelante con ella.

Las Lechuzas nocturnas se sorprendieron mucho de la cantidad de material atrapado en su red. No sólo llenaron sus propios casilleros, sino que Johnson tuvo que preguntar a la coordinadora de equipos de participación de empleados de FoaMech si el equipo podía guardar el exceso en su oficina. El equipo encontró de todo, desde rollos de cinta adhesiva a medio usar, rizadores de permanente, tuercas, tornillos y guantes sueltos, hasta navajas de corte, grapas, accesorios de bronce y mangueras neumáticas. Un buen ejemplo de lo saturado de la naturaleza del desperdicio fueron los "alambres de armazón". Recuerde que la planta FoaMech hace asientos de carro. La mayoría de los cojines de asientos de carro consisten en un esqueleto de alambres de refuerzo que se hornean con la espuma de poliuretano, y los alambres de armazón son los huesos de estos esqueletos. Se ha de comprender que la planta de FoaMech es una gran usuaria de los mismos. Los alambres de armazón son piezas rectas de alambre entre veinticinco y treinta centímetros de largo. FoaMech las compra precortadas en paquetes de cien, costando cada paquete 16.95 dólares. Una noche, en un viaje al baño, Michelle Johnson encontró *sesenta y cinco*. Resultaba que muchos empleados llevaban alambres de armazón en sus bolsas, para tenerlos a mano mientras trabajaban. Pero cuando iban al baño, o se cambiaban la ropa de trabajo al final de su turno, los alambres de armazón les estorbaban, así que los sacaban y los ponían a un lado o los tiraban.

Los artículos que las Lechuzas nocturnas encontraron durante su experimento de un mes eran sólo un subestimado de lo que realmente se estaba perdiendo porque, al igual que los alambres de armazón, muchos artículos simplemente se tiraban a la basura cuando la gente salía de la planta, o los sacaban de la planta y no los devolvían. Los empleados que casualmente salían de la planta con alambres de treinta centímetros en los bolsillos, por ejemplo, rápidamente se acordaban de los alambres al subir a sus autos y sentir el pinchazo. Ponían los alambres en el tablero o en el piso y finalmente los tiraban o los amontonaban en una caja de su garaje y se olvidaban de ellos. Los empleados no estaban robando, ya que nada de lo que estaba desapareciendo se tomaba intencionalmente. Sin embargo, acumulativamente las pérdidas diarias aumentaban.

Al final del periodo de prueba de un mes, el equipo tenía toda la evidencia que necesitaba. Envió la siguiente idea al programa *Kaizen* de FoaMech: poner cajas amarillas fluorescentes (un color que no interfiriera con el esquema de códigos de seguridad y de incendios de la instalación) por toda la planta y en las salidas, con letreros llamativos pidiendo a los empleados que revisaran sus bolsillos y vaciaran todas las cosas sueltas útiles en las cajas. Al final de cada turno, los jefes de equipo y los supervisores serían responsables de vaciar las cajas y de devolver los artículos a sus lugares correspondientes. La idea fue aprobada y los ahorros se estimaron en 27,000 dólares por año.

Ayudar a los empleados a encontrar diversidad de estímulos

Además de proporcionar oportunidades a los empleados para traer a la organización los estímulos que encuentren, una compañía puede influir en el conjunto de estímulos al que se expone a los empleados, porque éstos dependen de qué trabajos hacen las personas. Al rotar a las personas en trabajos que normalmente no harían, la compañía los expone a mayor diversidad de estímulos. Una compañía que ha reconocido el valor de esto, cuando menos para sus altos ejecutivos, es Xerox.

Aunque las compañías japonesas de copiadoras comenzaron a retar a Xerox a mediados de los setenta, no fue sino hasta 1979 que su administración comenzó a despertar ante la amenaza. Para el tiempo que lo hizo, Xerox estaba en problemas serios. En 1983, todavía en lucha, lanzó la iniciativa de Liderazgo mediante calidad (*Leadership Through Quality*). Para este esfuerzo era primordial poner a la alta administración en contacto con los problemas reales de la compañía. Una forma de hacer esto fue por medio del programa de Día de cuidado al cliente para los cuarenta ejecutivos más altos de Xerox, incluyendo al CEO (director ejecutivo). Cada día, se designa a uno de estos ejecutivos como el funcionario en turno y es responsable de contestar y resolver cualesquier queja de clientes que lleguen a las oficinas generales por ese día. Las operadoras del conmutador tienen un calendario con la lista del funcionario en turno de cada día; tienen instrucciones de hacer llegar todas las quejas de clientes directamente a ese ejecutivo y, si es necesario, le llaman para que salga de alguna junta a contestar el teléfono. Con más o menos veinte días de negocios al mes, esto significa que cada uno de estos altos ejecutivos pasa un día cada dos meses como funcionario en turno. Cuando el programa comenzó, Xerox recibía un gran número de llamadas cada mes, y los funcionarios en turno podían prever pasarse el día completo contestando una llamada tras otra. Pero con los años, al empezar a tener efecto las iniciativas de calidad de Xerox, el número de llamadas se redujo en forma extraordinaria.

¿Hasta qué grado puede estimular la interacción con los clientes? Mucho, como lo ilustra una historia de Xerox. En 1988, poco antes de que se convirtiera en CEO de Xerox, Paul Allaire emitió lo que pensó era un reto atrevido para la compañía: ofrecer una garantía de noventa días para devolución del dinero sobre todos los productos Xerox. Se formó un equipo para estudiar y desarrollar la idea. Este equipo acudió a varios clientes para pedir su opinión sobre esto. Mala idea, dijeron los clientes, estaba equivocada totalmente. Primero, cuando compraban productos Xerox, esperaban que funcionaran más de noventa días. Una garantía de *novecientos días* sería más razonable. Segundo, si por alguna razón el producto no funcionaba, los clientes querrían que Xerox *arreglara* el problema, no que les diera un reembolso y se fuera. En primer lugar, la mayoría de los clientes tenía que pasar por un proceso laborioso de compra para adquirir el equipo, y ninguno quería tener que volver a hacer todo el papeleo para ordenar su equipo en otra compañía. Sentían que una vez que habían tomado la decisión de ir con Xerox, la compañía debería verse a sí misma como su socia. También, los clientes querían la garantía en inglés llano, no en un lenguaje que tenía que enviarse a su departamento legal para traducirlo. En resumen, el reto de Paul Allaire habría llevado a Xerox en la dirección equivocada. En vez de eso, en 1990, después de escuchar a sus clientes, Xerox anunció una primicia de la industria: su Garantía de satisfacción total. Esencialmente decía esto:

Por los tres primeros años que usted posea una máquina Xerox, o por el tiempo que sea financiada por Xerox, si por cualquier razón usted no está contento, háganoslo saber y la repondremos sin ningún cargo.[18]

Claramente, la diversidad de estímulos es importante para todos los empleados, y una compañía puede influir en la amplitud de su exposición a ellos.

Cómo promover la diversidad de estímulos

Creemos que hay cuatro estrategias que una compañía puede usar para promover la diversidad de estímulos:

1. Identificar los estímulos y proporcionarlos a los empleados.
2. Rotar a los empleados por todos los trabajos que puedan hacer.
3. Arreglar que los empleados interactúen con los de afuera de la compañía, quienes probablemente son la fuente de estímulos.
4. Crear oportunidades para que los empleados traigan a la organización los estímulos que obtienen por su cuenta.

Si bien las organizaciones deberían hacer todo lo que puedan para identificar y proporcionar diversidad de estímulos a todos sus empleados, debería reconocerse que dichos esfuerzos tendrán relativamente poco impacto. Los programas de conferencistas visitantes y otros acontecimientos especiales, las bibliotecas extensas y los boletines internos interesantes bien pueden estimular pensamientos nuevos y renovación, y ciertamente crearán un clima positivo para la creatividad. Sin embargo, no conocemos un *solo* caso donde programas como éstos realmente llevaran a un mejoramiento o a una innovación. El problema es que es imposible predecir cómo reaccionará alguien frente a un estímulo particular; lo que provoca a una persona puede ni siquiera ser importante para otra. ¿Cómo es posible que una compañía sepa qué funcionará? Sólo puede esperarse una baja "tasa de éxitos". La historia es de algún modo diferente para programas de tipo más abierto como los permisos para estudiar y sabáticos. Ya que los empleados tienen derecho a opinar sobre lo que va a explorarse, serán más receptivos a cualquier estímulo que reciban y podrán relacionarlo mejor con su trabajo. ¿Recuerda el equipo de diseñadores de Hallmark que desarrolló una nueva línea de tarjetas de felicitación y de joyería como resultado de un sabático en el que se estudió la etnicidad?

Creemos que los permisos para estudio y los sabáticos son una buena estrategia. Sin embargo, la mayor parte de las compañías encontrarán difícil proporcionar estas oportunidades para más de unos pocos empleados a la vez. Se necesita un enfoque diferente para ayudar a *todos* los empleados a encontrar más estímulos. Tal enfoque tiene que basarse en el trabajo mismo. Después de todo, la mayoría de los estímulos que llevan a actos creativos están ya en el lugar de trabajo, y *todos* funcionan. Para poner al mayor número de gente en contacto con el mayor número de estímulos, una organización debe rotar a sus empleados por todos los trabajos que puedan hacer. Y cuando los empleados pasan por otros trabajos, a menudo notan estímulos que otros, que estuvieron ahí antes que ellos, no habían notado.

La diversidad de estímulos también puede venir de los clientes y de todos los que trabajan para una organización: sus proveedores, representantes, franquicias, distribuidores y cualquiera que proporcione servicio de campo independiente para sus productos. Todas estas personas están cerca de algún aspecto de lo que la compañía hace y representan una excelente fuente de estímulos. Cualesquier oportunidad que una compañía pueda crear para que sus empleados interactúen con ellos, bien podría propiciar actos creativos. El Día de cuidado al cliente de Xerox es ejemplo de un programa que requiere que los gerentes ejecutivos escuchen las quejas de clientes por sí mismos.

Pero un estímulo no tiene una pertinencia real para una compañía sino hasta que se actúa en él. Como jefe de investigación en GM, Charles Kettering no tuvo problema en traer a la compañía el estímulo que recibió y en actuar sobre él. Pero la mayor parte de los estímulos la reciben empleados que no están en puestos de poder en sus organizaciones, y necesitarán ayuda para presentar sus pensamientos a la atención de otros. Una compañía tiene que crear oportunidades regulares para que todos los empleados presenten sus ideas para comentarios informales, aun cuando las ideas no tengan relación con ninguna otra cosa bajo consideración. Cuando Michelle Johnson, la empleada del tercer turno en Johnson Controls, comenzó a pensar en las tuercas y tornillos tirados que había encontrado, hubo un foro natural para que ella presentara su idea: la siguiente reunión de su equipo de participación del empleado. En el hotel Imperial, todo lo que necesitó la administración para aprovechar el estímulo que el mesero recibió de un cliente fue una oportunidad en la reunión semanal del personal para que presentara la conversación que había escuchado y describiera las posibilidades que le sugería.

PUNTOS PRINCIPALES

Un estímulo puede llevar a alguien en una dirección completamente nueva o dar a la persona una visión interna fresca de lo que ya se ha lanzado a hacer.

La diversidad de estímulos empujó a George Miller, el productor de la película Babe, *a una nueva actividad y llevó a Charles Kettering de General Motors a resolver el problema de pintura de su compañía.*

La mayoría de los estímulos que llevan a la creatividad corporativa surge en conexión con el trabajo mismo.

Escuchar casualmente una conversación entre dos clientes llevó a un mesero del hotel Imperial a sugerir una rentable línea nueva de negocio para la compañía.

Lo que sirve como un poderoso estímulo para una persona, por la razón que sea, puede ni siquiera ser notorio para alguien más.

Si un productor que no fuera George Miller hubiera estado escuchando el canal de audio en ese vuelo de British Airways, ¿habría tenido la voz de la comentarista el mismo efecto en él?

Hay cuatro estrategias que las compañías pueden usar para promover estímulos diversos:

1. *Identificar estímulos y proporcionarlos a los empleados.*
2. *Rotar a los empleados por todos los trabajos que puedan hacer.*
3. *Arreglar que los empleados interactúen con los de afuera de la compañía, quienes probablemente son la fuente de estímulos.*
4. *Crear oportunidades para que los empleados traigan a la organización los estímulos que obtengan por su cuenta.*

Capítulo once
COMUNICACIÓN DENTRO DE LA COMPAÑÍA

Las grandes organizaciones en Estados Unidos dejan de innovar primordialmente como resultado de una brecha en la comunicación, no de una disminución del ingenio.

ROBERT ROSENFELD Y JENNY SERVO[1]
Robert Rosenfeld es fundador de la Oficina de innovación de Kodak.

Muchas cosas que parecen suceder naturalmente en las compañías más pequeñas no suceden tan fácilmente en las más grandes. Una de las más importantes de éstas es el sexto elemento de la creatividad corporativa: *comunicación dentro de la compañía.* Toda organización lleva a cabo actividades planeadas y debe establecer las líneas de comunicación para apoyarlas. Pero estos canales oficiales son de utilidad limitada para la creatividad corporativa. La mayoría de los actos creativos en las compañías no se planea y reúne componentes de lugares inesperados. Si la comunicación ocurre sólo por medio de canales establecidos, los empleados que saben de esos componentes pero que normalmente no se comunican entre sí, nunca interactuarán. Son precisamente estos intercambios no anticipados de información, intercambios que permiten que los proyectos que no han sido planeados se autoorganicen, los que ocurren mucho más fácilmente en las compañías más pequeñas. Cuanto más grande la compañía, más probable es que los componentes de los actos creativos potenciales estén ya presentes en alguna parte de ella, pero es menos probable que se reúnan sin cierta ayuda. Creemos que el potencial creativo de una compañía se incrementa rápidamente con su tamaño, pero que sin sistemas establecidos para promover intercambios no anticipados de información, este potencial nunca se realizará. Peor aún, se seguirá suponiendo que la creatividad sólo puede suceder en las compañías más pequeñas.

Los intercambios de información no anticipados pueden ser también importantes para un acto creativo que la compañía *ha* fijado como objetivo, si los ingredientes indicados no se anticiparon al inicio. A menudo, la creatividad es un proceso enredado, aun cuando alguna compañía sí lo anticipe de manera incierta. Sin embargo, la comunicación dentro de la compañía puede propiciar que un enredo inmanejable se autoorganice y salga adelante. A veces, diferentes empleados en departamentos dispersos tienen cada uno una pieza del rompecabezas, y hasta que se encuentren uno con el otro, no pasará nada. La historia de cómo se descubrió Scotchgard en 3M brinda un ejemplo interesante de esto.

Mis zapatos están arruinados

En 1944, Joseph H. Simons, profesor de Pennsylvania State University, se acercó a 3M con el propósito de pedir fondos para seguir trabajando en un proceso que había inventado para hacer fluoroquímicos. En ese tiempo, estas sustancias químicas eran muy nuevas y apenas se conocía algo sobre ellas, excepto que tenían una propiedad muy inusual: eran completamente incompatibles con todos los materiales conocidos. En otras palabras, un fluoroquímico se mezclaba sólo con otros fluoroquímicos y podía evolucionar sólo en otros fluoroquímicos. Tanto el director de 3M, William McKnight, como su presidente, Richard Carlton, estaban intrigados por estos nuevos compuestos fluorados, y después de algunas negociaciones, 3M terminó comprando los derechos al proceso de Simon. Se formó un grupo en el laboratorio central de investigación de 3M para ver qué podría obtenerse de ellos. Para 1949, la compañía había comprometido totalmente *una cuarta parte* de su presupuesto corporativo en la investigación de las nuevas sustancias químicas, un negocio asombrosamente arriesgado dado que nadie podía todavía señalar siquiera una aplicación comercial potencial para ninguna de ellas. Podía perdonarse a la alta dirección por ocasionalmente tener dudas para seguir adelante. Sin embargo, algo acerca de estas extrañas sustancias químicas siguió despertando el interés de los investigadores y la administración de 3M. Incluso se estudiaron los subproductos químicos del proceso de Simon, pero éstos no tenían usos evidentes. Peor aún, producirlos costaba como ochenta dólares por kilo, lo que los hacía, según Charles Walton, entonces vicepresidente de investigación y desarrollo en 3M,

prácticamente las sustancias químicas orgánicas más caras conocidas por el hombre.[2]

En abril de 1949, anticipándose a una junta de consejo donde esperaba algunas preguntas duras sobre el hecho que la compañía siguiera con el compromiso importante con los fluoroquímicos, Carlton convocó a una reunión de todos los investigadores en esta área. Pidió a cada persona que contestara tres preguntas:

1. ¿Por qué está trabajando en fluoroquímicos?
2. ¿Se siente bien sobre esta línea de investigación?
3. ¿Qué productos útiles podrían resultar de ellos?

Según Hugh Bryce, quien se había unido a la compañía como un joven investigador sólo unas semanas antes:

Mr. Carlton obtuvo muchas respuestas para las primeras dos preguntas, porque los investigadores estaban entusiasmados con estas sustancias químicas. Pero no obtuvo mucho sobre ningún producto útil que 3M pudiera hacer de ellos. . . . Realmente no creo que en este momento él estuviera tratando de deducir si el proyecto tendría éxito o no. Pero obviamente captó la idea de que éramos un puñado de gente creativa, y que las sustancias químicas en las que estábamos trabajando eran nuevas y emocionantes.[3]

Por ese entonces, el grupo de investigación de fluoroquímicos recibió el empuje que necesitaba cuando se le concedió un contrato de la Fuerza Aérea de Estados Unidos para desarrollar un hule fluoroquímico sintético completamente nuevo para aplicarlo en naves aéreas de propulsión a chorro. El motor de propulsión, que se había inventado durante la Segunda Guerra Mundial, se había convertido en un gran dolor de cabeza para la Fuerza Aérea. Cada motor requería mil quinientos sellos y mangueras de hule, y ningún hule conocido podía resistir el combustible caliente para el reactor por más de casi cincuenta horas de operación. Aun cuando la Fuerza Aérea usaba el mejor hule disponible entonces, los combustibles para el reactor literalmente se lo comían. Después de la guerra, la Fuerza Aérea se esforzó mucho para que los aviones de reacción fueran más prácticos, de modo que pudieran usarse ampliamente, incluso hasta para vuelos comerciales. Pero a menos que el problema de los sellos y las mangueras pudiera solucionarse, esta visión nunca se realizaría. El tetrafluoroetileno (teflón), que pertenecía a la clase de fluoroquímicos con los que estaba trabajando 3M, habría sido perfecto, excepto que carecía de las propiedades elásticas necesarias para un sellado eficaz. El contrato de la Fuerza Aérea era muy grande; en su momento cumbre sostenía más o menos la mitad del esfuerzo de investigación en fluoroquímicos de 3M.

Algunos investigadores de 3M estaban comenzando a ver otra aplicación potencial para los nuevos fluoroquímicos: como tratamiento para papel o tela para hacerlos repelentes al aceite y al agua. Porque estos químicos no se mezclaban con disolventes orgánicos ni aceites, los materiales impregnados con ellos podrían resistir manchas aceitosas.

Su incompatibilidad con el agua significaba que también podrían resistir manchas que tuvieran que ver con agua, como las de café, té o refrescos. El primer producto que funcionó, y funcionó bien para ese fin, fue un compuesto fluoroquímico con base de cromo. Su único inconveniente era que pintaba todo de verde. Estaba claro que tendría un mercado muy limitado, por lo que 3M tendría que hacer algo mejor. Para 1952, la compañía realizó grandes esfuerzos para eliminar el color verde del compuesto de cromo pero no tuvo ningún éxito.

Sin embargo, a mediados de julio de 1953, nueve años después de que 3M comenzara por primera vez a experimentar con los exóticos y recalcitrantes fluoroquímicos, ocurrió un percance en el laboratorio que cambió la dirección de esta investigación por completo.[4] JoAn Mullin era una joven química investigadora que se había unido a 3M en 1952, inmediatamente después de graduarse de la universidad, y le habían asignado el proyecto de la Fuerza Aérea. Un día estaba llevando a cabo una prueba de viscosidad en una suspensión muy diluida, con base de agua, de partículas de hule fluoroquímico conocido como acrilato poliperfluorobutil, o poli-FBA, para abreviar. Mientras estaba de pie vertiendo su muestra de un vaso de precipitados a un matraz volumétrico (para medir su volumen), accidentalmente Mullin derramó tres pequeñas gotas en sus zapatos nuevos de tela de algodón. La gota más grande sólo medía tres dieciseisavos de pulgada de diámetro, y las otras dos eran aún más pequeñas. Para cuando terminó de vaciar el vaso de precipitados en el matraz y encontró un pañuelo desechable para secar las manchas, ya era demasiado tarde: habían penetrado en la tela completamente nueva de algodón. Para el final del día, las manchas se habían secado y habían desaparecido totalmente. JoAn Mullin las olvidó por completo.

Es decir, hasta el fin de semana. El derrame había pasado al principio de la semana, y Mullin tenía el hábito de remojar sus zapatos en agua y jabón para ropa todos los sábados, de modo que estuvieran limpios para la semana siguiente. Sin embargo, este sábado, al ponerlos en agua, las manchas de sus zapatos ¡*reaparecieron!* El color azul claro de sus zapatos se oscureció cuando la tela se mojó, excepto en las pequeñas manchas, que quedaron azul claro porque permanecieron secas. Tal como Mullin observó, varias cosas podrían haberle impedido hacer lo que resultó ser un descubrimiento clave para 3M:

Si no hubiera estado de pie, las gotas no habrían caído en mi zapato. Habrían caído en la banca donde estaba sentada. Si no hubiera sido tela azul, o una tela que cambiara de color al estar mojada, no sé si habría notado algo mientras los estaba lavando.[5]

El lunes 20 de julio, Mullin les contó a sus colegas lo que había pasado y registró en su cuaderno de notas del laboratorio que las manchas no habían desaparecido con la lavada. Ella sabía que se estaba trabajando, en alguna otra parte de los laboratorios centrales de investigación, en torno a tratamientos de repelencia al agua y al aceite, sabía que tenían obstáculos hasta ahora, y sospechaba que había encontrado una posible respuesta al problema. En 1953, no existía una forma durable de tratar los tejidos para hacerlos a prueba de agua, aunque en unos cuantos años estaría disponible el silicón para artículos impermeables para la lluvia. Las lavanderías en seco sí ofrecían un tratamiento de cera de parafina, que supuestamente hacía impermeables los artículos para la lluvia, pero como la cera se quitaba fácilmente y se desgastaba con la lluvia, la ropa no permanecía impermeable por mucho tiempo. La emoción de Mullin ante las posibilidades que representaban esas tres gotitas ciertamente estaba justificada.

El periodo de siete meses que siguió al derrame fue difícil para Mullin, pues sin éxito intentó hacer que los demás prestaran atención a su idea. Durante un mes, todos los fines de semana lavaba sus zapatos y las manchas todavía permanecían azul claro. Después de repetidas lavadas con un detergente de limpieza fuerte, las gotas de poli-FBA no perdieron su capacidad de repeler el agua. A menudo platicaba con sus colegas sobre lo que había encontrado, pero ninguno de ellos mostraba mucho interés. En su cuaderno de notas de laboratorio, el 17 de agosto de 1953, un mes después del derrame, dice: "Las manchas todavía no se mojan después de cinco lavadas y talladas". Una semana después, el 24 de agosto, sus notas dicen: "Las manchas siguen sin mojarse", y su supervisor, George Rathmann, terminó la frase con: "como resultado de que se derramó poli-FBA en sus zapatos".

Según Mullin, Rathmann fue el único miembro de su grupo que la tomó en serio. Por su parte, Rathmann recuerda que ella recurrió muchas veces a él en relación a las manchas en sus zapatos. Mullin quería que se hicieran algunas pruebas formales en el poli-FBA, pero sentía que sería diferente si Rathmann fuera quien las pidiera, en vez de ella. La semana del 17 de agosto, él remojó unas muestras de tela de dril azul en la solución diluida de poli-FBA, las puso en un sobre, y bajó a ver a Hugh Bryce. Sabía que Bryce, ahora jefe del grupo de aplicaciones de fluoroquímicos en la división de nuevos productos, estaba encargado de tratar de desarrollar productos comerciales con fluoroquímicos y que, entre otras cosas, su grupo estaba interesado en encontrar una manera de tratar los tejidos para hacerlos repelentes al agua y al aceite. Rathmann entregó a Bryce el sobre de muestras, le dijo que podrían resultar ser valiosas algún día, y sugirió que el grupo de Bryce desarrollara algunas pruebas para impermeabilidad y las usara para poner a prueba las muestras. Bryce estuvo de acuerdo, y al salir Rathmann puso las muestras en el cajón de su escritorio por seguridad. En tanto, Mullin dejó un espacio en su cuaderno de notas de laboratorio para insertar los resultados de las pruebas cuando llegaran.

Pero pasaría todavía un tiempo antes de que se hiciera alguna prueba. Resultó que nadie en el grupo de fluoroquímicos estaba muy entusiasmado por hacer pruebas de poli-FBA en ningún material porque ya lo habían intentado y encontraron que no funcionaba. Poco tiempo después, la curiosidad de George Rathmann lo llevó a regresar y averiguar por qué los investigadores del grupo de fluoroquímicos estaban convencidos de que el poli-FBA no funcionaba, cuando era obvio que sí. Resultó que quienquiera que hubiera hecho la prueba había estado tan seguro de que el poli-FBA no se adheriría al tejido, que previamente puso una primera capa de un segundo químico antes de aplicar el poli-FBA, para hacer más receptivo al tejido. De lo que esa persona no se dio cuenta, descubrió Rathmann, fue de que la capa de base realmente alteró tanto las características de la superficie del tejido que éste perdió su capacidad de absorber el poli-FBA de alguna forma.

Durante seis meses después de que ella y Rathmann habían entregado el sobre para las pruebas, Mullin siguió lavando sus zapatos todos los fines de semana, y las manchas aún permanecían tan secas y del mismo color azul claro como siempre que se mojaba la tela. La anotación final en su cuaderno de notas de laboratorio sobre este asunto fue en febrero de 1954. Ese mes, le preguntó a Rathmann que si alguna vez había salido algo de las pruebas sobre las muestras de dril azul. "Caramba", dijo Rathmann, e inmediatamente llamó a Hugh Bryce para pedirle si por favor alguien le echaba un vistazo a las muestras de tela, ya que el poli-FBA era mejor de lo que nadie en el grupo de Bryce pensaba. En ese momento, nos dijo Mullin, se quedó tan desanimada porque 3M no parecía estar actuando en su idea, que se cambió de trabajo y no tuvo ninguna participación en lo que sería una de las líneas de productos más exitosa en la historia de la compañía. El espacio que dejó en su cuaderno de notas para los resultados de las pruebas nunca se llenó.

Sin embargo, de vuelta al grupo de fluoroquímicos, la llamada de teléfono de George Rathmann había tenido su efecto. Así, sucedió que la llamada entró justo cuando uno de los investigadores de Hugh Bryce, Bill Petersen, estaba buscando algo interesante en qué trabajar. Nueve meses antes, cuando había regresado del servicio activo como oficial de reserva en la Guerra de Corea, lo habían asignado temporalmente a un proyecto de cerámica, que recientemente se había terminado. En marzo de 1954, siete meses después de que las gotas se habían derramado, Hugh Bryce y Bill Petersen conversaron en la oficina de Bryce sobre el siguiente trabajo de Petersen. Bryce señaló que, si bien ya había gente del grupo de fluoroquímicos trabajando en tratamientos para hacer el papel repelente al agua y al aceite, no había nadie dirigiendo dichos tratamientos para los tejidos. Petersen se interesó en esto, y en un momento de la plática, Bryce sacó el sobre con las muestras de dril azul y se las dio, sugiriendo que las muestras podrían ser un punto de partida para Petersen.

Uno de los primeros problemas que Petersen enfrentó fue diseñar una prueba para medir la repelencia de una tela al aceite. En ese entonces, existía una "prueba de rociado" científica para verificar la repelencia al agua, pero no había prueba equivalente para la repelencia al aceite, además de poner una gota de aceite en el tejido y ver si era absorbida o no, lo cual no era satisfactorio. Una prueba objetiva y cuantitativa de repelencia al aceite era un obvio primer paso: le daría a los investigadores indicaciones claras de si sus esfuerzos iban en la dirección correcta. Una vez que Petersen hubo desarrollado una prueba rudimentaria de repelencia al aceite, usó ésta y las otras pruebas disponibles para evaluar las muestras de Rathmann y Mullin. Y cuando informó que el poli-FBA parecía tener un excelente potencial como repelente al agua y al aceite, sus resultados dieron un giro completo a la línea de investigación de 3M.

Casi de la noche a la mañana, se hizo a un lado el enfoque de base de cromo que pintaba todo de verde. De ahora en adelante, en vez de compuestos químicos ordinarios, la compañía observaría los polímeros (largas cadenas de moléculas) como el poli-FBA para sus tratamientos de telas, y este enfoque finalmente traería el éxito. Casi un año después de que Mullin derramó el poli-FBA en sus zapatos, 3M investigó a toda marcha para desarrollar tratamientos comercialmente prácticos para telas. El poli-FBA apuntaba hacia la posibilidad de un tratamiento que pudiera aplicarse en agua, un proceso mucho menos caro y más manejable que la manera más obvia de aplicar los fluoroquímicos: con exóticos disolventes fluoroquímicos. Sin embargo, una vez que la compañía comenzó a estudiar los requerimientos de sus clientes reales (las fábricas de textiles y los consumidores finales) rápidamente quedó claro que el poli-FBA mismo no era la respuesta. Ni tampoco funcionó nunca, tal como resultó, como hule sintético para los motores de propulsión. Había cumplido una función facilitadora decisiva, pero ahora los sucesos lo dejarían atrás. Como George Rathmann nos dijo, había sido

> *un prototipo en retrospectiva. Ciertamente un prototipo emocionante, pero en realidad, desde un punto de vista comercial, de virtualmente ningún interés en absoluto.*[6]

Una vez que el proyecto se volvió oficial, el subsecuente trabajo de investigación fue intenso y a largo plazo, con muchas personas y cientos de compuestos de prueba participando en él. Dos químicos de 3M, Patsy Sherman y Samuel Smith, se iniciaron en Carlton Society (la sociedad selecta de inventores de la compañía) por su trabajo precursor en química de polímeros que finalmente condujo a la línea de productos de Scotchgard. Hubo que enfrentar muchos retos formidables a lo largo del camino. Algunos compuestos funcionaban bien pero era demasiado caro producirlos, otros repelían el aceite pero no el agua, y otros más eran perfectos respecto a todo pero se degradaban al lavarse. Como comentó Patsy Sherman:

> *Fue un periodo frustrante. A veces, parecía que nunca íbamos a tener éxito. Nunca íbamos a poder combinar las propiedades deseadas en un producto que pudiera tener un precio que la gente pudiera solventar.*[7]

Sin embargo, al profundizarse su entendimiento de cómo interactúan los polímeros con las fibras, Sherman, Smith y los otros investigadores de 3M comenzaron a coincidir en formulaciones que cumplían con todos los criterios. Para 1956, habían dado a 3M un tratamiento comercial para la lana, que entonces era una fibra mucho más importante de lo que es hoy. Sin embargo, estaba claro que también tenían que desarrollarse los tratamientos para otras telas. Durante los siguientes cuatro años, la mayor parte de la línea Scotchgard se fue a Australia, y las ventas se estancaron como en 250,000 dólares por año. No sería sino hasta 1960 cuando se desarrollarían los primeros productos realmente prácticos. A mediados de los años sesenta, el advenimiento de los materiales de planchado permanente (materiales a los que se dan sus propiedades especiales al pretratarlos con toda una serie de químicos) significó que tenía que desarrollarse una línea enteramente nueva de repelentes. Sherman y Smith hicieron equipo una vez más, y superaron los tremendos retos que estos nuevos materiales representaban, en lo que Bill Petersen llamó "la pieza más brillante de química que haya salido a la luz del programa del repelente Scotchgard".

Hoy, Scotchgard es tan común que ya se da por sentado. Pero sin la comunicación no anticipada que reunió a los ingredientes durante el periodo extraoficial (la persistencia de JoAn Mullin, el sobre de las muestras de George Rathmann, la sugerencia velada de Hugh Bryce a un subordinado y el interés de Bill Petersen por trabajar en una nueva área) la ciencia formal bien pudo no haber comenzado nunca.

Miguelito y Mimí en 3-D

Durante el periodo extraoficial de Scotchgard, toda la comunicación que se requirió para reunir los ingredientes esenciales tuvo lugar entre personas que o se conocían entre sí o estaban enteradas en forma general de las actividades de los demás. Más aún, estas personas trabajaban en el mismo edificio de las instalaciones de 3M en St. Paul, Minnesota. Como su experiencia lo demuestra, aun cuando las personas se conozcan entre sí y trabajen relativamente cerca unos de otros, puede ser difícil conjuntar sus ideas y su pericia en el momento indicado y en la forma indicada para provocar un acto creativo. Sin embargo, es mucho más difícil cuando los empleados no se conocen entre sí. La promoción de este tipo de comunicación es precisamente el medio por el que las grandes compañías pueden aprovechar su enorme potencial para la creatividad.

Cuanto más grande la compañía, mayor el reto que esto presenta. Unas cuantas compañías que hemos estudiado están conscientes de la importancia de la comunicación no anticipada para la creatividad y han hecho intentos por administrarla directamente. Si bien tales esfuerzos pueden ayudar, también pueden ser perjudiciales si se ven como la "respuesta" al "problema" de comunicación y se distraen recursos de las acciones con verdadera ventaja: las que promueven redes autoorganizadas e informales dentro de la organización. Buena parte de la comunicación no anticipada dentro de la compañía, que es tan vital para la creatividad, ocurrirá por medio de estas redes.

Un buen ejemplo del papel que tales redes pueden tener en los actos creativos ocurrió en Kodak, a fines de los años ochenta. Con un toque muy ligero, el centro de innovación de esta compañía pudo generar una red informal de personas que estaban interesadas en las imágenes tridimensionales (3D), en diferentes momentos, en diferentes divisiones de la compañía y en diferentes formas. El resultado fue una nueva línea de productos completamente inesperada y fantásticamente exitosa para Kodak.

Con unos 50,000 empleados en Estados Unidos y más o menos 100,000 a nivel mundial, Kodak es una de las compañías más grandes del mundo. Los principales personajes de esta historia, Bud Taylor, Roland Schindler y Scott Chase, trabajaban todos para Kodak en el área de Rochester, Nueva York, donde la compañía está establecida, pero en diferentes instalaciones y en diferentes partes de la compañía. Aunque no se conocían entre sí, los tres hombres tenían algo en común. Cada uno tenía una idea para hacer imágenes de 3D de algún tipo y había tratado que otros en Kodak se interesaran en dicha idea.

En 1985, ninguna compañía veía ninguna oportunidad importante de negocios en imágenes de 3D, que tenían la extraña desventaja de parecer como algo demasiado viejo o demasiado nuevo, dependiendo de con quien se hablara. El científico inglés sir Charles Wheatstone había anunciado por primera vez su "estereoscopio" un siglo y medio antes, en 1838.[8] En una década, los estereoscopios se habían vuelto ampliamente accesibles, y entre 1850 y 1950 se produjeron millones de tarjetas estéreo. Los entusiastas declaraban que ver las fotografías en estéreo era como estar en la escena en persona. Sin embargo, para mediados de los ochenta las tarjetas y las cámaras estéreo, algunas de éstas hechas en Kodak, ya se habían convertido en piezas de colección. Parecía que el futuro de las imágenes en 3D, si lo hubiera, estribaría en la naciente idea de la holografía, no en el redescubrimiento y reelaboración de una tecnología de casi 150 años de antigüedad.

En 1985, Roy (Bud) Taylor, un ingeniero de Kodak que trabajaba en la desafortunada cámara de disco de su compañía (en la que el film está en un disco y no en un rollo) llevó a sus hijos a un mercado de segunda mano en Rochester, donde encontraron a la venta algunas antiguas tarjetas estéreo y visores.[9] Compraron unos cuantos, y tanto él como sus hijos quedaron fascinados con ellos. Taylor comenzó a idear una forma en que su familia pudiera hacer sus propias tarjetas en 3D. Con dos cámaras de disco que obtuvo en su trabajo, Taylor armó una sencilla cámara estéreo que le permitía tomar dos fotos simultáneamente por medio de lentes con un espacio de sesenta y cinco milímetros entre sí, la distancia entre los ojos de una persona. Entonces, pegó cada par de impresiones en tarjetas de cartón de modo que se pudieran ver a través de un visor simple que había hecho, el cual dirigía una imagen a cada ojo. Preguntándose si po-

dría persuadir a Kodak para desarrollar un aditamento estéreo para la cámara de disco, Taylor llevó a su trabajo algunas de sus tarjetas estéreo
hechas en casa, para mostrárselas a sus colegas. El jefe de su departamento
quedó impresionado con ellas y le mencionó que Kodak acababa de abrir
una Oficina de innovación. ¿Por qué no enviaba allá su idea de un sistema
de cámara estéreo?

El centro de innovación de Kodak se había creado para alentar y desarrollar buenas ideas que no estuvieran directamente relacionadas con el trabajo
de un empleado, y que por lo mismo no tuvieran un lugar de origen donde
desarrollarse al principio. Se esperaba que cualquier empleado de Kodak
con una idea para un nuevo producto, servicio, tecnología o concepto de
mercadotecnia presentara su idea al centro de innovación. En la primavera
de 1984, siguiendo el consejo de su jefe de departamento, Taylor hizo eso. Su
idea describía cómo podían montarse dos de las cámaras de disco Kodak en
un armazón especial de modo que cualquiera pudiera tomar fotos estéreo.
Su propuesta incluía unos cuantos bosquejos y una foto estéreo que se tomó
a sí mismo en un espejo.

El centro de innovación respondió ayudando a Taylor a encontrar una
primera subvención de cinco mil dólares para continuar el experimento
de su idea. Pero, más importante, lo alertó sobre el hecho de que había
otros en Kodak que también estaban interesados en imágenes de 3D. Es-
pecífica-mente, el centro sugirió que se pusiera en contacto con Bill
Burnham, bien conocido dentro de la compañía como un inventor con
pasión por la fotografía estéreo. Debido a que Burnham era una eminen-
cia, tenía antigüedad y un particular interés en 3D, se le llegó a considerar como una persona clave para lo que se había convertido en una red
informal de personas que estaban conscientes del interés que uno y otro
tenían en 3D. Burnham y los otros miembros de este grupo, libremente
entretejido de gente, trataron de ayudarse entre sí interesándose en el
trabajo de cada quien y pasando la información sobre cualesquier desarrollo interesante. Había suficiente conciencia general respecto de esta red
en el interior de Kodak, de modo que cada vez que alguien daba una idea
para imágenes en 3D, generalmente se le remitía a un miembro de la red para
una evaluación informal. Y en 1984, otra idea que encontró su camino hacia
esta comunidad informal de 3D fue el concepto de Roland Schindler para un
vídeo en 3D.

En ese entonces, Schindler había estado quince años en la escuela de Kodak
de Ingeniería y ciencia de las imágenes, primero como instructor y más tarde
como su gerente. Antes de unirse a Kodak, Schindler había trabajado en
Motorola como diseñador de televisión. Desde hacía mucho estaba intrigado

con la posibilidad de la televisión en 3D, lo que ofrecería, como dijo él, "la emoción de lograr que las imágenes salten fuera de la pantalla".[10] En Kodak, comenzó a experimentar con la idea y trató de hacer que otros se interesaran en ella. En 1984, Schindler también, envió su idea al centro de innovación y, con su ayuda, pudo obtener dos mil dólares de fondos para seguir trabajando en ella. El centro también le sugirió que hablara con Bill Burnham y algunos otros de la comunidad informal de 3D.

Mientras tanto, en junio de 1985, Taylor estaba preparando un prototipo práctico de su cámara estéreo para exhibirlo en una feria tecnológica organizada por el centro de innovación. Esta *"Techfair"*, la primera de lo que se convertiría en una actividad anual de tres días, tenía la intención de ayudar a las ideas a encontrar un lugar de desarrollo, dando la oportunidad de revisarlas a gerentes e ingenieros de muchas divisiones diferentes. Taylor estuvo en la *Techfair* exactamente por esa razón: esperaba encontrar un patrocinador para la idea de su cámara estéreo. Pasaron tres días y nadie expresó ningún interés formal. Fue sólo hasta después del momento oficial de la clausura de la feria, justamente cuando Taylor comenzó a desmontar su exhibición, que tuvo suerte con la última persona que pasó por su quiosco. Su visitante, quien resultó ser el jefe de mercadotecnia de la división de sistemas al consumidor de Kodak, quedó impresionado con la cámara de Taylor y estuvo de acuerdo en contribuir con quince mil dólares para un estudio de investigación de mercado. En este estudio, se pedía a los clientes en los centros comerciales de dos ciudades importantes que miraran imágenes tanto en 2D como en 3D, y que contestaran preguntas sobre ellas. Uno de los resultados daba una pista de lo que con el tiempo se volvería el principal punto de venta de la nueva tecnología: las personas miraban las imágenes de 3D como 30 por ciento más tiempo que las de 2D. Pero, en general, el estudio de investigación de mercado no generó ningún interés oficial adicional en la 3D por parte de Kodak, quizá porque su foco principal estaba en averiguar si los consumidores estarían interesados en comprar una cámara de 3D si saliera al mercado con un precio de alrededor de 400 dólares, una propuesta en la que pocos clientes expresaron algún interés. Desafortunadamente, los investigadores de mercado habían hecho las preguntas equivocadas. El futuro para la 3D se veía en verdad desolador.

Mientras tanto, en otra división más y en un sitio diferente, un tercer empleado de Kodak también estaba experimentando con imágenes en 3D. Scott Chase, un recién graduado en física e ingeniería eléctrica que se especializaba en rayos láser y holografía, era unos veinte años más joven que Taylor y Schindler. Aunque su asignación de trabajo tenía que ver con tecnología del disco óptico, Chase estaba al día en los desarrollos de holografía y estaba especialmente intrigado por los llamados hologramas multiplex: hologramas formados al proyectar juntos muchos hologramas angostos, cada uno de los cuales es una imagen fotográfica del mismo objeto tomada desde una diferente perspectiva. Debido a que las imágenes tienen sólo un milímetro de ancho cada una, cuando se proyectan simultáneamente y una al lado de la otra, una persona mirando el holograma multiplicado realmente ve cuatro o cinco hologramas diferentes con cada ojo, una característica que puede usarse para crear la impresión de 3D.

Chase estaba tan intrigado por esta idea que comenzó a trabajar los fines de semana y las noches para ver si podía hacer algunos hologramas multiplex él mismo. En cierto momento, nos dijo, construyó una cámara experimental capaz de generar un holograma multiplex. Tenía cuarenta lentes y medía más o menos un metro veinte centímetros de largo: "la cámara de bolsillo más grande del mundo", como la llamó él.[11] Preguntándose si no habría alguna manera de reducir el número de imágenes que necesitaba fotografiar para construir cada holograma multiplex, buscó a un matemático de Kodak, quien le enseñó una forma de tomar fotos desde sólo dos o tres perspectivas, en vez de cuarenta, y entonces extrapolar todas las cuarenta a partir de ellas. En la primavera de 1986, Chase presentó su idea al centro de innovación. Roger Kimmel, uno de los facilitadores del centro, vino a ver por sí mismo en qué estaba metido Chase y lo ayudó a conseguir dos mil dólares para equipo y suministros. Chase siguió trabajando con su idea extraoficialmente por varios años, y durante ese tiempo presentó dos ideas más, relativas a imágenes de 3D, al centro de innovación.

En tanto, Bud Taylor había recibido una llamada del jefe de investigación de Kodak en Gran Bretaña, quien lo había encontrado por medio de la red informal de 3D y quien dijo que estaba a punto de visitar Rochester y quería comunicar a Taylor algo que pensaba que sería de interés para él. Kodak tenía un centro de innovación en Londres que, además de recibir ideas de los empleados, también las recibía del exterior. Taylor se enteró de que un inventor británico, Graham Street, se había dirigido al centro de Londres con una idea para imágenes "lenticulares" en 3D. No mucho después, Roger Kimmel (el facilitador del centro de innovación que había visitado a Scott Chase) iba de viaje a Londres. Ofreció comprar una de las imágenes de Street cuando estuviera en Inglaterra y traérsela a Taylor. Lo que Kimmel trajo de vuelta fue una imagen en 3D a todo color del Ratón Miguelito (*Mickey Mouse*) que podía verse directamente sin un aparato especial como visor. El truco era que el aparato para ver, o *aparatos* para ser precisos (que consistía en cientos de pequeños lentes que dirigen diferentes imágenes desde el papel del forro a cada ojo), estaban construidos en la superficie de la imagen. Cuando Taylor vio la imagen, quedó sorprendido. La imagen parecía ser verdaderamente de 3D, algunas cosas parecían estar al frente, otras claramente al fondo. Sin embargo, al mirar más de cerca el proceso de Street, pronto se dio cuenta que sería casi imposible comercializarlo. No obstante, la imagen en bruto puso a Taylor a pensar en las posibilidades de las imágenes en 3D sin el uso de un visor; ahora estaba más emocionado que nunca sobre los prospectos para la 3D en Kodak.

En agosto de 1990, tuvo lugar un suceso pequeño pero importante. El centro de innovación se puso en contacto con Bud Taylor, Roland Schindler y Scott Chase y sugirió que los tres hombres fijaran una reunión para explorar si es que podían lograr más avance juntos que el que habían tenido individualmente. Aunque los tres estaban emocionados sobre las imágenes en 3D, hasta allí era donde llegaban sus intereses compartidos: Chase estaba trabajando en holografía, Schindler en vídeo y Taylor en una cámara fija. La reunión salió bien: los tres se cayeron bien entre sí y decidieron trabajar juntos, aun cuando no tenían un proyecto específico en mente. Decidieron que el primer paso era realizar un estudio amplio de las posibilidades de las imágenes en 3D, y para hacer esto tendrían que encontrar una división que les diera fondos. Con esto en mente, los tres hicieron varias visitas sucesivas en la compañía, viendo a cualquiera que pensaran que podría estar interesado, un proceso que implicó muchas reuniones. Desafortunadamente para ellos, no era el mejor momento para estar tratando de vender un nuevo concepto. La compañía estaba entrando a lo que resultaría ser un periodo de ocho años de penosa reestructuración y recortes. Durante los siguientes cuatro años, se despediría a casi una tercera parte de los empleados de Kodak o tendrían un retiro prematuro, mientras la compañía se volvía a concentrar en sus negocios esenciales. La atmósfera en Kodak en esos días era de miedo general y de reducciones, y no era de sorprenderse que nadie se ofreciera para apoyar su nueva idea.

Octubre de 1990 encontró a los tres hombres todavía buscando apoyo. Pero ya estaban cansados de pelear contra el sistema; sabían que si habían de tener éxito, tenían que obtener el respaldo de alguien con precedencia en la compañía: en otras palabras, un "campeón". Después de pensarlo muy bien, se decidieron por Brad Paxton, entonces jefe de la división de imágenes térmicas de Kodak. Paxton cubría el requisito: tenía un puesto suficientemente alto en Kodak para ayudarlos, y tenían confianza en que les prestaría atención ya que había sido estudiante en varias de las clases de Schindler. En diciembre de 1990, Schindler y Taylor fueron a ver a Paxton. Iban con ellos, para ayudarlos a presentar su caso, dos personas del centro de innovación, Roger Kimmel y Gail Hofferbert. Como a diez minutos de haber empezado su presentación, Paxton interrumpió y dijo: "Miren, los conozco a los dos bastante bien, pero dada la situación de dinero de la compañía y la necesidad de sacar nuevos productos, esto no va a funcionar. Si creen que van a conseguir dinero para un año sólo para sentarse en un cuarto y quedarse mirando el papel tapiz, están locos."[12] En este momento, con el objeto de reunirse aparte, ya que la junta no iba por el camino que habían esperado que iría, Schindler y Taylor preguntaron si podían tomar un descanso. Al dirigirse a la cafetería para tomar café, Kimmel recordó que él todavía tenía la foto de Street del Ratón Miguelito en 3D en su oficina y se dio cuenta que tal vez ayudaría si iba a buscarla, y así lo hizo.

Cuando se reanudó la junta, Taylor sacó la imagen que Graham Street hizo y preguntó a Paxton, "¿Qué piensa de esto? Podemos hacer algo así usando la tecnología existente de Kodak."

Paxton miró bien antes de hablar: "Si pueden idear cómo hacer eso, les daré algo de ayuda. Pero sólo puedo darles noventa días para mostrar resultados." Así que se tomó la decisión: seguirían usando la tecnología lenticular de la que Kodak había sido pionera en los años treinta, y que Graham Street trajo a su atención más recientemente con su trabajo.

Armados con una promesa de 100,000 dólares de Paxton, pudieron reunir otros 50,000 dólares de un gerente de Kodak en la división de imágenes al consumidor. En enero de 1991, cuatro meses después de que el centro de innovación había reunido a Schindler, Taylor y Chase y cerca de siete años desde que Taylor había presentado su idea, el proyecto ya era oficial. Durante un breve periodo, Chase, el más joven de los tres, trató de continuar con su trabajo sobre tecnología del disco óptico y trabajar en el nuevo proyecto al mismo tiempo. Pero pronto se dio cuenta que tendría que tomar una decisión y renuentemente optó por terminar su participación en este arriesgado negocio. Taylor y Schindler establecieron provisionalmente sus operaciones en un cuarto vacío de un edificio de Kodak que se estaba remodelando. Consiguieron unos cuantos escritorios y un teléfono y se pusieron a trabajar.

Muchas cosas sucedieron durante ese periodo crucial de tres meses. Los dos hombres sintieron intensa presión para idear a tiempo un prototipo que funcionara, y no tenían mucho dinero para hacerlo. Siendo realistas, aun si hubieran querido hacer otra cosa, no tenían más alternativa que cumplir su compromiso con Paxton y utilizar tantas tecnologías de Kodak como fuera posible. Usaron primordialmente el *software* disponible de Kodak, y para desarrollar el equipo que no existía, reclutaron investigadores retirados de Kodak mediante la comunidad informal de 3D, para que los apoyaran por relativamente poco dinero. Schindler estimó para nosotros que 90 por ciento de las personas que los ayudaron no cobraron nada por su tiempo.

El 16 de abril de 1991, un día después del plazo, los dos hombres produjeron con éxito un prototipo aplicable de un sistema para imágenes en 3D. Lo usaron para hacer lo que resultaría ser una poderosa herramienta de ventas internas: una imagen del Ratón Miguelito con Mimí y Pluto claramente de pie detrás de él. Era poderosa en parte porque Disney era desde hacía mucho uno de los clientes más importantes de Kodak. Y ahora, armados con esto, las puertas se les comenzaron a abrir muy rápidamente en Kodak. En poco tiempo la compañía encontró un millón de dólares para subsidiar su trabajo de desarrollo. En el otoño de 1992, develaron la nueva tecnología en la exhibición de fotografía más grande del mundo, *Photokina*, en Colonia, Alemania, donde causó sensación instantáneamente. A Schindler y Taylor los abrumaron con llamadas telefónicas de estaciones de radio y periódicos de todo el mundo. Unos cuantos meses después de la feria comercial, en diciembre de 1992, recibieron su primer pedido comercial. J. C. Penney quería una imagen en 3D de piedras preciosas para exhibición en la sección de joyería de sus tiendas. Una vez que se corrió la voz en la industria del comercio detallista de que los anuncios de 3D atraían en forma importante más atención que los de 2D, la tecnología de imágenes en 3D de Taylor y Schindler despegó en sentido verdaderamente literal.

Desde 1992, además de usar tecnología lenticular para crear la ilusión de profundidad en sus imágenes, los dos hombres (con su equipo del proyecto recientemente formado) siguieron haciendo imágenes que atraerían aún más atención: fotos que se mueven o cambian al pasar una persona junto a ellas. Por ejemplo, Kodak puede ahora ofrecer a los anunciantes la posibilidad de hacer que parezca que un corcho salta de una botella de champaña, o que parezca que un modelo toma una bebida particular, o que una lata de Coca Cola cambia a Sprite, conforme la gente va caminando junto a las imágenes. Para 1997, la nueva división de imágenes dinámicas de la compañía se convirtió en protagonista del mercado estimado de 15 mil millones de dólares en Estados Unidos por anuncios en el punto de venta. Ha resultado ser un nuevo negocio muy rentable para la compañía.

Y, ¿quién hubiera predicho que sería Bud Taylor (alguien a punto de un retiro prematuro), Roland Schindler (quien había pasado toda su carrera de quince años en Kodak en educación técnica) y Scott Chase (un recién graduado), todos en diferentes divisiones y áreas, quienes irían a la vanguardia?

Hasta donde sabemos, cuando Kodak instaló su Oficina de innovación a fines de 1978, era la primera compañía en el mundo en tener una. Desde ese entonces, un puñado de otras compañías, entre las que se encuentra Du Pont, Hoechst Celanese, Dow Chemical y Polaroid, han establecido también centros de innovación. Estos centros están en su mejor momento cuando, como pasó en el caso de las imágenes en 3D en Kodak, refuerzan suavemente y aun empujan ligeramente el movimiento que llega a su atención en direcciones inesperadas. Un toque ligero como éste puede ser de gran importancia para un acto creativo en gestación. Roland Schindler nos dijo que significó mucho para él cuando Gail Hofferbert, una facilitadora del centro de innovación, lo llamaba de vez en cuando para preguntarle sobre su idea y darle ánimos. Le preguntamos a Hofferbert sobre esas llamadas telefónicas, y nos explicó su fin.

En esos días del comienzo, queríamos llevar la responsabilidad de la idea junto con el iniciador. Esas llamadas eran sólo un "empujón" para recordarles su idea y hacerles saber que estábamos pensando en ella.[13]

La historia de las imágenes en 3D muestra un centro de innovación trabajando en su mejor momento. Sin embargo, los centros de innovación tienen registros relativamente malos en la promoción de actos creativos. Bajo las presiones cotidianas del negocio, muy a menudo están tentados a ir más allá del enfoque del "toque ligero" y dirigir las ideas directamente. Y cuando estos centros están en la posición de escoger ganadores y perdedores, en vez de buscarle un lugar de desarrollo dentro de la organización a las ideas sin un lugar para desarrollarse, hacen más daño que bien. Sin embargo, con un toque ligero, un centro de innovación puede promover algunos de los elementos esenciales de la creatividad corporativa: actividad auto-iniciada, actividad extraoficial, diversidad de estímulos y la comunicación decisiva que permite que se encuentren personas que de otro modo podrían no haberse conocido nunca. En el caso de las imágenes en 3D, el centro de innovación de Kodak nunca vaciló en actuar como defensor de los tres iniciadores de la idea y buscó toda oportunidad para traerla a la atención de las unidades de negocios de la compañía.

Hacer realidad el potencial creativo de las grandes compañías

La comunicación dentro de la compañía es un elemento de la creatividad corporativa en el que las grandes compañías japonesas han resultado ser especialmente buenas. Creemos que esto ayuda a explicar algo que nosotros y otros más han observado sobre las compañías japonesas: que *la vasta mayoría de actos creativos parecen ocurrir en las organizaciones más grandes*, un fenómeno, esperamos, que en algún momento se estudiará más cuidadosamente y se comprenderá. Las grandes compañías japonesas hacen varias cosas que promueven el tipo de comunicación inesperada tan importante para su creatividad. Todos los graduados recién contratados, por ejemplo, cursan lo que se ha convertido en un programa estándar de capacitación inicial, y durante el resto de sus carreras reciben rotaciones regulares a áreas nuevas. Al hacer esto, la compañía asegura que sus nuevos empleados desarrollen una conciencia profunda sobre las actividades de la organización y, con el tiempo, una red de relaciones con otros empleados por toda la compañía. Como resultado, los empleados están mejor capacitados para establecer conexiones que den como resultado actos creativos. Y que, cuando necesiten información, tendrán la posibilidad de conocer a la mejor persona a quien acudir, se sentirán cómodos de pedir la información y muy probablemente obtendrán una respuesta útil.

Para ilustrar cómo capacita a sus nuevos reclutas la mayoría de las grandes compañías japonesas, contemplemos la experiencia de una de estas personas en Japan Railways (JR) Este, la compañía de trenes más grande en el mundo. Chiharu Watari se unió a JR Este en 1988 después de concluir su maestría en ingeniería en el Instituto de Tecnología de Tokio, una de las universidades más prestigiadas de Japón. Comenzó en la compañía con ocho meses de capacitación de tiempo completo para empleados nuevos, igual que los otros universitarios recién contratados. Las primeras tres semanas de su capacitación, conoció la historia de la compañía a la que se había unido. Lo introdujeron a sus actividades corrientes de negocios, estructura organizacional, políticas y modo de operar. Durante varios meses después, Watari pasó por una cantidad de trabajos muy diferentes, trabajando varias semanas en cada uno. Su primera asignación fue perforar boletos en una de las estaciones de Tokio con más movimiento, bajo la mirada observadora de los empleados de tiempo completo. Siguió con un trabajo en el patio de mantenimiento, como asistente de conductor y en un equipo de nivelación de vías. Trabajó incluso como "empujador" de plataforma, empujando a la gente para acomodarla en los trenes durante las horas pico.

Finalmente, después de ocho meses de educación y capacitación, asignaron al joven graduado en ingeniería a su primer puesto real: en el departamento de nuevos negocios, donde hacía la investigación de mercado para nuevas propiedades. Después de once meses, lo cambiaron al departamento de personal, donde entre otras cosas le encomendaron dirigir la orientación para nuevos empleados, la cual él mismo había tomado sólo unos cuantos años antes. Hasta aquí, sus experiencias habían sido similares a las de los otros graduados universitarios que JR Este había contratado junto con él. Sin embargo, lo que vino después fue un poco extraño. Él fue uno de los pocos escogidos para ir al extranjero con un permiso de estudios. En el caso de Watari, fue a Estados Unidos, donde después de dos años de estudio obtuvo un grado de Maestría en Administración de Empresas (MBA) de Carnegie Mellon University. Esto, junto con la rapidez de su rotación de puestos y la diversidad de sus asignaciones, era un indicador de que se pensaba muy bien de él. A su regreso a Japón, ocho años después de que se había unido a la compañía, lo asignaron a la estación de Tokio, que era el baluarte y la mayor estación de JR Este, como asistente de gerente. Aunque no podemos saber cómo usará Watari su red de relaciones y su amplio conocimiento de las operaciones de la compañía en el futuro, creemos que serán valiosos para él y para JR Este a lo largo de su carrera.

Una educación y una capacitación como éstas para los empleados nuevos no son la única manera en que las grandes compañías japonesas trabajan para fortalecer la comunicación dentro de la compañía. Considere el ejemplo de Ito-Yokado, una de las tres más grandes compañías minoristas del mundo (las otras dos son Sears, Roebuck & Co., y WalMart Stores), quizá mejor conocida en occidente por su interés como controladora de la cadena 7-Eleven de tiendas de abarrotes. Por muchos años se ha reconocido a Ito-Yokado como líder en el uso de la tecnología de información en ventas al menudeo. En 1982, 7-Eleven fue la primera compañía en Japón en introducir sistemas en el punto de venta de todas sus tiendas, proporcionando información instantánea sobre qué productos se están vendiendo y cuáles no. Para noviembre de 1985, Ito-Yokado había instalado sistemas en el punto de venta de todas sus tiendas y estaba recibiendo información de tiempo-real sobre más de 600,000 productos.[14] Sorprendentemente, si bien Ito-Yokado es líder en el uso de tecnología de la información, también destina aún más recursos para promover otro tipo de comunicación dentro de la compañía, del tipo "a la antigua".

Todos los miércoles de cada semana, los gerentes de las casi 160 supertiendas de Ito-Yokado viajan a las oficinas generales de la compañía en Tokio para una reunión de todo el día. En la mañana, todo el grupo se reúne en un auditorio para escuchar directamente al presidente y a la alta dirección. En la tarde, cada gerente se reúne con los demás gerentes de su distrito para intercambiar información sobre mercancías, operaciones, comercialización y ventas. El miércoles es un día atareado en las oficinas generales, porque también es el día en que más de doscientos supervisores escogidos de las tiendas Ito-Yokado de todo Japón vienen a Tokio para *su* reunión de todo el día. Esta reunión tiene la intención de proporcionar un lazo directo de comunicación entre el piso de ventas y las oficinas corporativas. En la primera mitad del día, los supervisores se unen a los gerentes de tienda para la sesión con el presidente y la alta dirección de Ito Yokado. Después escuchan las presentaciones de mercancía y tendencias del mercado que dan los compradores de la compañía. En la tarde, reunidos en grupos de acuerdo a su sector de mercancías, se espera que den su perspectiva sobre las tendencias del mercado.

El martes es el día en que la alta dirección de todas las divisiones y compañías de Ito-Yokado, alrededor de 130 personas en total, se reúne con el CEO (director ejecutivo) para platicar sobre problemas actuales y las medidas para tratarlos. Se han celebrado más de seiscientas de estas "Reuniones de reforma operativa" semanales, desde que fueron iniciadas en 1982. Tampoco están limitados a estas reuniones semanales los esfuerzos de Ito-Yokado por promover la comunicación dentro de la compañía. En cada tienda de Ito-Yokado, el gerente de cada sección se reúne diariamente con sus vendedores para comentar información, técnicas de venta y los objetivos del día. Dos veces al año, unos ocho mil quinientos gerentes se reúnen en la Arena Yokohama para una serie de presentaciones sobre política de la compañía y estrategias de ventas.

En resumen, se estima que Ito-Yokado invierte 3 por ciento de las ventas en estas reuniones diarias, semanales y semestrales. Le preguntamos a un ejecutivo de Ito-Yokado cómo justifica la compañía su sustancial desembolso para promover la comunicación dentro de la compañía. Su respuesta fue interesante. Nadie en Ito Yokado había tratado nunca de justificarlo, nos dijo, porque hasta ahora nadie había sentido que el gasto fuera algo que necesitara justificación. Ni ha sentido nadie necesario documentar ninguno de los actos creativos que estas reuniones pueden haber iniciado o fomentado.

Cómo promover la comunicación dentro de la compañía

Todas las compañías tratan de asegurar una comunicación efectiva entre empleados que dependen entre sí para hacer su trabajo. Sin embargo, la mayoría de las organizaciones pasan por alto la importancia de la comunicación no anticipada entre empleados que normalmente no trabajan juntos. Y estos intercambios de información a menudo llevan a actos creativos inesperados. Hay tres maneras en que una organización puede promover este tipo de comunicación dentro de la compañía:

1. Brindar oportunidades de conocerse a los empleados que normalmente no interactúan.
2. Asegurarse de que todos los empleados tengan suficiente comprensión de las actividades de la organización para poder aprovechar sus recursos y pericia.
3. Crear una nueva prioridad organizacional: todos los empleados deben conocer la importancia de ser sensibles a las peticiones de información o ayuda de otros empleados.

Hay varias maneras en que una compañía puede reunir a empleados que de otro modo sería poco probable que se conocieran. Una vez a la semana, los gerentes de Ito-Yokado viajan de todo Japón a las oficinas generales. Las *Techfairs* (ferias tecnológicas) de Kodak dan a los empleados la oportunidad de enterarse de la actividad creativa en otras partes de la organización, y su Oficina de innovación (ya rebautizada como la Red mundial de innovación) establece conexiones entre empleados con intereses creativos comunes. Un solo acierto (como en el caso de las imágenes en 3D) más que pagará los esfuerzos de una compañía en esta área.

Pero igual que mucho de lo relacionado con la creatividad corporativa, las actividades planeadas pueden llevar a una compañía sólo hasta cierto punto. La verdadera ventaja estriba en asegurarse que todos los empleados tengan un entendimiento suficiente de las actividades de la organización para poder aprovechar sus recursos y pericia. Cuanto más sepan los empleados sobre su organización, mayores serán las posibilidades de establecer las conexiones y obtener la información que necesitan para un acto creativo. En este capítulo contemplamos anteriormente la experiencia de un nuevo empleado de JR Este, cuya intensa capacitación inicial y tantas rotaciones de trabajo le dieron un entendimiento integral de la compañía. Hay una multitud de formas para que una compañía propicie que aprender más sobre cómo trabaja y qué hace resulte divertido, interesante y valioso para los empleados. Vale la pena el esfuerzo.

Saber a dónde acudir por información es una cosa, obtenerla realmente, es otra. Se necesita algo más para promover la comunicación eficaz dentro de la compañía. Crear una nueva prioridad organizacional: todos los empleados deben saber que es importante ser sensible a una petición de información o ayuda de otros empleados, no importa en qué nivel o parte de la organización estén. Porque esa respuesta bien puede ser la clave para un acto creativo.

Puntos principales

El potencial creativo de una compañía se incrementa rápidamente con su tamaño. Cuanto más grande la compañía, es más probable que los componentes de un acto creativo ya estén presentes, pero es menos probable que se reúnan sin cierta ayuda.

El esfuerzo que hacen las grandes compañías japonesas para promover la comunicación en su interior es una razón por la que la mayor parte de la creatividad corporativa en ese país parece darse en las organizaciones más grandes.

Todas las organizaciones llevan a cabo actividades planeadas, y para estas actividades son necesarios canales de comunicación. Pero son los intercambios no anticipados entre empleados que normalmente no se comunican entre sí, los que a menudo hacen posible que los proyectos que *no* han sido planeados se autoorganicen y avancen.

Sin la comunicación entre tantos empleados diferentes de 3M, Scotchgard, uno de los más exitosos productos de 3M, pudo no haberse creado nunca.

Los centros de innovación pueden ayudar con la comunicación no anticipada que a menudo es necesaria para un acto creativo. Sin embargo, una vez que los centros de innovación sucumben a la tentación de administrar las ideas directamente, hacen más daño que bien.

La exitosa tecnología nueva de 3D de Kodak dependió de que su centro de innovación reuniera a tres empleados de Kodak que normalmente no se hubieran conocido.

Hay tres formas en que una compañía puede promover la comunicación dentro de la compañía:

1. *Proporcionar oportunidades para que se conozcan los empleados que normalmente no interactúan.*

2. *Asegurarse de que todos los empleados tengan suficiente comprensión de las actividades de la organización para poder aprovechar sus recursos y pericia.*

3. *Crear una nueva prioridad organizacional: todos los empleados deben saber la importancia de ser sensibles a las peticiones de información o ayuda de otros empleados.*

Capítulo doce

LIBERAR LA CREATIVIDAD CORPORATIVA: DÓNDE COMENZAR

La historia es un registro de "efectos", la vasta mayoría de los cuales nadie tenía la intención de producir.

JOSEPH A. SCHUMPETER[1]

Este libro es el resultado de nuestro viaje para descubrir cómo se da la creatividad en las compañías, cómo han tenido éxito o han fracasado los intentos previos para administrarla, y qué puede hacerse para promoverla. Al seguir el rastro de los casos de creatividad y detallarlos, desde las pequeñas mejoras hasta las innovaciones espectaculares, aprendimos que la creatividad en las compañías no se da en la forma en que la mayoría de las personas creen que sucede. Como resulta, la mayor parte de los actos creativos comienza de forma inesperada, y nadie puede predecir lo que serán o quién estará implicado en ellos. Ésa es la verdadera naturaleza de la creatividad corporativa, y es donde está realmente el potencial creativo de una compañía.

De nuestro recorrido al suyo

Ahora comienza *su* recorrido. El primer paso es que vea por usted mismo, para darse cuenta sin una duda, de que la mayoría de los actos creativos en su organización se da inesperadamente. Para hacer esto, tendrá que escarbar, como hicimos nosotros, para entender cómo sucedieron realmente. De acuerdo con nuestra experiencia, una vez que un acto creativo ocurre, las fuerzas naturales de la compañía inexorablemente actúan para sustituirlo con relatos simplificados del mismo: historias que a menudo ignoran o distorsionan sus inesperados inicios. Aun compañías que toman muy en serio sus historias (y su futuro) sobre creatividad tienen que esforzarse para superar esta tendencia. Tome como ejemplo la historia de Scotchgard de 3M, descrita en el capítulo once. He aquí la versión de la parte inicial de la historia tal como está escrita en el registro oficial de la compañía, *Nuestra historia hasta ahora: notas de los primeros setenta y cinco años de la Compañía 3M:*

> *Un día, una empleada de laboratorio derramó una muestra del material en sus zapatos tenis. La sustancia resistió los intentos de quitarla al lavarla con agua o disolventes de hidrocarburo. Además, el área afectada de los zapatos tenis resistían la suciedad.*
>
> *La empleada de laboratorio vio esto como un problema de limpieza molesto, pero los químicos Patsy Sherman y Sam Smith lo vieron de modo diferente. Lo vieron como un posible producto para hacer que los textiles resistieran las manchas de agua y aceite.*[2]

De hecho, como usted ya sabe ahora, Patsy Sherman y Sam Smith no fueron los únicos que vieron las tremendas posibilidades del poli-FBA. No entraron en escena sino hasta casi un año después que JoAn Mullin, la química que es la "empleada de laboratorio" anónima de este recuento, lo derramó en sus zapatos y fue la primera en ver su potencial. Además, tuvo considerable dificultad en convencer a alguien más de esto y casi fracasa en el intento. Aunque sí encontramos a unos cuantos empleados de 3M que estaban conscientes de los sucesos reales, el confuso recuento oficial refleja cómo cree la mayoría de las personas, dentro y fuera de 3M, que pasaron las cosas realmente. ¿Por qué el periodo en que JoAn Mullin trataba en vano de interesar a otros en su idea, es la parte de la historia que 3M registró erróneamente? Ésta no fue la única compañía que encontramos donde se había permitido que el tiempo y el rumor subestimaran los orígenes no anticipados de los actos creativos, aun los de actos que cambiaron la misma imagen de la organización. Sucedió una y otra vez. A menos que su compañía reconozca que la verdadera naturaleza de su creatividad es que será inesperada, sus esfuerzos por promover la creatividad no despegarán del suelo.

El hecho de que la mayor parte de los actos creativos no puedan anticiparse debería verse, no como fuente de incomodidad, sino como un hecho de la vida corporativa. Mientras que muchas cosas pueden ser planeadas directamente y controladas, la creatividad no. Siendo éste el caso, cuando la creatividad se dé en su compañía, como seguramente pasará, busque sus orígenes inesperados y encuéntrelos antes de que se pierdan. Aprenda de ellos.

Criterios para la creatividad corporativa

Una vez que usted y otros en su organización lleguen a reconocer el poder de lo inesperado, la implantación de los seis elementos llevará a la organización a niveles más altos de creatividad. Sugerimos que su organización use los siguientes criterios para evaluar cuán bien está administrando su creatividad y para guiar y monitorear su avance hacia niveles más altos de desempeño creativo.

Alineación

Muchos aspectos del desempeño de su compañía dependen de su alineación (el grado en que los intereses y acciones de todos los empleados apoyan los objetivos clave de su organización) pero la creatividad es la más sensible a ella. En un grado importante, la alineación de su compañía también determinará la naturaleza de su creatividad. Su organización no puede ser consistentemente creativa a menos que esté fuertemente alineada. Y el paso más determinante para alinear una compañía es el primero: reconocer el valor de la alineación y que tiene que hacerse. Una vez que se establece el compromiso, es sorprendentemente directo el logro de la fuerte alineación que se necesita para la creatividad.

➤ **¿La alineación de su organización es suficientemente fuerte para la creatividad?**

¿Tiene confianza en que cualquier empleado reconocerá y responderá en forma positiva a una idea potencialmente útil?

¿Para qué está alineada su organización? ¿Confía en que otros empleados de su compañía, sin importar su puesto, darían la misma respuesta?

¿Cómo limita a su creatividad la naturaleza de la alineación de su organización?

¿Los actos creativos surgen en forma desproporcionada en unas cuantas partes de su organización? Si es así, ¿acaso es porque la naturaleza de su alineación pone a algunos empleados en mejor posición que otros para ser creativos?

➤ **¿Algunas políticas y reglas en su organización causan malas alineaciones que interfieren con la creatividad?**

¿Puede justificarlas?

¿Tiene su organización metas numéricas para su creatividad?
Si no existieran, ¿tendría su compañía menos creatividad?

Si su compañía se ha reducido o ha emprendido alguna otra acción importante para bajar costos, ¿se consideró antes el impacto en la creatividad?

¿Alguna vez su compañía ha retirado gente como resultado del mejoramiento en la productividad sugerido por los empleados? Si es así, ¿cómo afectó esto la disposición de los que quedaron para proponer más ideas?

¿Qué mecanismos formales tiene instalados su organización para detectar la mala alineación?

➤ **¿Qué está haciendo su compañía para promover la alineación?**

Identifique la acción más importante del ejecutivo en jefe de su compañía el último mes. ¿Cómo afectó esta acción la alineación?

Identifique las iniciativas recientes más importantes que su compañía haya emprendido para promover sus objetivos clave.

Durante el año anterior, ¿su compañía dio reconocimiento o premió a emplea-dos por realzar acciones consistentes con su alineación, pero que contrariamen-te tuvieron consecuencias adversas?

Durante el año pasado, ¿su compañía responsabilizó a algunos empleados o gerentes de acciones que estaban fuera de alineación?

➤ **¿Conoce algunas organizaciones que estén fuertemente alineadas? Visítelas y vea cómo lo hacen.**

Actividad autoiniciada

Si tienen éxito, los actos creativos planeados casi siempre llevan a su com-pañía a donde ya esperaba ir. La mayor parte de los actos creativos inespe-rados vienen de la actividad autoiniciada. Afortunadamente, las personas tienen un deseo natural de ser creativas. Todo lo que necesita hacer su organización es liberar lo que ya está allí. La clave para la actividad autoiniciada en toda la compañía es un sistema eficaz para responder a las ideas de los empleados.

➤ **¿Tiene su organización un sistema eficaz para responder a las ideas de los empleados?**

¿Saben todos cómo aplicarlo?

¿Responde a las ideas en una manera razonable y oportuna?

Como porcentaje de sus utilidades, ¿cuánto dinero ahorra su sistema a su organización cada año? ¿Es esto bien conocido en su organización?

➤ **¿Se basa el sistema en la motivación intrínseca?**

En el último mes, ¿ha propuesto o iniciado usted mismo cuando menos un acto creativo que nadie le haya pedido que hiciera? ¿Lo hizo por el premio?

En el último mes, ¿ha propuesto o iniciado cada empleado de su organización un acto creativo que no se le haya pedido que hiciera?

Piense en un momento pasado en su carrera cuando, de buena fe, sugirió una mala idea a su gerente. ¿Cómo respondió su gerente? ¿La rechazó simplemente? ¿O se vio como una oportunidad de aprendizaje?

➤ **¿Documenta su organización las ideas de los empleados?**

¿Se sigue la pista a la cantidad y calidad de las ideas de los empleados?

¿Se evalúa a los gerentes por la cantidad y calidad de los actos creativos iniciados por los empleados de quienes son responsables?

¿Hay alguna forma fácil en su organización para que una persona en una parte averigüe sobre ideas en otra parte?

¿Tiene su organización mecanismos formales para identificar las ideas notables y las divulga para estimular el pensamiento de los demás?

Cuando se da una idea en un lugar, ¿tiene su compañía mecanismos formales para asegurarse de que llegue a todos los lugares donde podría ser útil?

Actividad extraoficial

Cada acto creativo inesperado comienza con actividad extraoficial, durante la cual una idea se desarrolla sin apoyo oficial directo. La actividad extraoficial puede durar minutos, o puede continuar por años. A menos que su organización haga un lugar para la actividad extraoficial, verá relativamente poca creatividad. La condición extraoficial elimina muchas de las barreras a la creatividad. Proporciona un refugio seguro para las ideas, permite a una compañía obtener más de sus empleados de lo que razonablemente podría pedir, hace más fácil que la actividad creativa atraviese las fronteras oficiales, lleva a una mejor toma de decisiones sobre a qué proyectos dar fondos. En la mayoría de los actos creativos que hemos observado, se llegó a los aspectos clave de las ideas durante el periodo extraoficial.

➤ **¿Es legítima la actividad extraoficial en su organización? Es decir, cuando surge una oportunidad, ¿se alienta a los empleados a iniciar el trabajo de algo que no se les ha asignado hacer?**

¿Tiene su organización políticas específicas para legitimar la actividad extraoficial?

¿Aplican estas políticas a todos o están limitadas a ciertas categorías de personas, a saber, los que se espera que sean creativos?

¿Cómo respondería su gerente si usted se le acercara para hablar sobre un trabajo extraoficial que usted está haciendo? Si usted es gerente, ¿cómo reaccionaría cuando los que le reportan trataran el tema de su trabajo extraoficial?

➤ **¿Está enterado de ejemplos de cómo contribuyó la actividad extraoficial a un acto creativo en su organización?**

¿Está usted mismo actualmente participando en una actividad extraoficial? ¿Lo ha hecho alguna vez?

¿Sabe de la actividad extraoficial de otros con quienes trabaja?

Piense en la última vez que su compañía divulgó un acto creativo. ¿Incluía la publicidad una descripción de la actividad extraoficial implicada?

➤ **¿Tiene su organización un formulario para que a las propuestas de los empleados las revisen independientemente diferentes personas en diferentes momentos y de diferentes maneras?**

Si es así, ¿puede pensar en ejemplos de su compañía donde este proceso salvara una idea que de otro modo se hubiera perdido?

Si no, ¿puede pensar en ejemplos de su compañía de buenas ideas que se aniquilaron porque las revisó sólo una persona que no vio su potencial?

Serendipity

Creemos que *serendipity* cumple una función en todos los actos creativos. Desafortunadamente, el significado original de *serendipity*: un accidente afortunado que se encuentra con la sagacidad (agudeza de discernimiento), se ha perdido prácticamente. Armada con el conocimiento de lo que *serendipity* significa, su organización puede hacer mucho para promoverlo. Una propensión a la acción, una actitud de "sólo hágalo" que alienta el juego y la experimentación, llevará a más accidentes potencialmente afortunados. La comprensión del papel de *serendipity* en los actos creativos ayuda a los empleados a notar los accidentes cuando sí ocurren. Cada accidente es una excepción a lo que se esperaba, así que no pase por alto las excepciones. Más allá de esto, su organización tiene que incrementar la probabilidad de que los accidentes potencialmente afortunados se encuentren con la sagacidad. Y esto significa crear deliberadamente redundancia: potencial humano no usado necesario para el cambio.

➤ **¿Tiene conciencia cada empleado en su organización de que *serendipity* cumple una función en los actos creativos?**

¿Puede usted identificar los accidentes afortunados en su organización que hayan llevado a actos creativos?

¿Saben los empleados en su organización que toda "excepción" es una oportunidad que no debería pasarse por alto?

➤ **¿Qué está haciendo su organización para incrementar la frecuencia de accidentes afortunados que pudieran llevar a *serendipity*?**

¿Puede identificar políticas o prácticas específicas en su compañía que promuevan una tendencia a la acción y la experimentación?

¿Qué hay de las políticas o prácticas que funcionan contra esa tendencia?

➤ **¿Qué está haciendo su organización para incrementar la probabilidad de que un accidente potencialmente afortunado se encuentre con la sagacidad?**

¿Se rota a todos los empleados en su organización por todos los trabajos para los que estén calificados?

¿Apoya su organización las oportunidades para que todos los empleados desarrollen sus habilidades en áreas no relacionadas con su trabajo presente?

¿Hay potencial humano redundante en su organización? Escoja a uno de sus colegas. Haga una lista de sus conocimientos o habilidades que no se usen en la compañía. Piense en cómo este potencial no usado podría participar en un acto creativo.

Diversidad de estímulos

Un estímulo proporciona una visión interna fresca de algo que una persona ya ha comenzado a hacer o bien empuja a una persona a algo completamente no anticipado. Es imposible predecir cómo reaccionará una persona frente a cualquier estímulo particular; y lo que provoca a una persona tal vez ni siquiera lo note otra. Siendo éste el caso, si bien su compañía debe hacer todo lo que pueda para brindar diversidad de estímulos a sus empleados, debe reconocer que la mayoría de los actos creativos vienen como resultado de estímulos que surgen en el curso del trabajo o de la vida diaria. Es mucho más importante ayudar a los empleados a encontrar estímulos y luego aplicarlos en la compañía.

➤ **¿Puede seguir la pista de los ejemplos de creatividad en su organización hasta llegar a los estímulos que los provocaron?**

¿Cuáles fueron estos estímulos y cómo surgieron?

Piense en la última vez que su compañía divulgó un acto creativo. ¿Incluyó una descripción de los estímulos implicados?

➤ **¿Tiene su organización programas para brindar diversidad de estímulos a los empleados?**

¿Puede identificar algunos actos creativos que estos programas provocaron?

¿Están dirigidos los programas a todos los empleados?

¿Cuán diversos son los estímulos que ofrecen?

¿Son abiertos algunos de sus programas? Es decir, por ejemplo, los permisos para estudios y sabáticos, ¿ofrecen a los empleados la libertad de escoger un área que ellos piensen que sería una fuente rica en estímulos?

➤ **¿Han ocurrido actos creativos en su compañía porque los empleados cambiaron a otro puesto y notaron un estímulo que quienes trabajaron ahí antes que ellos no habían notado?**

¿Cuáles fueron los estímulos implicados?

¿Qué hizo que los empleados los notaran?

➤ **¿Su organización facilita que los empleados traigan los estímulos y los utilicen?**

¿Tienen todos los empleados oportunidades regulares de comentar las implicaciones potenciales de los estímulos con sus gerentes y otros empleados?

➤ **¿Cómo ayuda su organización a los empleados a obtener estímulos de los clientes, proveedores y demás personas con quienes tratan?**

¿Qué está haciendo su organización para poner en contacto con ellos a los empleados que normalmente no interactúan con los clientes o proveedores?

¿Se usan las quejas de clientes como una fuente de estímulos para nueva actividad? ¿Puede usted seguir la pista a un acto creativo de su organización hasta llegar a una queja?

Comunicación dentro de la compañía

Una de las cosas que parece suceder naturalmente en las compañías más pequeñas, pero no tan fácilmente en las más grandes, es la comunicación dentro de la compañía. Cada organización lleva a cabo actividades planeadas y debería establecer los canales necesarios de comunicación para apoyarlas. Pero los canales oficiales son de limitada utilidad para la creatividad. Ya que la mayoría de los actos creativos en las compañías no se planea, a menudo reúnen a personas e información en formas que no pueden anticiparse. Son precisamente estos intercambios no anticipados de información, intercambios que permiten que los proyectos que no se han planeado se autoorganicen, los que ocurren tan fácilmente en las compañías más pequeñas. Cuanto más grande la compañía, más probable es que los componentes de los actos creativos estén presentes en ella, pero menos probable es que se reúnan sin ayuda. Hay dos formas en que su compañía puede promover estas comunicaciones no anticipadas. Puede proporcionar oportunidades para que se conozcan los empleados que normalmente no interactúan. Y puede asegurar que todos los empleados tengan la comprensión suficiente de cómo trabaja la compañía para poder aprovechar sus recursos y pericia.

➤ **¿Puede identificar un acto creativo en su compañía en el que la comunicación no anticipada dentro de la compañía tuviera un papel clave?**

¿Ayudó su compañía a que ocurriera esta comunicación, o sólo sucedió?

➤ **¿Puede identificar las formas en que los empleados de su compañía que normalmente no interactúan pueden encontrarse?**

¿Es usted miembro de un grupo informal de empleados que tengan un interés común en un nuevo tipo de actividad?

¿Conoce usted a alguno de estos grupos informales en su organización? ¿Intervino su compañía para reunirlos o se autoorganizaron?

¿Qué hace su compañía para construir o apoyar dichas redes?

¿Puede señalar algunos casos recientes donde un gerente de su organización aprovechara una oportunidad, no importa cuan pequeña, para reunir a algunos empleados que normalmente no interactuarían?

➤ **¿Tienen todos los empleados de su organización la comprensión suficiente de cómo trabaja la compañía para poder aprovechar sus recursos y pericia?**

¿Puede identificar programas específicos que estén establecidos para asegurar esto?

¿Confía en que cualquiera en su organización está enterado de su pericia o podría fácilmente averiguar sobre ella?

➤ **¿Queda claro para todos en su organización que una petición de información o ayuda de otros empleados, no importa el nivel o parte de la organización de la que venga, deberá tener una alta prioridad?**

Piense en la última vez en que se puso en contacto con alguien en una parte diferente de su organización para pedir información o ayuda. ¿Cómo respondió esa persona?

¿Qué tan seguido se ponen en contacto con usted otras personas de su organización para pedirle información? ¿Cómo trata usted sus peticiones?

Esperamos que su organización utilice estos criterios para evaluar cuán bien está administrando su creatividad y para determinar qué debe hacerse para promoverla. Sin embargo, algunas de estas preguntas piden información sobre usted y sus colegas, porque nuestros seis elementos también se aplican a *su* creatividad. Si los seis elementos se implantan en su organización, su nivel global de creatividad ciertamente se incrementará. Úselos y bien puede encontrarse en medio de un acto creativo.

Nuestros criterios también proporcionan una estructura que permite a su compañía examinar cómo otras organizaciones han implantado los seis elementos, y aun evaluar el desempeño creativo de su compañía con base en esa referencia. Puede parecer extraño pensar en creatividad evaluada por referencia. Pero tenga en mente que la referencia es realmente acerca de la creatividad, no acerca de copiar o comparar su compañía con las de sus competidores. Tiene la intención de forzar a las personas a cuestionar sus supuestos y cobrar conciencia de lo que podría ser posible.

Lo más importante de todo es que su compañía aprenda de sus propios actos creativos, y que usted, usted mismo, aprenda de sus experiencias personales con la creatividad. Después de todo, fue un enfoque de primera mano el que nos llevó a nuestros seis elementos y que ahora le llevará a usted a implantarlos en la mejor forma para su organización. Nuestro viaje nos llevó a *descubrir* el poder de lo inesperado. Su viaje le llevará a *realizarlo*.

— *Notas*

Capítulo uno

1. Tom Peters, *Crazy Times Call for Crazy Organizations* (Nueva York, Vintage Books, 1994), pág. 12.
2. E. Paul Torrance, *Surviving Emergencies and Extreme Conditions: A Summary of Six Years of Research* (Manuscrito sin publicar preparado para la unidad de capacitación en supervivencia del personal de la Fuerza Aérea y del Centro de investigación en capacitación) (Washington, D.C.:Fuerza Aérea de Estados Unidos, 1959), pág. 37.
3. Tomoshige Hori, *Food Engineering Innovation and Reinvention: An Example of Industrial Application* (Tokio: Snow Brand Milk Products, 1991), pág.9.
4. Tomoshige Hori, "Effect of Rennet Treatment and Water Content on Thermal Conductivity of Skim Milk", *Journal of Food Science*, 48 (1983), 1492-1496.

Capítulo dos

1. Frank B. Jewett, "The Promise of Technology", *Science*, 99 (1944), 5.
2. Thomas P. Hughes, *American Genesis: A Century of Invention and Technological Enthusiasm* (Nueva York: Viking Penguin, 1989), pág. 13.
3. Este memorándum daría más tarde lugar a un divertido incidente, porque al ser mecanografiado primero por el servicio de mecanografía, tenía un error tipográfico. Kathy Betts corrigió el error y volvió a mandarlo al servicio de mecanografiado. Desafortunadamente su jefa, como necesitaba el memorándum deprisa cuando el comisionado de Medicaid le pidió una copia, la llamó a su casa (era uno de los días en que no estaba trabajando), supo que el memorándum estaba en el servicio de mecanografiado, y lo sacó de la charola de espera antes de que se corrigiera el error de tipografía. Este memorándum, con error y todo, fue el que el gobernador vio finalmente y el que se puso en circulación para los medios nacionales de comunicación. Imagine la consternación posterior de Kathy Betts cuando, en 1994, se puso en contacto con ella un profesor de inglés de Pennsylvania State University buscando una copia del memorándum para demostrar a sus estudiantes ¡la importancia de escribir bien!
4. Kathy Betts, citada por Bella English en "She Finds Cash, State Finds Hero", *Boston Globe*, 10 de junio de 1991, pág. 1 (sección *Metro Region*).
5. Mary B. W. Tabor, "State Worker's Budget Coup: A Windfall for Massachusetts", *New York Times*, 8 de junio de 1991, pág. 1.

6. English, "She Finds Cash", pág. 1.

7. Entrevista con Kathy Betts, 18 de octubre de 1995.

8. Para un buen resumen sin tecnicismos sobre la teoría de la atribución, véase Jean M. Bartunek, "Why Did You Do That? Attribution Theory in Organizations", *Business Horizons*, 24, núm. 5 (1981), 66-71.

9. Peter Drucker, *Innovation and Entrepreneurship: Practice and Principles* (Nueva York: HarperCollins, 1985), págs. 26-27.

10. H. Balzer, "Engineers: The Rise and Decline of the Soviet Myth", en Loren Graham, ed., *Science and Soviet Social Order* (Cambridge, Mass.: Harvard University Press, 1990), pág. 141.

11. W. Edwards Deming desarrolló su influyente "experimento de la cuenta roja" precisamente para ilustrar este punto: lo desamparado que está un individuo frente a un mal sistema. Véase Raphael Aguayo, *Dr. Deming: The American Who Taught the Japanese About Quality* (Nueva York: Simon & Schuster, 1990).

12. Malcolm Cohen, *Labor Shortages: Myth or Reality?* (Ann Arbor: University of Michigan Press, 1995), pág. 85.

13. Joseph Juran, comunicación personal, 7 de diciembre de 1995.

14. Según cuaderno de notas de laboratorio de Jim Schlatter, en archivo de NutraSweet Company de Monsanto.

15. Entrevista con Jim Schlatter, 27 de octubre de 1995.

16. Entrevista con Robert Mazur, 26 de octubre de 1995.

17. Entrevista con Jim Schlatter, 27 de octubre de 1995.

18. Entrevista con Robert Mazur, 26 de octubre de 1995.

19. Entrevista con John Witt, 6 de noviembre de 1995.

20. Entrevista con Robert Mazur, 26 de octubre de 1995.

21. C. Hance y R. A. Goldberg, *The NutraSweet Company: Technology to Tailor-Make Foods*, Harvard Business School, Caso 9-589-050 (Boston: Harvard Business School Publishing Division, 1988).

Capítulo tres

1. Emily T. Smith, "Are You Creative?" *Business Week*, 30 de septiembre de 1985, pág. 46.

2. Para dos puntos de vista diferentes sobre la controversia alrededor de la prueba de inteligencia, véase Richard J. Herrnestein y Charles Murray, *The Bell Curve* (Nueva York: Free Press, 1994); y Stephen Jay Gould, *The Mismeasure of Man* (Nueva York: Norton, 1981).

3. J. P. Guilford, "Creativity Research: Past, Present and Future", en Scott G. Isaksen, ed., *Frontiers of Creativity Research* (Buffalo, N.Y.: Bearly Press, 1987), pág. 47.

4. J. P. Guilford, "Creativity", *American Psychologist*, 5 (1950), 444.

5. J. W. Getzels y P. W. Jackson, *Creativity and Intelligence: Explorations with Gifted Students* (Nueva York: Wiley, 1962).

6. E. P. Torrance, *Educational Achievement for the Highly Intelligent and the Highly Creative: Eight Partial Replications of the Getzels-Jackson Study*, Memorándum de

Investigación BER-60-18 (Minneapolis: Bureau of Education Research, University of Minnesota).

7. Douglas W. MacKinnon, *In Search of Human Effectiveness: Identifying and Developing Creativity* (Buffalo, N.Y.: Creative Education Foundation, 1978), pág. 60.

8. Beard mismo era notablemente creativo desde temprana edad. Después de la Guerra Civil, cuando todavía tenía veinte años, era un prolífico escritor y conferencista de temas tan variados como las aplicaciones terapéuticas de la electricidad, el agotamiento nervioso y los efectos del envejecimiento en las facultades humanas.

9. George M. Beard, *Legal Responsibility in Old Age* (Nueva York: Russell, 1874).

10. Harvey C. Lehman, *Age and Achievement* (Princeton, N.J.: Princeton University Press, 1953).

11. Véase, por ejemplo, Dean K. Simonton, *Genius, Creativity and Leadersip* (Cambridge, Mass.: Harvard University Press, 1984).

12. Henry Ford, *Today and Tomorrow* (reimpresión, Portland, Oreg.: Productivity Press, 1988), pág. 53.

13. Thomas S. Kuhn, *The Structure of Scientific Revolutions* (Chicago: University of Chicago Press, 1970).

14. Herbert A. Simon, "Understanding Creativity and Creative Management", en Robert L. Kuhn, ed., *Handbook for Creative and Innovative Managers* (Nueva York: McGraw Hill, 1988), pág. 16.

15. Roger Schank, *The Creative Attitude* (Old Tappan, N.J.: Macmillan, 1988), pág. 59.

16. Margaret Cheney, *Tesla: Man out of Time* (Upper Saddle River, N.J.: Prentice Hall, 1981).

17. Max Nordau, *Degeneration* (Nueva York: Appleton, 1897).

18. Peter F. Drucker, *Innovation and Entrepreneurship: Practice and Principles* (Nueva York: HarperCollins, 1985), pág. 139.

19. Jacques Barzun, "The Paradoxes of Creativity", *The American Scholar*, 58 (1989), 347.

20. Graham Wallas, *The Art of Thought* (Orlando, Fla.: Harcourt Brace, 1926).

21. Alex F. Osborn, *Applied Imagination* (Nueva York: Scribner, 1953).

22. Osborn, *Applied Imagination*, pág. 151.

23. Véase, por ejemplo, Morris I. Stein, *Stimulating Creativity* (Orlando, Fla.: Academic Press, 1975).

24. David N. Perkins, "The Possibility of Invention", en Robert J. Sternberg, ed., *The Nature of Creativity* (Cambridge: Cambridge University Press, 1988), pág. 378.

25. Para más información sobre ejemplos de métodos de creatividad bien conocidos, véase Sidney Parnes, *The Magic of Your Mind* (Buffalo, N.Y.: Bearly Press, 1981); William J. Gordon, *Synectics: The Development of Creative Capacity* (Nueva York: HarperCollins, 1961); y Edward deBono, *Six Thinking Hats* (Nueva York: Little, Brown, 1986). Para comentarios críticos sobre los métodos de creatividad, véase Robert W. Weisberg, *Creativity: Beyond the Myth of Genius* (Nueva York: Freeman, 1993); y Morris I. Stein, *Stimulating Creativity*, vols. 1 y 2 (Orlando, Fla.: Academic Press, 1974, 1975).

26. Para comentarios sobre la fase final del conductismo y los límites de los premios (incluyendo la transcripción de una misteriosa entrevista con B. F. Skinner) véase Alfie Kohn, *Punished by Rewards* (Boston: Houghton Mifflin, 1993).

27. Edward L. Deci, "Effects of Externally Mediated Rewards on Intrinsic Motivation", *Journal of Personality and Social Psychology*, 18 (1971), 114.

28. Teresa M. Amabile, "The Motivation to Be Creative", en Scott G. Isaksen, ed., *Frontiers of Creativity Research* (Buffalo, N.Y.: Bearly Press, 1987), págs. 229-230.

29. W. Edwards Deming, *The New Economics* (Cambridge, Mass.: MIT Center for Advanced Engineering Study, 1994), págs. 108-109.

30. Se escribió también sobre este ejemplo en un artículo sobre el sistema *kaizen* de FoaMech: Robert Rose, "Kentucky Plant Workers Are Cranking Out Good Ideas", *Wall Street Journal*, 13 de agosto de 1996.

31. Entrevista con Kim Darnell, 18 de octubre de 1996.

Capítulo cuatro

1. Carta a R. Samuelson, M. P., en Alexander B. Bruce, *The Life of William Denny* (Londres: Hodder and Stoughton, 1888), pág. 82.

2. Para una maravillosa visión general del sistema de ideas creativas de Toyota, véase Yuzo Yasuda, *Forty Years, Twenty Million Ideas* (Portland, Oreg.: Productivity Press, 1991).

3. William Denny and Brothers, *Denny Dumbarton* (Londres: E. J. Burrow, 1932), pág. 80.

4. John Ward, "Memoir of the Late William Denny, F.R.S.E., President of the Institution", *Transactions of the Institution of Engineering and Shipbuilders in Scotland*, 30 (1887), 33-286.

5. Alexander B. Bruce, *The Life of William Denny* (Londres: Hodder and Stoughton, 1888), pág. 82.

6. Esta sección se basa en parte en Dean M. Schroeder y Alan G. Robinson, "America's Most Successful Export to Japan: Continuous Improvement Programs", *Sloan Management Review*, 32, núm. 3 (Primavera de 1991), 67-82.

7. Samuel Crowther, *John H. Patterson-Pioneer in Industrial Welfare* (Nueva York: Doubleday, 1924), pág. 196. Agradecemos a Mark Bernstein por llamarnos la atención sobre esta cita en su libro *Grand Eccentrics* (Wilmington, Ohio: Orange Frazer Press, 1996).

8. Alfred A. Thomas, comp., *Asking for Suggestions from Employees at National Cash Register Company: An Exhibit of What the System Is and What It Has Accomplished*, 2da. ed. (Dayton, Ohio: NCR, 1905), pág. 4.

9. Estos datos se toman de Thomas, *Asking for Suggestions*.

10. I. F. Marcossen, *Wherever Men Trade: The Romance of the Cash Register* (Nueva York: Dodd, Mead, 1945), pág. 49

11. Samuel Crowther, *John H. Patterson-Pioneer in Industrial Welfare* (Nueva York: Doubleday, 1924), pág. 73.

12. Thomas Watson, Jr., y Peter Petre, *Father Son and Co.: My Life at IBM and Beyond* (Nueva York: Bantam Books, 1990); y Mark Bernstein, *Grand Eccentrics* (Wilmington, Ohio: Orange Frazer Press, 1996).

13. Aunque en el registro histórico queda claro que el sistema de NCR antecedió al sistema de Kodak por cuatro años, a menudo encontramos erróneamente citado el sistema de Kodak como el primero.

14. The National Cash Register Corporation, *Celebrating the Future*, vol. 1 (Dayton, Ohio: Autor, 1984), pág. 44.

15. Masaaki Imai, *Kaizen: The Key to Japan's Competitive Success* (Nueva York: Random House, 1986), pág. 112.

16. Asociación Japonesa de Relaciones Humanas, *The Idea Book: Improvement Through Total Employee Involvement* (Portland, Oreg.: Productivity Press, 1988).

17. Lawrence K. Rosinger, "What Future for Japan?" *Foreign Policy Reports*, 1o. de septiembre de 1943, pág. 144.

18. S. Park, *U.S. Labor Policy in Postwar Japan* (Berlin: Express Edition, 1985), pág.95.

19. Ésta y la siguiente sección se basan en Alan G. Robinson y Dean M. Schroeder, "Training, Continuous Improvement, and Human Relations: The U.S. TWI Programs and the Japanese Management Style", *California Management Review*, 35, núm. 2 (1993), 35-37.

20. J. W. Dietz, *Learning by Doing* (Summit, N.J.: J. W. Dietz, 1970).

21. Servicio de Capacitación dentro de la industria, *The Training Within Industry Report: 1940-1945* (Washington, D.C.: War Manpower Commission Bureau of Training, 1945), pág. 94.

22. Entrevista con Edgar McVoy (antiguo funcionario de ESS), 29 de julio de 1991.

23. Servicio de Capacitación dentro de la industria, *The Training Within Industry Materials: 1940-1945*, Boletín de diciembre, pág. 1.

24. Servicio de Capacitación dentro de la industria, *The Training Within Industry Materials, JMT Manual* (Washington, D.C.: War Manpower Commission Bureau of Training, 1945), pág. 33.

25. N. Noda, "How Japan Absorbed American Management Methods", en *Modern Japanese Management* (Londres: Management Publications, 1969), pág. 53.

26. Asociación de Relaciones Humanas de Japón, *The Idea Book* (Portland, Oreg.: Productivity Press, 1988), pág. 202.

27. Masao Nemoto, *Total Quality Control for Management* (Upper Saddle River, N.J.: Prentice Hall, 1987), pág. 4.

28. Entrevista con H.P.G.H Thomas, 30 de julio de 1991.

29. F. L. Schodt, *Inside the Robot Kingdom* (Tokio: Kodansha International, 1988), pág. 94.

30. *Management Training Course Conference Outline*, Far East Air Materiel Command (Tachikawa, Japón), 1993-FEC P&PC-11/51-700, págs. 14-22.

31. *Management Training Course Conference Outline*, págs. 14-24.

Capítulo cinco

1. James C. Collins y Jerry I. Porras, *Built to Last: Successful Habits of Visionary Companies* (Nueva York: HarperBusiness, 1994), págs. 201, 221.

2. Collins y Porras, *Built to Last.*
3. Mark G. Brown, Darcy E. Hitchcock y Marsha L. Willard, *Why TQM Fails and What to Do About It* (Burr Ridge, Ill.: Irwin, 1994).
4. J. M. Juran, "The Upcoming Century of Quality", *Quality Progress,* agosto de 1994, pág. 30.
5. Buena parte de esta sección sobre la Unión Soviética describe los resultados de este proyecto de investigación, que está más detallado en Linda Randall, Alan Robinson y Alexandra N. Tolstaya, "Continuous Improvement Lessons from the Life and Death of the Soviet Rationalization Proposal System: 1931-1992", *Proceedings of the 1994 Annual Academy of Management Conference,* Dallas Texas.
6. Hedrick Smith, *The New Russians* (Nueva York: Avon, 1990) pág. 308.
7. Smith, *The New Russians,* pág. 308.
8. Para un recuento excelente de este fenómeno, sugerimos L. H. Seigelbaum, *Stakhanovism and the Politics of Productivity in the USSR, 1935-1941* (Cambridge: Cambridge University Press, 1990).
9. Servicio de Capacitación dentro de la industria, *The Training Within Industry Materials, JMT Manual* (Washington, D.C.: War Manpower Commission Bureau of Training, 1945), pág. 33.

Capítulo seis

1. Para la versión más oficial que pudimos obtener de esta historia, hemos recurrido a dos libros: Dan Reed, *The American Eagle: The Ascent of Bob Crandall and American Airlines* (Nueva York: St. Martin's Press, 1993); y Robert Serling, *Eagle: The Story of American Airlines* (Nueva York: St. Martin's Press, 1985).
2. Nuestra descripción del programa IdeAAs en acción se basa en muchas entrevistas con empleados durante visitas al Centro Alliance de mantenimiento de American y a sus oficinas generales en Dallas.
3. Entrevista con Kathryn Kridel, 11 de noviembre de 1996.
4. Entrevista con John Ford, 8 de diciembre de 1994.
5. Entrevista con Keith Rapley, 23 de enero de 1995.

Capítulo siete

1. Arthur Koestler, *The Act of Creation* (Londres: Arkana [Penguin Books], 1964), pág. 87.
2. Entrevistas con Joseph Woodland, 27 de octubre de 1995 y 17 de julio de 1996. No pudimos entrevistar a Bob Silver, quien murió a la relativamente temprana edad de 38 años.
3. Thomas Watson, Jr., y Peter Petre, *Father, Son & Co.: My Life at IBM and Beyond* (Nueva York: Bantam Books, 1990), pág. 203.
4. Watson y Petre, *Father, Son & Co.,* pág. 195.
5. Entrevista con Evon Greanias, 20 de julio de 1996.

6. Tony Seidemann, "Bar Codes Sweep the World", en *American Inventions* (Lanham, Md.: Barnes and Noble Books, 1995).
7. Entrevista con Alec Jablonover, 27 de julio de 1996.
8. "A Standard Labeling Code for Food", *Business Week*, 7 de abril de 1973, pág. 72.
9. Entrevista con Yasunori Kanda, 9 de noviembre de 1990.
10. F. Dale Robertson, "Chartering a Management Philosophy for the Forest Service", memorándum del Servicio Forestal a todos los empleados, 19 de diciembre de 1989.
11. Entrevista con Karl Mettke, 25 de junio de 1996.
12. Joseph F. McKenna, "Empowerment Thins a Forest Bureaucracy", *Industry Week*, 5 de abril de 1993, pág. 64.
13. Entrevista con Bill Millard, 2 de julio de 1996.
14. Ronald E. Yates, "Total Quality Management a Forest Service Resource", *Chicago Tribune*, 15 de febrero de 1993, pág. 1.
15. Tom Peters, *Crazy Times Call for Crazy Organizations* (Nueva York: Vintage Books, 1994), pág. 73.

Capítulo ocho

1. Jacques Barzun, "The Paradoxes of Creativity", *The American Scholar*, 58 (1989), 341.
2. Nuestra descripción de la historia de Marker se tomó de una variedad de fuentes, entre las que se encuentran una entrevista con su hijo, Russell C. Marker; Bernard Asbell, *The Pill: The Untold Story of the Drug That Changed the World* (Nueva York: Random House, 1995); un informe de nueve páginas escrito a máquina por Russell Marker titulado *The Early Production of Steroidal Hormones;* y P. A. Lehmann, A. G. Bolívar, y R. R. Quintero, "Russell E. Marker: Pioneer of the Mexican Steroid Industry", *Journal of Chemical Education*, 50 (1973), 195-199.
3. "Russell Marker, pionero de la industria de hormonas de esteroides, muere a los 92 años", obituario, oficina del decano, Eberly College of Science, 5 de marzo de 1995.
4. Marker no cumpliría los requisitos de la Universidad de Maryland para un doctorado sino hasta 1990, más de sesenta y cinco años después. Para entonces, había satisfecho sus requisitos para un doctorado *honorífico*.
5. Entrevista con Russell C. Marker, 21 de noviembre de 1995.
6. Stewart H. Holbrook, *The Golden Age of Quackery* (Old Tappan, N.J.: Macmillan, 1959).
7. Marker usó su sentido del humor para nombrar los sapogenins que descubrió. Los llamó *pennogenin* por Penn State, *markogenin* por él mismo, y *rockogenin* por el Decano Whitmore, cuyo apodo era Rocky. Uno de sus nombres que nunca apareció por escrito fue *crapogenin;* Arthur Lamb, editor del *Journal of the American Chemical Society*, lo persuadió a rebautizarlo kappogenin.
8. En 1994, la compañía suiza Roche adquirió Syntex por 5,300 millones de dólares.

9. P. A. Lehmann, A. G. Bolívar, y R. R. Quintero, "Russell E. Marker: Pioneer of the Mexican Steroid Industry", *Journal of Chemical Education*, 50 (1973), 199.
10. Lord Kelvin, "On a Self-Acting Apparatus for Multiplying and Maintaining Electric Charges, with Applications to Illustrate the Voltaic Theory", *Proceedings of the Royal Society (Londres)*, 16 (1867), 67.
11. Richard G. Sweet, "High Frecuency Recording with Electrostatically Deflected Ink Jets", *Review of Scientific Instruments*, 36 (1965), 131-132.
12. Entrevista con David Donald, 19 de julio de 1996.
13. Thomas P. Hughes, *American Genesis: A Century of Invention and Technological Enthusiasm* (Nueva York: Viking Penguin, 1989), pág. 52.
14. Entrevista con John Meyer, 14 de agosto de 1996.
15. Entrevista con John Vaught, 11 de julio de 1996.
16. Entrevista con Frank Cloutier, 26 de julio de 1996.
17. Entrevista con John Meyer, 14 de agosto de 1996.
18. Lewis W. Lehr, "Encouraging Innovation and Entrepreneurship in Diversified Corporations", en Robert L. Kuhn, ed., *Handbook for Creative and Innovative Managers* (Old Tappan, N.J.: Macmillan, 1988), pág. 215.

Capítulo nueve

1. Carta a Horace Mann fechada el 28 de enero de 1754, en W. S. Lewis, Warren Hunting Smith y George L. Lam, eds., *The Yale Edition of Horace Walpole's Correspondence*, vol. 20 (New Haven: Yale University Press, 1960), págs. 407-408.
2. Entrevista con Alan Smith, 8 de octubre de 1995.
3. David A. Hounshell y John Kenly Smith, Jr., *Science and Corporate Strategy: Du Pont R&D, 1902-1980* (Cambridge: Cambridge University Press), 1988.
4. R. J. Plunkett, "Monomers and the Man: The Origin of a Legend", *The Journal of Teflon*, 4, núm. 3 (1964), 2-7.
5. Lucien Rhodes, "The Un-manager", *Inc. Magazine*, agosto de 1982, pág. 36.
6. Realmente, la historia viene de más atrás, Armeno mismo trabajó a partir de un cuento popular persa escrito en 1302 por Amir Khusrau de Delhi, "el más grande poeta persa que haya dado India". Khusrau, a su vez, basó su historia en uno de los clásicos del idioma persa, un volumen de cinco poemas llamado el *Khamse*, publicado cien años antes por el poeta Nizami. Para más información, véase Schuyler V. R. Camann, "Christopher the Armenian and the Three Princes of Serendip", *Comparative Literature Studies*, 4 (1967), 229-258.
7. Carta a Horace Mann fechada el 28 de enero de 1754, en Lewis, Smith y Lam, *Yale Edition of Horace Walpole's Correspondence*, págs. 407-408.
8. Theodore G. Remer, ed., *Serendipity and the Three Princes: From the Peregrinaggio of 1557* (Norman: University of Oklahoma Press, 1965), pág. 63.
9. Remer, *Serendipity and the Three Princes*, págs. 64-65.
10. Carta a Horace Mann fechada el 28 de enero de 1754, en Lewis, Smith y Lam, *Yale Edition of Horace Walpole's Correspondence*, pág. 408.

11. Entrevista con Steven R. Davis, profesor asociado de química, University of Mississippi, 20 de marzo de 1996.

12. Entrevista con Jason Shih, 28 de octubre de 1995. Aunque Milton Scott no pudo corroborar la declaración que Shih recuerda que él hizo, nos dijo que ésa era su creencia en ese tiempo y que casi seguramente dejó esto enfáticamente claro a su joven colega del posdoctorado (entrevista, 10 de noviembre de 1995).

13. M. E. Watanabe, "Thermophilic Biodigestion Yields a Keratinase Enzyme", *Genetic Engineering News*, 12, núm. 15 (1o. de octubre de 1992).

14. P. W. Barker, *Charles Goodyear: Connecticut Yankee and Rubber Pioneer* (Boston: Godfrey L. Cabot, 1940).

15. Malvin E. Ring, *Dentistry: An Illustrated History* (Nueva York: Abrams, 1986).

16. Entrevista con Alan Smith, 8 de octubre de 1995.

17. Stephen J. Gould, "Creativity in Evolution and Human Innovation", conferencia impartida en la Casa internacional de Japón, 11 de noviembre de 1989. El siguiente párrafo también se basa en su plática.

18. Entrevista con Roger Kimmel, 20 de marzo de 1996.

Capítulo diez

1. Jacques Barzun, "The Paradoxes of Creativity", *The American Scholar*, 58 (1989), 350.

2. George Miller, citado en la página de Kennedy-Miller Productions, noviembre de 1995. (http:\\www.movieweb.com\movie\babe\babe.txt)

3. Entrevista con Dick King-Smith, 26 de octubre de 1995.

4. George Miller, citado en Peter Stack, "Producer's Pet Project Is a 'Babe'", *San Francisco Chronicle*, 31 de julio de 1995, pág. C-1.

5. Entrevista con Chris Noonan, 12 de agosto de 1996.

6. Entrevista con Chris Noonan, 12 de agosto de 1996.

7. Entrevista con Dick King-Smith, 26 de octubre de 1995.

8. Esta historia se compiló de varias fuentes, incluyendo Alfred P. Sloan, *My Years with General Motors* (Nueva York: Doubleday, 1963); T. A. Boyd, ed., *Prophet of Progress: Selections from the Speeches of Charles F. Kettering* (Nueva York: NAL/Dutton, 1961); T. A. Boyd, *Professional Amateur* (Nueva York: NAL/Dutton, 1957); Stuart W. Leslie, *Boss Kettering* (Nueva York: Columbia University Press, 1983); Mark Bernstein, *Grand Eccentrics* (Wilmington, Ohio: Orange Frazer Press, 1996); David A. Hounshell y John Kenly Smith, Jr., *Science and Corporate Strategy: Du Pont R&D, 1902-1980* (Cambridge: Cambridge University Press, 1988); y nuestra propia transcripción de un discurso grabado sobre la historia de la pintura de Charles Kettering.

9. Sloan, *My years with General Motors*, pág. 236.

10. Leslie, *Boss Kettering*, pág. 191.

11. Bernstein, *Grand Eccentrics*.

12. Sloan, *My Years with General Motors*, pág. 236.

13. Helen Axel, *Redefining Corporate Sabbaticals for the 1990s* (Nueva York: The Conference Board, 1992).
14. Entrevista con Clar Evans, 21 de noviembre de 1996.
15. Charles Fishman, "At Hallmark, Sabbaticals Are Serious Business", *Fast Company*, octubre de 1996, pág. 44.
16. Entrevista con Clar Evans, 21 de noviembre de 1996.
17. Nan e Ivan Lyons, *Imperial Taste: A Century of Elegance at Tokyo's Imperial Hotel* (Tokio: Kodansha International, 1990), pág. 31.
18. Entrevista con Sam Malone, director, servicios de calidad en Xerox, 22 de noviembre de 1996.

Capítulo once

1. Robert Rosenfeld y Jenny C. Servo, "Business and Creativity", *The Futurist*, agosto de 1984, págs. 21-26.
2. 3M Company, *Our History So Far: Notes from the First Seventy-Five Years of 3M Company* (St. Paul: Minnesota Mining and Manufacturing Company, 1977), pág. 107.
3. Entrevista con Hugh Bryce, 23 de julio de 1996.
4. Entrevista con JoAnn Mullin, 18 de septiembre de 1996. Las notas de laboratorio de JoAn Mullin no eran claras sobre si el día en cuestión era 14 o 15 de julio.
5. Entrevista con JoAn Mullin, 17 de julio de 1996.
6. Entrevista con George Rathmann, 2 de julio de 1996.
7. 3M Company, *A Chemical History of 3M, 1933-1990* (St. Paul: Minnesota Mining and Manufacturing Company, 1990), pág. 73.
8. La idea de la estereoscopia precedió a la fotografía estéreo. En su plática sobre visión binocular, Wheatstone propuso un aparato que podía representar objetos sólidos. Sugirió que se llamara "estereoscopio". Sin embargo, pasaría otra década antes de que se hiciera el primer estereoscopio.
9. Entrevista con Bud Taylor, 19 de septiembre de 1996.
10. Entrevista con Roland Schindler, 31 de julio de 1996.
11. Entrevista con Scott Chase, 19 de septiembre de 1996.
12. Entrevista con Bud Taylor, 19 de septiembre de 1996.
13. Entrevista con Gail Hofferbert, 14 de octubre de 1996.
14. Para más sobre este tema véase, por ejemplo, Taiichi Ohno y Setsuo Mito, *Just-in-Time for Today and Tomorrow* (Portland, Oreg.: Productivity Press, 1988).

Capítulo doce

1. Joseph A. Schumpeter, *Business Cycles: A Theoretical, Historical and Statistical Analysis of the Capitalist Process*, vol. 2 (Nueva York: McGraw-Hill, 1939), pág. 1045.
2. 3M Company, *Our Story So Far: Notes from the First Seventy-Five Years of 3M Company* (St. Paul: Minnesota Mining and Manufacturing Company, 1977), pág. 107.

Índice

A

"ABC World News Tonight", 20, 25

Academia, premios de la, 198

Accidentes: incrementar la frecuencia de, 190; "llovizna" de, *versus* de un golpe, 183, 190, 192; incrementar la conciencia de, 190, 243; y *serendipity*, 178-179, 181, 182, 190, 192

Aceitunas, historia de recorte al presupuesto de, 107

Actos creativos: alineación y, 89; categorías de, 11; de innovación, 11; fuentes de, 18-33; fuentes de, y error de atribución, 27-28; impredecibilidad de, 1-4, 33-38; investigación de, 2-4; mejoras, 11; y trabajo rutinario/no rutinario, 31-33, 39

Administración de calidad total (TQM), alineación y, 90, 104

Administración Federal de Aviación (FAA), 112, 113

Administración Federal de Medicaid, 25

Administración, con apoyo/sin apoyo de: en el ejemplo de la inyección de tinta de Hewlett Packard, 161-164; en el ejemplo de la producción de queso, 8, 167; en ejemplo de las imágenes en 3D de Kodak, 227-228; para actividad autoiniciada, 135-141; y la condición extraoficial como un refugio seguro, 151, 167-168, 173, 174. *Véase también* Oficial, condición; Extraoficial, actividad

Aeróbicos, digestores, 185

Aerolínea, tripulación de, sugerencia de capacitación para, 110

Aeromozas, sugerencias de, 2, 13, 17, 108-110, 118-119

Afroamericanas, colchas, 204

Age and Achievement (Lehman), 44

Agua mineral, idea de. *Véase* Japan Railways (JR) Este

Aislantes eléctricos, 175

Ajedrez, 46

Al interior de la compañía, comunicación, 15-16, 214-236; actividades planeadas para, 234; capacitación a nuevos empleados y, 231-232, 234; centros de innovación y, 230, 236; cómo promover, 233-235; compartir información con empleados y, 246-247; en compañías grandes, redes informales para, 222-230; en compañías pequeñas, 214, 215, 222; en descubrimiento de Scotchgard en 3M, 215-222; en el desarrollo de imágenes en 3D en Kodak, 22-230; en grandes compañías, japonesas, 231-233; evaluación de, 245-247; no anticipada, importancia de, 214-215, 222, 236, 245-246; redes informales para, 222-230, 246; reuniones frecuentes para, 232-233; sensibilidad a peticiones de información y, 236; sobre actividad extraoficial, 172-173; y tamaño de la compañía, 15-16, 214, 222, 231-233, 236, 245-246. *Véase también* Empleados, información a.

Alambre caliente, tecnología del, producción de queso, 6-9

Algodón, cuota de, 99

Alineación, 13, 89-91, 105-125; claridad de objetivos para, 123; cómo promover, 122-124; compromiso con, 122, 123; definida, 89, 104; dificultades de implantación de, 90, 104; en American Airlines, 105-125; en compañías visionarias *versus* compañías fracasadas, 89, 90; evaluación de, 239-247; identificación de fuentes de mala alineación y, 123; naturaleza intangible de, 90, 104; para ahorros en costo, 117-121, 125; responsabilidad y, 124; y Administración de calidad total, 90; y creatividad corporativa, 90, 104; *Véase también* American Airlines; IdeAAs en acción; Mala alineación

Allaire, P., 209-210

Amabile, T., 55, 252n.3:28

American Airlines: actividad extraoficial en, 172; alineación en, 13, 105-125; compartiendo la información con empleados en, 97; conciencia de costos de, 105-108; conciencia sobre seguridad de, 106; idea de la tapa del café, 2, 13, 17, 118-119; innovaciones de, 120-121; liderazgo ejecutivo de, 105-108, 123; programa IdeAAs en acción, 13, 105-125; recorte de presupuesto en, 105, 108; subsidiaria Nashville Eagle, 149-151. *Véase también* IdeAAs en acción

American Genesis: A Century of Invention and Technological Enthusiasm (Hughes), 18

American Psychological Association, 42

Aminoácidos, 184

Anaeróbicos, digestores, 185-186

Análisis factorial, 41-42

Animación, 195-196

Animales, en la película *Babe*, 196-198

Animatronics, 196

Architectural Digest, 202

Armeno, C., 178, 256n.9:6

Arranque, requisitos de, 138-139

Art of Thought, The (Wallas), 50

Asbell, B., 255n.8:2

Asociación de Administración de Japón (JMA), estudio de la, 3, 166-167, 172

Asociación de Relaciones Humanas de Japón, 61-2, 80-81, 143, 253n.4:16, 253n.4:26

Asociación Japonesa de Capacitación Industrial (JITA), 78

Asociación Japonesa de Problemas de Empleo (JEPA), 78

Aspartame, 34-38, 39, 158, 168

Astillero, sistema de sugerencias del, 65-68

Atlantic City Electric, 128

Atsugi, Base Aérea Naval de, 83

Auditorías, de IdeAAs en acción, 115, 146

Auger, 185

Australia: y la producción de la película *Babe*, 194-198; Scotchgard en, 221

Autoiniciada, actividad, 13-14, 126-147; cómo promover la, 145-147; en innovación del código de barras, 126-135; en proyectos ganadores de reconocimiento *versus* exitosos comercialmente, 166; evaluación de, 240-241; liberando la, en todos, 141-145; motivación intrínseca para, 141-145; participación en, 141-145, 146-147;

sistemas que dan continuidad para la, 135-141, 145-146; y el impulso natural a crear, 126, 148; y la autoselección, 134-135, 148; y los centros de innovación, 230

Automóvil: sin garaje, 200; tecnología de pintura de, 198-202

Autoridad Nacional de Personal, Japón, 85

Autoselección, 134-135, 148

Axel, H., 257n.10:13

Azar, y creación, 188-190, 192

B

Babe (la película), 45, 194-198, 213

Babe the Gallant Sheep Pig (King-Smith), 45

Bacillus licheniformis, cepa PWD-1, 186

Balzer, H., 250n.2:10

Barker, P. W., 256n.9:14

Bartunek, J. M., 250n.2:8

Barzun, J., 49-149, 193, 251n.3:19, 255n.8:1, 257n.10:1

BayBank, 32-33

Beard, G., 43, 44-45, 251n.3:8, 251n.3:9

Bell, A. G., 19

Bell Labs, 164

Bernstein, M., 252n.4:12, 257n.10:8

Beth, raíz, 155, 173

Betts, K., 20-26, 27, 28, 31, 32, 39, 44, 45, 49, 51, 58, 171, 249n.2:3, 249n.2:4, 250n.2:7

Bhopal, planta de Union Carbide en, 31

Bibliotecas, 202

Binet, A., 41

Binet y Simon, prueba IQ de, 41

Boeing, 115

Bolívar A. G., 255n.8:2, 255n.8:9

Bolshevichka, 96

Boston Globe, 25, 195

Botánica-Mex, 157-158

Boyd, T.A., 257n.10:8

Brainwaves, 11, 118

Brezhnev, L., 99

British Airways (BA): eliminación de premios en, 121; mejoramiento del manejo de equipaje de primera clase, 9-11, 13, 14, 17, 33, 44, 58, 118, 119, 193

Brown, M. G., 253n.5:3

Bruce, A. B., 252n.4:1, 252n.4:5

Bryce, H., 216, 219, 222, 257n.11:3

Built to Last (Collins y Porras), 89, 90

Burbuja, impresora de inyección de, 165-166
Burnham, B., 224,225
Bush, G., 134
Business Week, 40, 254*n*.7:8

C
Cabeza de negro, 155-156, 157
Cableado, y teflón, 176-178
Cadillac, pintura de, 198
Cafetera, idea de la tapa de, 2, 13, 17, 118-119
Cajas registradoras: desarrollo del código de
   barras de IBM y, 132-133; sistema de
   sugerencias de NCR y, 68-72
Cajeros, tecnología de, y la invención del
   código de barras, 126-135
Calidad, instalación de sistemas de, incremen-
   to de defectos en, 139
Calidad, movimiento de: alineación y, 90, 104;
   evolución del, 29-30
California, Instituto de Tecnología de, 164, 173
Camann, S.V.R., 256*n*.9:6
Campeón, 30; del desarrollo de imágenes en
   3D de Kodak, 227-228
Canon, 78, 86; desarrollo de la inyección de
   tinta en, 165-166, 190
Capacitación: creatividad, 40, 49-52; nuevos
   empleados, en compañías japonesas
   grandes, 231-232; para conocimiento
   nuevo, sin relación, 191
Capacitación dentro de la industria (TWI):
   efecto multiplicador en, 75-76, 77-78; en
   Estados Unidos, 74-77; en Japón, 72, 77-81;
   manuales de, 76; mejoras atribuidas a, en
   Estados Unidos, 76-77; programas "J" de,
   75-77, 78; y desarrollo de *kaizen teian*, 78-81.
   Véase también Capacitación en instrucción
   para el trabajo; Capacitación en métodos
   de trabajo; Capacitación en relaciones de
   trabajo (JMT)
Capacitación dentro de la industria (TWI),
   Servicio de, 74-77, 79, 253*n*.4:21, 253*n*.4:23,
   253*n*.4:24, 253*n*.5:9
Capacitación en instrucción para el trabajo
   (JIT), 75-76, 102. *Véase también* Capacitación
   dentro de la industria
Capacitación en métodos de trabajo (JMT): en
   Estados Unidos, 75-76; en Japón, 78-81;
   ideas robadas y, 102; y el mejoramiento
   continuo, 78-80. *Véase también* Capacitación
   dentro de la industria

Capacitación en relaciones de trabajo (JRT), 75-
   76. *Véase también* Capacitación dentro de la
   industria
Capacitación para supervisores *Jinji-in* (JST), 85
Caracteres japoneses, procesador de palabras
   para, 135-136, 148
Carlton, R., 215
Carlton Society, 221
Carnegie Mellon University, 232
Carothers, W., 187
Carro de alimentos del avión, sugerencia de,
   149-151, 169
Carruajes de caballos, 199-200
Casinos, 12
Caviar, sugerencia de recorte en costos de, 108-
   110
Celebración, en American Airlines, 116-117, 123
Centro Nacional de Finanzas, 140
Cepillo de dientes, cerdas de, 187
Cerdas, de nylon, 187-188
Ceremonias: de premios, 70; *Pride of American*
   de American Airlines, 116-117, 123
Ciclamato, 36
Cien cabezas, cerebro de, 68-72
Ciencia, relación entre creatividad y edad en la,
   44
Científico-tecnológico, progreso, y el sistema
   de propuestas de racionalización de la
   Unión Soviética, 29, 91-92, 97. *Véase*
   también Racionalización, sistema de
   propuestas de
Cine, tecnología de bandas sonoras para, 129
Cinta, alambres de, 208
Clarendon, Lord Chancellor, 181
Cliente, estímulo al, 245; en entorno estandari-
   zado, 32-33; rotación en trabajo para, 209-
   210
Clientes, visitas a, 191
Cloutier, F., 165, 255*n*.8:16
Código Americano Estándar para el Intercam-
   bio de Información (ASCII), 135
Código de barras, invención del, 126-135;
   patente para, 129
Cognitiva, psicología, 46, 55
Cohen, M., 29-30, 250*n*.2:12
Colchas, 204
Collins, J. C., 89, 253*n*.5:1
Compañía, tamaño de: potencial creativo y, 231,
   245-246; y comunicación al interior de la
   compañía, 15-16, 214, 222, 231, 233, 245, 246

Comunicación. *Véase* Al interior de la compañía, comunicación

Conductismo, 52-53

Conductividad térmica, medición de, 6-9

Conexión, establecer, 14

Conformar, 196-197

Consultores, en creatividad, 40

Continuidad, sistemas para dar, 135-141; implantación de nuevos, y volumen de ideas, 138-139

Convergentes/divergentes, pensadores, 42, 51

Corea, Guerra de, 5, 83-84, 130, 220

Cornell University, 184

Cortisona, síntesis de la, 158

Costos, administración de, 26

Costos, ideas para ahorros en: alineación para, 118-121, 125; premios por, 25, 26, 27; premios por, *versus* premios por innovación, 120-121; premios por, *versus* premios por participación, 64-65; y el sistema de propuestas de racionalización de la Unión Soviética, 95-98. *Véase también* IdeAAs en acción

Costos, información de, para empleados, 96, 97

Crandall, R., 105-108, 116, 123

Crazy Times Call for Crazy Organizations (Peters), 141

Creativas, personas, 18-39; características personales de, 40-49, 59; competencia básica en, 41-43; correr riesgos y, 47-49; edad y, 43-45; estereotipos de, 18-19, 30, 48; identificación de, 28, 29, 40-49, 59; impredecibilidad de identidad de, 19-26; 33-38, 59; inhibición y, 47-49; inteligencia y, 41-43; motivación y, 52-59; pericia y, 45-47; y creatividad inesperada, 11, 19-26; y entorno de trabajo, 28-20, 39. *Véase también* Individuos

Creative Education Foundation, 52

Creatividad: azar en, 188-190; capacitación para, 49-52; conocimiento sobre, basado en investigación, 40-59; correr riesgos y, 47-49; edad y, 43-45; entusiasmo y, 44-45; experiencia y, 44-45, 46; inteligencia y, 41-43; investigación de, aplicada al mundo de los negocios, 44-45; libertad de inhibición y, 47-49; medidas de, 41-43; motivación y, 52-59, 63; pericia y, 45-47; premios y, 52-58, 63; receta para, 49-52; redundancia en, 188-190; y supervivencia, 5-6

Creatividad corporativa: actividad autoiniciada y, 13-14, 126-147; actividad extraoficial y, 14, 149-174; actos creativos inesperados/no planeados en, 33-38; alineación y, 13, 89-104, 105-125; capacitación para, 49-52; cómo lograr, 11-12; comunicación al interior de la compañía y, 15-16, 214-236; definición de, 11, 17; diversidad de estímulos y, 15, 193-213; efectos de la mala alineación en, 89-104; ejemplos de, 6-11; evaluación de, 239-247; individuos y, 18-33; influencia de *kaizen teian* en, 60-65; influencia del entorno de trabajo en, 28-30, 39, 44-45, 51, 52; investigación de, 2-4; liberar, normas para, 237-247; naturaleza de, 5-17; naturaleza inesperada/no planeada de, 1-4, 5-12, 17, 19-20, 237-238; personas creativas *versus* foco del sistema en, 28-30; personas inesperadas/no planeadas como generadoras de, 18-33; por referencia, 247; potencial para, *versus* desempeño, 16; precaución *versus* correr riesgos en, 47-49; prejuicios y, 18-39; resultados tangibles de, 11, 17; seis elementos esenciales de, 12-16, 17, 239-247; *serendipity* y, 14-15, 38, 175-192; sistema *kaizen teian* para, 72-87; sistema simple de sugerencias para, 60-72; tamaño de la compañía y, 15-16, 214, 231-233, 236; trabajo rutinario/no rutinario y, 31-33, 39; *versus* resolución de problemas con objetivo, 49-52; y el movimiento sobre calidad, 29-30; y la naturaleza de la creatividad, 44-45, 47

Creatividad, métodos de, 49-52, 59

Creatividad, modelos de, 50-52

Crédito, 27-28

Criterios de evaluación, creatividad corporativa, 239-247

Crowther, S., 252n.4:7, 252n.4:11

Cuenta roja, experimento de la, 250n.2:11

Culpa, 27-28

Cuotas: contraproductividad de, 104; en el sistema de propuestas de racionalización de la Unión Soviética, 92-94, 99, 101-102; en la planta Saiyama de Honda, 95; en 3M, 94; y el movimiento Stakhanovita, 101-102

Curso básico de administración de la Compañía de Reclutas, 85

Chase, S., 223-228, 230, 258n.11:11

Chemical History of 3M, A (3M Company), 258*n*.11:7

Cheney, M., 251*n*.3:16

Chevrolet, 198

China: invención del cepillo de dientes en, 187; uso de digestores anaeróbicos en, 185

D

Darnell, K., 56-58, 252*n*.3:31

Darwin, C., 189

Davis, S.R., 256*n*.9:11

DCM-Daewoo, mejoramiento del proceso de ajuste del limpiaparabrisas, 9, 11, 14-15

DeBono, E., 251*n*.3:25

Deci, E., 53-54, 252*n*.3:27

Degeneration (Nordau), 48

Deming, W. E., 46, 250*n*.2:11, 252*n*.3:29

Denny Shipyard, sistema de sugerencias en, 60-61, 65-68, 70, 87

Denny, W., 60, 65-68, 70, 87

Dependencia de Ciencia y Tecnología, Japón, 3

DeSimone, L., 94

Desperdicio, sugerencia de reducción de, 207-209

Desperdicio de aves, descubrimiento de digestor de, 183-186

Desproporcionado, definido en reglamentación de Medicaid, 24-26

Día de cuidado al cliente, programa, Xerox, 209-210, 211

Dietz, J. W., 253*n*.4:20

Diferido, regla de juicio, 51

Digestores, 185-186, 192

Digital, fotografía, 196-197

Diosgenin, 155

Disco, cámara de, 223-224

Disco óptico, tecnología del, y holografía, 225-226

Disney, 229

Divergentes/convergentes, pensadores, 42, 51

Diversidad de estímulos, 15, 193-213; cómo promover, 210-212; de clientes, 32-33, 209-210, 211, 245; del trabajo mismo, 193-194, 204-209, 213; especificidad individual de, 194-198, 213; evaluación de, 244-245; impredecibilidad de, 204-205; mecanismos para aplicaciones, 193, 206-209, 212, 245; para empleados de línea, 205-209, 211, 212; programas para proporcionar, 193, 202-204, 209-210, 211, 244-245; programas para

proporcionar, limitaciones de, 204-205; rotación de trabajos para, 209-210, 245; sabáticos para, 202-204, 211; y centros de innovación, 230

Documentación de ideas, 146, 241

Donald, D., 159-163, 165, 169, 170, 255*n*.8:12

Dow Chemical, centro de innovación de, 230

Doyle, J. P., 82, 84

Drexel University, 126-127, 128, 168

Drucker, P. F., 29, 48, 250*n*.2:9, 251*n*.3:18

Du Pont, 150; centro de innovación de, 230; laboratorio Jackson de, 176; proceso de enfriamiento por inmersión del nylon, descubrimiento de, 187-188; teflón, descubrimiento de, 175-178, 182-183, 192; y desarrollo de la pintura Duco para automóviles, 200-202

Du Pont, P., 200

Duco, desarrollo de, 198-202

Duplicadas, ideas: en programa IdeAAs en acción de American Airlines, 119-120; en sistema de propuestas de racionalización de la Unión Soviética, 93-94

Dzerzinsky, F., 91-92

E

Eastman, G., 72

Ebullición intermitente, 35

Edad, y creatividad, 43-45; y humanidades *versus* ciencias, 44

Edison, T., 19, 41

Edulcorantes artificiales, 35-38

Ejecutivo, apoyo, para la alineación, 123

Ejecutivos, rotación de trabajos de, 209-210

Elby, G., 106-107

Eliot, G. F., 73

Emisión por tercero, sistema de, 140-141

Empleados. *Véase* Individuos

Empleados, equipos de participación, planta FoaMech de Johnson Controls, 207-209, 212

Empleados, implicación de. *Véase* Participación

Empleados, información a: financiera, 96, 97; sensibilidad a peticiones de, 235; y capacitación integral a nuevos empleados, 231-232. *Véase también* Al interior de la compañía, comunicación

Endo, I., 165-166, 190

English, 250*n*.2:6

Entusiasmo, 44-45

Época de Oro del inventor solitario, 18-19

Error de atribución, 27-28

Escocia, orígenes del sistema de sugerencias en, 65-68

Espejo retrovisor, enfoque del: de IdeAAs en acción de American Airlines, 117-122; de sistema *kaizen teian* de Idemitsu Kosan, 144-145

Estados Unidos, Administración de Alimentos y Medicinas de (FDA), 37

Estados Unidos, Departamento de Agricultura de, 137, 140

Estados Unidos, Departamento del Tesoro de, 140

Estados Unidos, Embajada de, México, 155

Estados Unidos, Época de Oro del inventor solitario en, 18-19

Estados Unidos, Fuerza Aérea de: contrato con 3M, 216, 217; Programa de capacitación en administración, en Japón, 72, 82-87

Estados Unidos, Oficina de Correos de, 132

Estados Unidos, Servicio Forestal de, Región Oriental, sistema de sugerencias de, 137-141, 145, 146, 148; muerte de, 141

Estados Unidos, Sociedad Nacional de Críticos de Cine de, 198

Estados Unidos: Capacitación dentro de la industria (TWI) en, 74-77; desempeño de sistemas de sugerencias en, 62-63, 88; orígenes de sistemas de sugerencias en, 68-72; premios en, *versus* en Japón, 62-63, 88

Estandarizado, entorno de trabajo; creatividad en, 31-33; creatividad en, en el ejemplo de manejo de equipaje de aerolínea, 9-11, 17; evaluación en, 32

Éster metílico de aspartilo fenilalanina, 34-38

Estéreo, cámara, 224, 225

Estéreo, fotografía, 224, 258*n*.11:8

Estereoscopia, 258*n*.11:8

Estereoscopio, 223, 258*n*.11:8

Estereotipos de personas creativas: como excéntricos, 30, 48; como inventores heroicos solitarios, 18-19; como perturbados mentalmente, 48

Esteroides, 153. *Véase también* Hormonas, síntesis de

Estímulos. *Véase* Diversidad de estímulos

Estrógeno, 154

Estructura del intelecto, modelo de, 42, 51

Ethyl Gasoline Corporation, 152

Etnicidad, proyecto de, Hallmark, 203-204

Evaluación, de ideas creativas en entornos estandarizados, 32

Evans, C., 203, 257*n*.10:14, 257*n*.10:16

Evolución, 188-189

Excentricidad, 30, 48

Excepciones, conciencia de las, 190

Excremento, conversión/disposición de, 184-186, 192

Éxito, y error de atribución, 27-28

Expedición de cheques, mejoramiento del sistema de, Servicio Forestal de Estados Unidos,140-141

Experiencia: *versus* pericia, 46 ; y creatividad, 44-45

Experimentación, enfoque de, a la invención, 161-162

Extraoficial, actividad, 14, 149-174; beneficios de, 166-171, 174; cómo promover, 171-173; como un refugio seguro, 151, 167-168, 174; comunicación y apertura acerca de, 172-173; de American Airlines/mejoramiento del carro de cocina en Nashville Eagle, 149-151; de innovación de inyección de tinta de Hewlett Packard, 159-166; del descubrimiento de la hormona sintética de Marker, 151-159; en proyectos ganadores de reconocimiento *versus* exitosos comercialmente, 166-167, 172; evaluación de, 242-243; mejoramiento de la toma de decisiones como resultado de, 169-171, 174; políticas de apoyo a, 170-172; que cruza fronteras, 168-169, 174; recursos y, 170; transición de, a condición oficial, 159-166, 173; y centros de innovación, 230; y límites del empleado, 168, 174; y revisión independiente, 243

Extrínseca, motivación: en sistema de propuestas de racionalización de la Unión Soviética, 91-104; en sistema simple de sugerencias, 60-72, 88; y creatividad, 52-58, 59, 63; y premios, 52-55. *Véase también* American Airlines: IdeAAs en acción; Motivación; Premios; Programas con premios; Racionalización, sistema de propuestas; Simple, sistema de sugerencias

F

Farmacéuticas, compañías, y la síntesis de hormonas de Marker, 156-158

Fax, mejora en gastos de, 143
Felicitaciones, compañía de. *Véase* Hallmark
Ferdinando el Pato, 197
Feria de Alimentos, 127
Filamentos, de nylon, 187-188
Fishman, C., 257*n*.10:15
Flexibilidad, en tormenta de ideas, 50-51
Flexner, S., 153
Florida, playa de, y la invención del código de
    barras, 128
Fluidez, en tormenta de ideas, 50-51
Fluoroquímica, investigación, 215-222
Fluoroquímico basado en cromo, proceso, 217,
    220
Folletos, mejoramiento en la impresión de, 143-
    144
Ford, 56, 73, 132
Ford, H., 46, 70, 91, 198, 251*n*.3:12
Ford, J., 115, 254*n*.6:4
Formulario, de presentación, 137, 145
Fracaso: y error de atribución, 27-28; y correr
    riesgos, 48
Freón, 176
Friedland, S., 127, 129, 134
Fronteras, cruza las, actividad extraoficial que,
    168-169, 174
Fujitsu, 135-136, 148

G
"G", factor, 41-42
G. D. Searle and Co., 34-38, 39, 126, 158, 168
Ganadores de reconocimiento, proyectos:
    ejemplo de manejo de equipaje de
    aerolíneas, 11; ejemplo de producción de
    queso, 8; estudio de, en corporaciones
    japonesas, 3; iniciativa individual de, 3;
    versus proyectos comercialmente exitosos,
    3, 166-167, 172
Garaje, autos sin, 200
Garantía de satisfacción total, Xerox, 210
Garza real, evolución del ala de la, 189
Gasolina, aditivo para, 152
GELCO, Sistema de pagos, 140
Generación X, 203
General Motors (GM), y desarrollo de Duco,
    198-202, 211-212
Genetic Engineering News, 183
Georgia (Soviética), 100
Gerentes medio, beneficios de, 26
Gerentes: beneficios de retener *versus* recortar,

26; en el sistema de propuestas de
    racionalización de la Unión Soviética, 98-
    103, 104; responsabilidad de, por participa-
    ción, 64-65, 88
Getzels, J. W., 250*n*.3:5
Gibson, M., 194
Glassine, papel, 35-36
Goldberg, R. A., 250*n*.2:21
Golden Globe, premio, 198
Golfo, Guerra del, 108
Goodyear, C., 186-187
Gorbachov, M., 13
Gordon, W. J., 251*n*.3:25
Gore, B., 177
Gore, V., 178
Gore, W. L., 177-178
Gore Tex, desarrollo de, 178
Gosplan (Ministerio Soviético de Planeación),
    95-96, 101, 102
Gould, S. J., 188-189, 250*n*.3:2, 256*n*.9:17
Grandes compañías: japonesas, comunicación
    al interior de la compañía en, 231-233;
    potencial creativo de, 231, 245-246; redes
    de comunicación informal en, 222-230
Greanias, E., 131, 254*n*.7:5
Guardian Children's Fiction Award, 195
Guilford, J. P., 42, 51, 250*n*.3:3, 250*n*.3:4
Guiones, de expertos, 46-47

H
Hallmark: Centro de recursos creativos de, 202;
    programas de diversidad de estímulos de,
    202-204, 205, 211; programas sabáticos de,
    202-204; proyecto de etnicidad de, 203-204
Hance, C., 250*n*.2:21
Harrod, R., 56-58
Hart, I., 9-11, 14, 33, 44, 49, 58, 118, 119
Heathrow, Aeropuerto, 10-11
Helmholtz, H., 50
Henderson, L. J., 116
Hernestein, R. J., 250*n*.3:2
Heroico inventor solitario, estereotipo del, 18-
    19
Hewlett Packard (HP), 97; innovación de
    inyección de tinta, 159-166, 167, 169, 170,
    172-173, 193; políticas para actividad
    extraoficial en, 170, 172
Hewlett, B., 164
Hiroito, emperador de Japón, 206
Hitachi, 86

Hitchcock, D. E., 253*n*.5:3
Hoechst Celanese, centro de innovación de, 230
Hofferbert, G., 228, 258*n*.11:13
Holbrook, S. H., 255*n*.8:6
Hologramas, 225-226; multiplex, 226
Homestead, Base de la Fuerza Aérea en, 11-112
Honda, 95
Hori, T., 6-9, 13, 14, 15, 17, 19, 44, 45, 47, 49,
    162, 167, 169, 171, 249*n*.1:4
Hormonas, síntesis de: actividad extraoficial
    en, ejemplo de, 151-159, 173; en México,
    155-156; plantas como fuente de, 154-159,
    169; progesterona, 153-159
Horn Book Award. 195
Hospital de la Ciudad de Boston, 22, 23
Hospitales, y reembolso de Medicaid, 22-26
Hounshell, D. A., 256*n*.9:3, 257*n*.10:8
Hughes, T., 18, 162, 249*n*.2:2, 255*n*.8:13
Hule sintético, 216-217, 221
Hule, vulcanización del, descubrimiento de,
    186-187
Humanidades, relación entre creatividad y
    edad en, 44
Hyde, Mrs., 181

I
IBM Corporation, 71, 160, 163; en la era de la
    Guerra de Corea, 130-131; Japón, 83; y la
    invención del código de barras, 130-135
Ibsen, 48
Idea Book, The (Asociación de Relaciones
    Humanas de Japón), 80-81
IdeAAs en acción, 13, 105-125, 145, 146;
    ahorros creados por, 105, 115, 125;
    auditorías financieras de, 115, 146,
    campaña IdeAAs en vuelo para, 115-117;
    derechos de duplicación en, 119-120;
    desigualdades en, 117-118; espejo retrovi-
    sor, enfoque del, 117-122; IdeAAbogados
    en, 112, 113-115; ideas de empleados de
    línea, 108-113; liderazgo ejecutivo de, 105-
    108, 123; limitaciones de, 117-122;
    Nashville Eagle, sugerencia de revesti-
    miento de cajón de, 150-151; número de
    ideas sometidas a, 107, 114, 115-116;
    participación en, 141, 146, 146; personal de,
    107; representantes de línea, 113-115;
    responsabilidad en, 124; SABRE, sugeren-
    cia para sistema, 112; sugerencias de
    aeromozas, 2, 13, 17, 108-110; sugerencia de

capacitación, 110; sugerencia de despacho
    de vuelos, 113; sugerencias de manteni-
    miento, 110-111, 117-118, 120, 125; sugeren-
    cia del piloto, 111-112; tiempo del ciclo
    para revisión en, 139. *Véase también*
    American Airlines
Ideas robadas: en programa IdeAAs en acción
    de American Airlines, 120; en sistema de
    propuestas de racionalización de la Unión
    Soviética, 102-103
Ideas tramposas, 92-93, 94
Ideas, documentación de, 146, 241; tiempo de
    respuesta para, 137, 139, 145-146; volumen
    de, con implantación de nuevo sistema,
    138-139; volumen de, con premios *versus*
    sin premios, 142; volumen de, en organiza-
    ciones grandes *versus* pequeñas, 231
Idemitsu Kosan, 62, 121-122; enfoque del
    espejo retrovisor de, 144-145; ideas
    producidas en, 143-144; participación en,
    142, 147; sistema *kaizen teian* de, 141-145,
    146, 148
Idemitsu, S., 141
Ikegami, Y., 136
Imágenes, procesamiento de, 196-198
Imai, M., 72, 81, 253*n*.4:15
Imperial, Fuerzas Aeronáuticas del Ejército,
    Japón, 82
Imperial, Hotel, Tokio, sugerencia de mesero,
    206-207, 212, 213
Imperial, Marina, Japón, 84
Imperial, Palacio, 206
Impresionistas, 48
Impresora de inyección de tinta, tecnología de:
    reconocimientos recibidos por, 165;
    desarrollo de, en Canon, 165, 166, 174;
    desarrollo de, en Hewlett Packard, 159-165,
    169, 172-173, 174, 193; transición de
    condición extraoficial a oficial de, en
    Hewlett Packard, 163-165, 170
Incentivos. *Véase* Premios
Incidental, aprendizaje, 55
Individuos: conocimiento único de, 20, 25-26,
    31, 32, 39, 44, 45, 191; creatividad inespera-
    da en, 11, 19-26, 59, 171; creativos, 18-39,
    40-49; motivación e, 52-58, 59; sagacidad
    de, 179-183, 186, 191, 192; y actividad
    extraoficial, 168, 17; y diversidad de
    estímulos, 194-198, 213; y error de
    atribución, 27-28; y los malos sistemas,

28-30, 39; y punto de entrada, 135-136, 148; *Véase también* Línea, empleados de; Creativas, personas

Indo-coreano, negocio conjunto, 9

Inesperado: conexión de lo, con la creatividad, 6-12; con los actos creativos, 33-38; con los creadores, 19-33; poder de, en la creatividad corporativa, 1-4, 17; y políticas de actividad extraoficial, 171; y trabajo no rutinario, 31-33, 39

Información, compartir. *Véase* Al interior de la compañía, comunicación; Empleados, información a

Informales, redes, 222; en el desarrollo de imágenes en 3D de Kodak, 222-230

Inhibiciones, despojarse de, y creatividad, 47, 49

Innovación, 11, 17; en American Airlines, 120-121, 125; en Época de Oro del inventor solitario *versus* entornos corporativos contemporáneos, 18-19; mejoras *versus*, 117-122, 144-145; y actividad autoiniciada, 167-168; y enfoque en ahorro en costos, 120-121, 125. *Véase también* Actos creativos

Innovación, centros de, 230, 236; de Kodak, 214, 222-223, 224, 225, 227, 230

Inside the Robot Kingdom (Schodt), 85

Institute for Personality Assessment and Research, 43

Instituto de Investigación de Stanford (SRI), 131-132

Instituto Japonés de Invención e Innovación, 3, 8

Instituto Rockefeller, 152-154, 158

Inteligencia: y creatividad, 41-43; medición de, 41-42

Inteligencia, pruebas del cociente de (IQ), 41-42

Intrínseca, motivación: en sistemas *kaizen teian*, 56-58, 88, 146-147, 148; sistema *kaizen teian* basado en, en Idemitsu Kosan, 141-145; y actividad autoiniciada, 13-14, 141-145, 146-147, 241; y creatividad, 53-58, 59, 63. *Véase también Kaizen teian*, sistemas

Invención, enfoque experimental *versus* "teoría primero" para la, 161-163

Ismeron, 92-93, 97

Ito-Yokado, 232-233, 234, 236

J

J. C. Penney, 229

Jablonover, A., 133-134, 254n.7:7

Jackson, P. W., 250n.3:5

Jacobs, W. A., 153, 154

Jain, K., 163

James, H., 193

Japan Air Lines, 86

Japan Railways (JR) Este: capacitación de nuevos reclutas en, 231-232, 234; estación de Tokio, 232; innovación del agua mineral, 1-2, 13, 31-33, 47; y actividad extraoficial, 169, 171

Japón, IBM de, 83

Japón: Capacitación dentro de la industria (TWI) en, 77-81; comunicación al interior de la compañía en, 231-233; desempeño de *kaizen teian* en, 61-63, 88; era de Ocupación, 73-74, 77-87; Fuerza Aérea de Estados Unidos en, 82-87; grandes compañías en, 231-233; investigaciones de creatividad corporativa en, 2,3; origen y desarrollo de *kaizen teian* en, 65, 72-74, 77-87; premios en, 62-63, 88; Programa de capacitación en administración (MTP) en, 82-87

Jewett, F. B., 18, 249n. 2:1

Johann Gutenberg, Premio, 165

Johnson Controls, planta FoaMech de: actividad autoiniciada en, 145-146, 147, 148; actividad extraoficial en, 172; equipos de participación de empleados en, 207-209, 212; participación en, 146-147, 148, 207; sistema *kaizen teian* de, 56-58, 208-209; sugerencia de reducción de desperdicios en, 207-209

Johnson, M., 207-209, 212

Journal of Food Science, 8

Juran, J., 30, 90, 104, 250n.2:13, 253n.5:4

K

Kaizen (boletín de noticias de Actividad para el mejoramiento del trabajo), 143

Kaizen teian, sistemas: Capacitación dentro de la industria (TWI) y desarrollo de, 78-81; cuotas en, 95; e ideas robadas, 120; desarrollo de, en Idemitsu Kosan, 121-122, 141-145; desempeño de, *versus* sistema simple de sugerencias, 60, 61-63, 88; en Japón, 72-74, 77-87; en la planta FoaMech de Johnson Controls, 56-58, 207-209; filosofía de, 64-65; frecuencia de, en Japón, 62-63; Fuerza Aérea de Estados Unidos y desarrollo de, 72, 82-87; la clave de la participación para, 64-65, 88, 141-145, 147;

motivación intrínseca en 56-58, 88; objetivos de, 61, 64; orígenes y desarrollo de, 65, 72-87; Programa de capacitación en administración y desarrollo de, 86-87

Kaizen: The Key to Japan's Competitive Success (Imai), 72, 81

Kanda, Y., 135-136, 148, 254*n*.7:9

Kanebuchi Boseki, 72-73

Kanto, gran terremoto, 206

Kelvin, Lord, 160, 255*n*.8:10

Kentucky Fried Chicken, 45

Kettering, C., 200-202, 205, 211-212, 213, 257*n*.10:8

Khamse, 256*n*.9:6

Khusrau, A., 256*n*.9:6

Kimmel, R., 189, 226, 228, 256*n*.9:18

King-Smith, D., 45, 194-195, 198, 257*n*.10:3, 257*n*.10:7

Kodak: centro de innovación, 222-223, 224, 225, 226, 227, 228, 230, 236; desarrollo de imágenes en 3D en, 45, 189, 222-230, 236; división de imágenes dinámicas, 229-230; escuela de Ingeniería y Ciencia de las Imágenes, 224; Oficina de innovación, 214, 234; redes de comunicación en, 222-230; reestructuración de, 227; sistema de sugerencias de, 72,73, 252*n*.4:13; *Techfairs*, 225, 234

Koestler, A., 126, 136, 254*n*.7:1

Kohn, A., 251*n*.3:26

Kosar Memorial Award, 165

Kridel, K., 108-110, 254*n*.6:3

Kubota, 62

Kuhn, T., 47, 251*n*3:13

L

LaBarre, L., 163-164

Labor Shortages: Myth or Reality? (Cohen), 29-30

Laboral, conflicto, y los programas TWI, 80

Laboratorio, procedimientos de, 35

Laboratorios Hormona, S.A., 157

Laca, de automóvil, 198-202

Lamb, A., 255*n*.8:7

Land'O'Lakes, 9

Láser, impresora, 159-160

Lavanderías en seco, 218

"Lechuzas nocturnas", 207-209

Lehman, H., 43-44, 251*n*.3:10

Lehmann, F., 157,158

Lehmann, P., 158, 255*n*.8:2, 255*n*.8:9

Lehr, L., 170, 256*n*.8:18

Lenin, V. I., 91, 102

Leninetz, fábrica de aspiradoras de, 99-100

Leningrado, 92-93

Lenticulares, imágenes en 3D, 226-229

Lescohier, A., 156

Leslie, S. W., 257*n*.10:8

Levene, P., 152, 153

Liderazgo mediante calidad, iniciativa de, Xerox, 209

Limpiaparabrisas, proceso de ajuste del. *Véase* DCM Daewoo

Línea, empleados de: alineación y, 108-113; diversidad de estímulos y, 204-209; ideas de, en American Airlines, 108-113. *Véase también* Individuos

Líneas aéreas, ramo industrial de las, entorno estandarizado de, 9, 11, 17, 33. *Véase también* American Airlines; British Airways

Lograr la creatividad, cómo, 11-12; *versus* administración de planeación y control, 16; y los seis elementos de la creatividad corporativa, 12-16; y normas para evaluar la creatividad corporativa, 237-247; y probabilidades, 12

Lydia Pinkham, Compuesto de, 155

Lyons, I., 257*n*.10:17

Lyons, N., 257*n*.10:17

M

MacArthur, D., 73-74, 77, 82, 83, 84, 206

MacKinnon, D., 43, 251*n*.3:7

Mad Max, 194

Mala alineación, 13, 89-104; del sistema de propuestas de racionalización de la Unión Soviética, 91-104; evaluación de, 239-240; identificación de fuentes de, 123; y dificultades de implantación de alineación, 90. *Véase también* Alineación

"Malas" ideas, 64-65

Malone, S., 257*n*.10:18

Management Training Course Conference Outline, 253*n*.4:30, 253.*n*.4:31

Manejo de equipaje, mejoramiento en. *Véase* British Airways

Mangueras, 216

Mann, H., 256*n*.9:1, 256*n*.9:7, 256*n*.9:10

Mantenimiento de aerolíneas, sugerencias de, 110-11, 117-118, 120, 125

Mantenimiento de aviones, ideas de recorte de costos en, 110-110
Máquinas de escribir, 135-136
Marcossen, O. F., 252n.4:10
Mariental, 97-98
Marita, F., 137
Mark Twain, Bosque Nacional, 137
Marker, degradación de, 154
Marker, R., 151-159, 164, 168, 169, 173, 255n.8:2, 255n.8:3, 255n.8:4, 255n.8:5, 255n.8:7, 255n.8:9
Marx, K., 29, 102
Masa, creatividad en, sistema para, en la Unión Soviética, 91-104. *Véase también* Racionalización, sistema de propuestas
Massachusetts, Departamento de Bienestar Social (DPW), 21-26
Massachusetts, Hospital General, 22
Massachusetts: Innovación de Medicaid en, 20-26, 39, 45, 58, 126, 249n.2:3; programa de premios en, 25, 26, 27
Matsushita, 62
Mazur, R., 34, 36, 37, 38, 168, 250n.2:16, 250n.2:18, 250n.2:20
McDonell Douglas, 110-111
McDowell, W. W., 130, 131
McKenna, J. F., 254n.7:12
McKnight, W., 215
McVoy, E., 253n.4:22
Medalla *Edwin H. Land*, 165
Medalla Nacional de Tecnología, 134
Medicaid, innovación en compensación de, Massachusetts, 20-26, 39, 126, 249n.2:3
Médicis, escudo de armas de los, 178-179
Mejoramiento, 11, 17; promoción de, *versus* innovación 117-122, 144-145, 166-167
Mejoramiento continuo: en Programa de capacitación dentro de la industria (TWI), 78-80; en Programa de capacitación en administración (MTP), 86-87; investigación de, y creatividad corporativa, 3; planeado *versus* no previsto, 3. *Véase también* Capacitación dentro de la industria; *Kaizen teian*, sistemas; Mejoramiento
Mellen, L., 77-78, 83
Menlo Park, laboratorio de investigación de, 19
Mental, trastorno, 48
Mercado, precios de: inclusión de, en el lugar de trabajo, 96-97; y el sistema de precios de la Unión Soviética, 95-98

Mesero, sugerencia de, 206-207, 212, 213
Metal, rayos láser de vapor de, 163
Mettke, K., 138, 141, 254n.7:11
México, producción de hormonas sintéticas y, 155-156, 157-158
Meyer, J., 163-164, 173, 255n.8:14, 255n.8:17
Microsoft, 5
Miguelito, Ratón, 226-227, 228, 229
Millard, B., 139-140, 254n.7:13
Miller, G., 194-198, 205, 213, 257n.10:2, 257n.10:4
Mimí, 229
Ministerio de Comercio Internacional e Industria (MITI), Japón, 85
Ministerio del Trabajo, Japón, 78
Minorista/fabricante de ropa, implantación de nuevos sistemas en, 139-139
Mito, S., 258.n.11:14
Monsanto, 34, 37-38
Monte Tanigawa, 1-2
Moody, F., 5
Morgenthau, H., 73
Morse, Código, 128
Motivación: extrínseca, 52-58, 59; intrínseca, 13-14, 53-58, 59; y creatividad, 52-58, 59, 63. *Véase también* Extrínseca, motivación; Intrínseca, motivación
Motorola, 224
MTV, 203
Multiplicador, efecto, 75-76, 77-78
Mullin, J., 217-219, 222, 238, 257n.11:4, 258n.11:5
Murray, C., 250n.3:2
My Years with General Motors (Sloan), 198, 201

N

Nashville Eagle, sugerencia del revestimiento de cajones en, 149-151, 169
National Cash Register (NCR), sistema de sugerencias de, 68-72, 73, 103, 105, 117, 121, 252n.4:13, 252n.4:14
Nemoto, M., 81, 253n.4:27
New Russians, The (Smith), 99
New York Herald Tribune, 73
New York Times, 5, 25
Nippon Oil, 141, 142
Nippon Steel, 86
Nissan, 86
No compensado, cuidado, y reembolso de Medicaid, 22-26

No prejuicios, Principio de, 19-20; y "personas creativas", 40, 41, 47, 59; y políticas de porcentaje de tiempo para actividad extraoficial, 171

Noda, N., 80, 253n.4:25

Noonan, C., 196-198, 257n.10:5, 257n.10:6

Nordau, M., 48, 251n.3:17

North Carolina State University, 183-186, 192

NutraSweet Company, 34, 37-38

NutraSweet, descubrimiento de, 34-38, 39, 158; y actividad extraoficial, 168, 171; y *serendipity*, 182, 190

Nylon, descubrimiento del proceso de enfriamiento por inmersión del, 187-188

Ñ

Ñame silvestre, 155-156, 157

O

Objetivos, claridad de, y alineación, 123

Octano, sistema de medición del, 152

Ocupación de Japón, 73-74; Capacitación dentro de la industria (TWI) y, 77-81; Hotel Imperial durante la, 206; Programa de capacitación en administración (MTP) y, 82-87

Oficial, condición, 14; transición a, de la condición extraoficial, 159, 173; transición a, en ejemplo de inyección de tinta de Hewlett Packard, 159-166. *Véase también* Extraoficial, actividad

Ohno, T., 258n.11:14

Oliver, B., 164, 170, 172-173

Olympus, 86

Óptico, reconocimiento, de caracteres, y escaneo del código de barras, 131-132

Opliset, 9

Orina, extracción de hormonas de la, 154, 155

Osborn, A., 50-51, 52, 251n.3:21, 251n.3:22

Osborn-Parnes, modelo creativo de solución de problemas de, 52

Oshimizu, 1-2, 47. *Véase también* Japan Railways (JR) Este

Our Story So Far: Notes from the First Seventy-Five Years of 3M Company, 238, 257n.11:2, 258n.12:3

Oxford English Dictionary, 179

P

Packard, D., 164

Parafina, tratamiento de cera de, 218

Park, S., 253n.4:18

Parke Davis, 154-155, 158, 173

Parker Brothers, 53-54

Parnes, S., 52, 251n.3:25

Participación: en el sistema *kaizen teian* en Idemitsu Kosan, 141-145, 147, 148; en sistemas *kaizen teian*, 64-65, 88; motivación intrínseca *versus* premios y, 141-145, 146-147, 148

Pase, personal con, 10

Patrones, de expertos, 46-47

Patterson, J., 68-72, 103, 105, 117, 252n.4:7

Paxton, B., 227-228, 229

Pennsylvania State College (Penn State), 152, 153-157, 158, 249n. 2:3

Péptidos, 34-38

Peregrinaggio di tre giovani figliuoli del re di Serendippo (Tramezzino), 178-179, 180-181

Perforadas, tarjetas, 130-131

Pericia, y creatividad, 45-47

Perkins, D., 51, 251n.3:24

Perros guardianes, historia de los, 106-107

"Persona de la semana", 20-25

Personal: de IdeAAs en acción de American Airlines, 107; para los sistemas que dan continuidad, 139

Peters, T., 5, 141, 249n.1:1, 255n.7:15

Petersen, B., 220-222

Peterson, M., 137

Petre, P., 252n.4:12, 254n.7:3, 254n.7:4

Petróleo, ejemplo de compañía de. *Véase* Idemitsu Kosan

Philco, 132

Photokina, exhibición de fotografía, 229

Piezoeléctrico, enfoque, 160-161

Píldora de control de la natalidad, 158,173

Piloto, sugerencia, de recorte de costos, 111-112

Pintura de automóviles, 198-202

Pintura fosforescente, 127-128

Planchado permanente, materiales con, 221-222

Plantas, como fuente de hormonas sintéticas, 154-159, 169

Plumas: de pollo, hidrolización de, 183-186, 192; evolución de las alas de la garza real, 189

Plunkett, R., 176-177, 178, 182-183, 186, 190, 192, 205, 256n.9:4

Pluto, 229

Poincaré, J.-H., 50

Polaroid, centro de innovación de, 230

Polimerización, y descubrimiento del teflón, 176-177, 182-183, 205

Polímeros, 187-188, y Scotchgard, 220-222

Poliperfluorobutil acrilato (poli-FBA), 217-219

Politetrafluoroetileno, 177. *Véase también* Teflón

Pollos, granja de, y descubrimiento de la queratinasa, 183-186

Pollos, grito de los, 40, 41, 48

Pompeo, M., 24

Porcentaje de tiempo, políticas para actividad extraoficial por, 170-172

Porras, J. I., 89, 253*n*.5:1

Positivo, reforzamiento, 52-53

Precios, sistemas de, de la Unión Soviética, 95-98

Prejuicios, 18-39; error de atribución y, 27-28; sobre fuentes de los actos creativos, 18-33; sobre los actos creativos, 33-38; *versus* el Principio de no prejuicios, 19-20, 40, 41, 47, 59

Premios: eliminación de, 121-122, 141-145; en Japón *versus* Estados Unidos, 62-63, 88; en sistema de Idemitsu Kosan de Actividad para mejoramiento del trabajo, 142; influencia de, en creatividad, 52-58, 63, 121-122; por participación, 64-65; y el sistema de propuestas de racionalización de la Unión Soviética, 91-104; y motivación extrínseca *versus* intrínseca, 52-59, 121-122, 146-147, 148. *Véase también* IdeAAs en acción; Extrínseca, motivación; Racionalización, sistema de propuestas; Simple, sistema de sugerencias

Premios, programas con: American Airlines, IdeAAs en acción, 105-125; falta de implantación de, en Massachusetts, 25, 26, 27; para ideas de ahorros en costos, 25, 26, 27, 117-121; sistema de propuestas de racionalización de la Unión Soviética, 91-104; tipo de sistema simple de sugerencias, 60-72. *Véase también* IdeAAs en acción; Racionalización, sistema de propuestas de; Simple, sistema de sugerencias

Presentación, formularios de, 137, 145

Pride of American, 116-117, 123

"Primero y rápido", procedimiento, 10-11, 17, 118. *Véase también* British Airways

Prisioneros de guerra (POWs), 5-6

Probabilidades, 12

Problemas, existentes: diversidad de estímulos y resolución de, 198-202; *serendipity* y resolución de, 186-188

Problemas, resolución de, y los métodos de creatividad, 49-52

Procedimientos, 33; de laboratorio, 35. *Véase también* Estandarizado, entorno de trabajo

Procedimientos rígidos, entornos con. *Véase* Estandarizado, entorno de trabajo

Procesador de palabras para caracteres japoneses, 135-136, 148

Proceso, control del, *versus* inspección de productos, 29-30

Productos, inspección de, *versus* control del proceso, 29-30

Profecía que se autocumple, 30

Progesterona, síntesis de la, 153-159

Programa de capacitación en administración (MTP), 82-87; frecuencia de, en el Japón contemporáneo, 85-86; y desarrollo del *kaizen teian,* 86-87; y el mejoramiento continuo, 86-87

Programación de declaraciones de observaciones, 135-136

Programas "J", 75-77, 78. *Véase también* Capacitación dentro de la industria (TWI); Capacitación en instrucción para el trabajo; Capacitación en métodos de trabajo; Capacitación en relaciones de trabajo (JRT)

Propulsión a chorro, motores, desarrollo de hule sintético para, 216-217, 221

Proveedores, visitas a, 191

Proyecto SPIRIT, 137-141

Prueba de repelencia al aceite, 220

Pruebas, de creatividad, 6

Psicología: e investigación en creatividad, 42-43, 46; y medidas de la inteligencia, 41-42

Psicometría, Sociedad de, 41

Psychometrika, 41

Puesto, eliminación de: por mejora sugerida por trabajador, 9; y mejora de ajuste del limpiaparabrisas, 9; y tecnología de alambre caliente para producción de queso, 9

Punto de entrada, 135-136, 148

Punto de venta, sistemas en, 132-133

Purser, 108

Pushkin, 97-98

Q

Queratinasa, descubrimiento de la, 183-186
Queso, mejoramiento de la producción de, 6-9,
  Véase también Snow Brand Milk Products
Quintero, R. R., 255.*n*.7:2, 255*n*.8:9

R

Racionalización, sistema de propuestas de, en la
  Unión Soviética, 13, 29, 91-104; y ausencia
  de precios de mercado, 95-98; comienzos
  del, 91-92; cuotas en 92-95, 99, 101-102;
  formularios de presentación en, 137, 145;
  gerentes de, peligros de la creatividad para,
  98-103, 104; injusticias de, 97-98; mala
  alineación en, 91-104; movimiento
  Stakhanovita en, 101-102; problema de
  ideas duplicadas en, 93-94; problema de
  ideas robadas en, 102-103; problemas de
  ideas tramposas en, 92-93, 94; reglas
  insignificantes en, 102; tiempo de respuesta
  en, 145-146; y proceso de planificación del
  estado, 98-99. *Véase también* Unión Soviética
Radio Japón, 86
Randall, L., 253*n*.5:5
Rapley, K., 254*n*. 6:5
Rashidov, 99
Rathmann, G., 218-219, 258*n*.11:6
Rayos X, técnicas de difracción de, 187
Raytheon, 131
RCA, 131, 12
Rebok, J., 176
Reconocimiento Anual del presidente por
  Servicio a Clientes, 11
Reconocimientos. *Véase* Premios
Recristalización, proceso de, 34 35
Recursos, y actividad extraoficial, 170, 172
Red mundial de innovación. *Véase* Kodak:
  oficina de innovación
Redes informales, 222; en el desarrollo de
  imágenes en 3D en Kodak, 222-230
Redundancia, y creación, 188-190, 191, 192
Reed, D., 254*n*.6:1
Reestructuración, 26
Referencia, evaluación por, 247
Refrigerantes, 176
Reingeniería, 26
Remer, T. G., 256*n*.9:8, 256*n*.9:9
Renovación creativa, sabáticos de, 202-203
Repelencia al agua, investigación de tratamien-
  to de, 217-222

Resistencia: actividad extraoficial como
  protección contra, 151, 167-168; al desarrollo de la inyección de tinta en Hewlett
  Packard, 161-163
Responsabilidad: de los gerentes por la
  participación, 64-65, 88; en IdeAAs en
  acción de American Airlines, 124; y
  alineación, 124; y documentación de ideas,
  146
Respuesta, tiempo de, 137, 139, 145-146
Reuniones de escuela, 206-207
Reuniones: del personal, y compartir diversi-
  dad de estímulos, 206-207, 212, 213;
  frecuentes, para comunicación al interior
  de compañías grandes, 232-233, 236; y
  tormenta de ideas, 50-51, 52
Revestimiento de cajones , sugerencia de, 149-
  151, 169
Revisión, tiempo de, para ideas, 137, 139
Rex el Perro Ovejero, 197
Rhodes, L., 256*n*.9:5
Riegel, B., 36, 37
Riesgos, correr, y la creatividad, 47-49
Ring, M. E., 256*n*.9:5
Road Warrior, 194
Robertson, F. D., 254*n*.7:10
Robinson, A. G., 3, 91, 252*n*.4:6, 253*n*.4:19,
  253*n*.5:5
Rolls-Royce RB211, 111
Rompecabezas, experimento del, 53-54
Roosevelt, administración de, 74
Rose, R., 252*n*.3:30
Rosenfeld, R., 214, 257*n*.11:1
Rosinger, L. K., 253*n*.4:17
Royal Commission on Technical Instruction, 67
Rutinario/no rutinario, trabajo, 31-33, 39

S

Saab 340, turbopropulsor, 150
Sabáticos, programas: de Hallmark, 202-204,
  211; de universidad, 202; para proporcio-
  nar diversidad de estímulos, 202-204. 211
Sabotaje: y desarrollo del sistema simple de
  sugerencias, 68-69; y los gerentes en la
  Unión Soviética, 98
SABRE, sistema de reservaciones, 112, 120, 125
Sacarina, 36
Sagacidad: definición de, 179; en *serendipity*,
  179-183, 186, 191, 192, 244; promover la,
  191, 244

Sagicitas, 179

Samuelson, M. P., 252*n*.4:1

San Petersburgo, 96, 99-100

Sanders, Coronel H., 45

Sanyo, 62

Sapogenins, 154-155, 255*n*.8:7

Sarsasapogenin, 154-155

Scotchgard, descubrimiento del, 215-222, 236, 237-238

Scott, M., 184, 256*n*.9:12

Schank, R., 251*n*.3:15

Schindler, R., 45, 223-230, 258*n*.11:10

Schlatter, J., 34-38, 49, 51, 52, 158, 168, 182, 190, 250*n*.2:14, 250*n*.2:15, 250*n*.2:17

Schodt, F. L., 85, 253*n*.4:29

Schroeder, D. M., 252*n*.4:6, 253*n*.4:19

Schumpeter, J. A., 237, 258*n*.12:1

Searle, G. D., and Co., 34-38, 39, 126, 158, 168

Sears, Roebuck & Co., 232

Sección Económica y Científica (ESS), 73-74, 75, 77, 82

Secretaría de Agricultura de México, 156

Segunda generación, sistema de sugerencias de. *Véase Kaizen teian*

Segunda Guerra Mundial, era de la: desarrollo de *kaizen teian* y, 65, 73-74, 77-81; México en la, 155-156

Seguridad Médica, Departamento de, (DMS), 22, 24

Seidemann, T., 254*n*.7:6

Seigelbaum, L. H., 254*n*.5:8

Seki, Y., 142-143

Sellos, 216

Seminarios, de creatividad, 40

Serendipity, 14-15, 175-192; accidentes en, 178-179, 181, 182, 192; accidentes en, incrementando la frecuencia de, 190, 243; cómo promover, 190-191; definición de, moderna, 175, 179; definición de, original de Walpole, 14, 175, 178-183, 192; en el descubrimiento de la queratinasa, 183-186; en el descubrimiento del proceso de enfriamiento por inmersión del nylon, 187-188; en el descubrimiento del teflón, 175-178, 182-183, 192; en el descubrimiento de la vulcanización del hule, 186-187; evaluación de, 243-244; institucionalización de, 38; modo "llovizna" de, 183, 190, 192; para redefinir el enfoque a un problema existente, 186-188; sagacidad en, 179-183,

186, 191, 192, 244; y azar, 188-190; y la evolución, 188-190; y los Tres príncipes de Serendipo, 178-181; y redundancia, 188-190, 191, 192

Serendipo, Tres príncipes de, 178-181, 256*n*.9:6

Serling, R., 254*n*.6:1

Servo, J., 214, 257*n*.11:1

7-Eleven, 232

Shaftsbury, Lord, 181

Sharp, 86

Sheep Pig, The (King-Smith), 45, 194-198

Sherman, P., 221, 222, 238

Shih, J., 183-186, 190, 256*n*.9:12

Silicón, 218

Silver, B., 126-128, 129, 131,-132, 134, 254*n*.7:2

Silvestre, ñame, 155-156, 157

Simon, H., 47, 251*n*.3:14

Simon, T., 41

Simonton, D. K., 251*n*.3:11

Simple, sistema de sugerencias: decadencia del, 72; de Denny, 60-61, 65-68; de Patterson, 68-72; desempeño del, *versus* sistemas *kaizen teian*, 60, 61-63, 88; historia de, 60-61, 65-72; limitaciones del, 68, 88; motivación extrínseca en, 68, 88; persistencia del, 61

Sin golpeteo, aditivo de gasolina, 152

Sinhaladvipa, 179

Sintéticas, hormonas, 151-159, 173

Sintético, hule, 216-217, 221

Sistemas: basados en motivación intrínseca, 146-147; características de, para promover actividad autoiniciada, 145-147, 148; dar continuidad, para creatividad autoiniciada, 135-141, 145-146; enfoque holístico *versus*, 87; malos, 28-30, 39; mantenimiento de, necesidad de, 141; para administrar la creatividad corporativa, 60-87, 88; personal para, 139; requisitos de arranque para, 138-139. *Véase también* Capacitación dentro de la industria (TWI); *Kaizen teian*, sistemas; Programa de Capacitación en administración (MTP); Racionalización, sistema de propuestas; Simple, sistema de sugerencias

Skinner, B. F., 251*n*.3:26

Sloan, A. P., 198-199, 201, 257*n*.10:8, 257*n*.10:12

Smith, A., 187, 256*n*.9:2, 256*n*.9:16

Smith, E. T., 40, 250*n*.3:1

Smith, H., 99, 254*n*.5:6, 254*n*.5:7

Smith, J. K., Jr., 256*n*.9:3, 257*n*.10:8

Smith, S., 221, 222, 238

Snow Brand Milk Products: actividad extraoficial en, 162, 167, 169, 171; elementos de la creatividad corporativa en, 13, 14, 15; mejoramiento de la producción de quesos, 6-9, 11, 17, 45

Social, psicología, 27

Socialismo, progreso científico-tecnológico y, 29, 91. *Véase también* Racionalización, sistema de propuestas

Socialista, Competencia, 92

Sociedad Mexicana de Química, 158

Soma, rompecabezas, 53-54

Somlo, E., 157

Sortes Walpolianae, 178

Soviet, Comité Central del, 96

Soviet, Politburó, ingenieros en, 29

Soviético, Ministerio de Comercio, 98

Soviético, Ministerio de Planeación (Gosplan), 95-96, 101, 102

Spearman, C., 41

Sri Lanka, 179

St. Thomas, estación de American Airlines en, 106-107

Stack, P., 257n.10:4

Stakhanov, A., 101

Stakhanovita, movimiento, 101-102

Stalin, J., 98

Stanford University, 160, 164

Stein, M. I., 251n.3:23, 251n.3:25

Stern, S., 3, 32-33

Stoelting, 9

Street, G., 226-227, 228

Structure of Scientific Revolutions, The (Kuhn), 47

Sueños ambiciosos, trampa de, 18-19

Sugerencias, sistemas de: basados en ahorro de costos, 25, 26, 27, 117-121; el tipo de sistema simple de sugerencias de los, 60-72; evaluación de, 241; IdeAAs en acción de American Airlines, 105-125; implantación de nuevos, y volumen de ideas, 139-139; la no implantación de, en Massachusetts, 25, 26, 27; Servicio Forestal de Estados Unidos, Región Oriental, 137-138; sistema de propuestas de racionalización de la Unión Soviética, 91-104. *Véase* IdeAAs en acción; *Kaizen teian*, sistemas; Racionalización, sistema de propuestas; Simple, sistema de sugerencias

Sumitomo Electric, 86

Super-8, 110-111

Supermercados, industria de, 127

Supermercados, sistema de escaneo para, 126-135

Supervivencia, entrenamiento para, 5-6

Swatzell, B., 149-151, 169

Sweet, R., 160, 255n.8:11

"Symbolic Notions", joyería, 204

Syntex, 157, 158, 255n.8:8

T

Tabor, M. B. W., 249n.2:5

Tachikawa, Base de la Fuerza Aérea en, 82-84

Tamaño de compañía: potencial creativo y, 231, 245-246; y comunicación al interior de la compañía, 15-16, 214, 222, 231-233, 245-246

Taylor, B., 45, 223-230, 258n.11:9, 258n.11:12

Taylor, F., 91

Teclado japonés, invención del, 135-136, 148

Teclado *kanji*, invención del, 135-136, 148

Técnicas, 49-52, 59

Techfairs, 225, 234

Teflón: desarrollo de aplicaciones para, 177-178; descubrimiento del, 175-177, 182-183, 192, 205; y los fluoroquímicos, 216

Tejidos: planchado permanente, 221-222; tratamiento de repelencia al agua y al aceite para, 217-222

Telas. *Véase* Tejidos

Teléfono, invención del, 19

Televisión en 3D, 224-225

Teoría primero, enfoque de, sobre la invención, 162

Tercera dimensión (3D), desarrollo de imágenes en: en Kodak, 45, 189, 222-230; función de redes informales en, 222-230

Termofílico, digestor anaeróbico, 185-186

Tesla, N., 48

Testosterona, 154

Tetrafluoroetileno, gas, 176-177, 182-183, 205, 216

Thomas, A. A., 252n.4:8

Thomas, H. P. G. H., 253n.4:28

Thurstone, L., 41-42

Timex, 106

Tokio, Capacitación de Supervisores de (TST), curso de, 85

Tokio, Gobierno Municipal de, 85

Tokio, Instituto de Tecnología de, 231

Tolstaya, A. N., 253n.5:5

Tolstoy, 48

Toma de decisiones, mejoramiento de la, con actividad de condición extraoficial, 169-171, 173, 174

Tormenta de ideas, 50-52, 59

Torrance, P., 5-6, 43, 249n.1:2, 250n.3:6

Torrance, pruebas de creatividad de, 6

Toshiba, 62, 86, 170

Toyoda Gosei, 81

Toyota, 56, 62, 81, 86

Toyota, sistema de producción de, 81

Toyota TWI (TTWI), 81

Trabajo, entorno de: investigación sobre creatividad y, 44-45; influencia de, en la creatividad corporativa, 28-30, 39, 51, 52. *Véase también* Estandarizado, entorno de trabajo

Trabajo, rotación de: para compartir información con empleados, 231; para diversidad de estímulos, 209-210, 211, 245; para redundancia, 191; programa para ejecutivos Día de cuidado al cliente, de Xerox, 209-210, 211

Trabajo: diversidad de estímulos en, 193-194, 204-209, 213; rutinario y no rutinario, 31-33, 39

Tráfico, accidentes de, 183

Tramezzino, M., 178

Tratamiento de repelencia al aceite, investigación de, 217-222

Travels and Adventures of the Three Princes of Serendip, 178-179, 180-181

3M, 94, 104, 257n.11:2, 258n.11:7, 258n.12:2; Carlton Society, 221; cinta selladora, 177; descubrimiento de Scotchgard en, 215-222, 236, 237-238; política de porcentaje de tiempo para actividad extraoficial en, 170, 171-172

Tres príncipes de Serendipo, 178-181, 256n.9:6

Truman, H., 130

TWI Inc., 77-78. *Véase también* Capacitación dentro de la industria (TWI)

U

Union Carbide, planta en Bhopal, 31

Unión Soviética (antigua): cargo de "sabotaje económico" en, 98; gerentes en, 98-103; ineficiencias de planeación en, 98-101; mala alineación en, 91-104, 123; política de empleo total en, 100-101; problemas de inventario en, 100; sistema de precios en, 95-98; sistema de propuestas de racionalización de la, 13, 29, 91-104; temor e ingenio en, 99-100. *Véase también* Racionalización, sistema de propuestas

Universal Pictures, 197

Universal, código de productos, 134

Universal, disolvente, 175

University of California, Berkeley, Institute for Personality Assessment and Research, 43

University of Chicago Laboratory Schools, 42-43

University of Maryland, 151-152, 255n.8:4

Uzbekistán, 99

V

Vapor, explosión de, 161-163, 164, 169

Vaught, J., 150-166, 169, 170, 173, 255n.8:15

Viajero Frecuente, programa, 120, 125

Visionarias, compañías, alineación en, 89, 90

Vuelo, de Boeing 757, N659AA, 115-117

W

W. L. Gore and Associates, 178

Wagner, 48

Wal-Mart Stores, 232

Walpole, H., 175, 178-183, 192

Walpolianos, accidentes, 178

Walton, C., 215

Wallas, G., 50, 251n.3:20

Wallas, modelo de creatividad de, 50

Ward, J., 252n.4:4

Watanabe, M. E., 256n.9:13

Watari, C., 231-232

Watson, T., Jr., 130, 131, 252n.4:12, 254n.7:3, 254n.7:4

Watson, T., Sr., 71, 130-131

Weisberg, R. W., 251n.3:25

Weld, W., 21, 24, 25, 26

Wheatstone, C., 223, 258n.11:8

Whitmore, F., 152, 153, 155, 255n.8:7

Why TQM Fails and What to Do About It (Brown *et al.*), 90

Wilensky, G., 25

Willard, M. L., 253n.5:3

William Denny and Brothers, 60-61, 65-68, 70, 87, 252n.4:3

Wired, 202

Witt, J., 37

Witt, M., 37

Woodland, J., 126-135, 254n.7:2

Wright, F. L., 206

X

Xerox, Día de cuidado al cliente/programa de rotación de trabajo para ejecutivos, 209-210, 211

Y

Yamamoto, I., 80
Yasuda, Y., 252n.4:2

Yates, R. E., 255n.7:14
Yokohama, Arena, 233
York, Duque de, 181

Z

Zola, 48

— Los autores —————————

Alan G. Robinson, profesor de administración en Isenberg School of Management, de la Universidad de Massachusetts, se graduó en matemáticas en la Universidad de Cambridge y recibió su doctorado en Filosofía, en investigación de operaciones, por la Johns Hopkins University. Su investigación sobre la creatividad corporativa lo ha llevado a varios cientos de compañías en todo el mundo, algunos de cuyos países son Estados Unidos, Japón, Canadá, México, Gran Bretaña, China, India, Brasil, Grecia, Jamaica y Rusia.

Robinson ha sido asesor en más de cincuenta compañías (grandes y pequeñas), en ocho países, sobre cómo mejorar su desempeño creativo y es uno de los relativamente pocos profesores en haber sido invitados a formar parte del Consejo de Examinadores del Reconocimiento Nacional a la Calidad, Malcolm Baldrige, de los Estados Unidos; con frecuencia, pronuncia conferencias sobre el tema de la creatividad en las compañías. Vive en Amherst, Massachusetts, con su esposa y dos hijas.

Sam Stern es profesor de educación en Oregon State University, donde su investigación y sus escritos se refieren a la creatividad y su conexión con los negocios y la educación. También ha impartido cátedra en el Departamento de Economía de la Universidad de Harvard, el Programa de Maestría en Administración de Empresas en el Laboratorio de Administración de Empresas de Atenas, en Grecia, y en el Departamento de Ciencias de Sistemas en el Instituto de Tecnología de Tokio.

De 1990 a 1992, mientras estuvo en Japón, Stern trabajó como profesor de desarrollo de la creatividad en la Asociación de Administración de Japón (JMA), y dirigió un equipo de investigación en un estudio de muchos años sobre la creatividad en unas doscientas compañías. Es uno de los pocos que, sin ser japonés, ha impartido una cátedra subvencionada en dicho país. Stern ha trabajado como asesor en creatividad en organizaciones de los Estados Unidos, Japón y otros países, entre ellas Hewlett-Packard, NASA, NEC, Polaroid y Seiko-Epson. Vive en Corvallis, Oregon, con su esposa y dos hijos.